Codex Chimalpopoca

The Text in Nahuatl
with a Glossary and Grammatical Notes

CODEX CHIMALPOPOCA

The Text in Nahuatl with a Glossary and Grammatical Notes

JOHN BIERHORST

THE UNIVERSITY OF ARIZONA PRESS

Tucson

The University of Arizona Press

First issued as a University of Arizona Press paperback, 2011.

www.uapress.arizona.edu

Library of Congress Cataloging-in-Publication Data
Codex Chimalpopoca : the text in Nahuatl : with a glossary and grammatical notes / by John Bierhorst.
p. cm.
Aztec and English.
Companion volume to: History and mythology of the Aztecs.
Includes bibliographical references.
ISBN 978-0-8165-0245-5 (pbk. : alk. paper)
1. Codex Chimalpopoca. 2. Aztecs—History. 3. Aztecs—Religion and mythology. 4. Aztec language—Texts. 5. Manuscripts, Aztec—Facsimiles. 6. Mexico—History—To 1519. 7. Colhuacán—History. I. Bierhorst, John.
F1219.56.C62C63 1992
972'.018—dc20 91-46411

Manufactured in the United States of America on acid-free, archival-quality paper and processed chlorine free.

16 15 14 13 12 11 7 6 5 4 3 2

Contents

Preface

For those who wish to work carefully with the Codex Chimalpopoca, this companion volume to my *History and Mythology of the Aztecs: The Codex Chimalpopoca* is offered as a means of checking the translation against the Nahuatl text. The appended Glossary and Grammatical Notes will help to explain, if not justify, my translational solutions; and the Glossary, I hope, will provide lexical information of use to Nahuatl translators generally.

In preparing the transcription I have relied upon the photographic facsimile published in P. F. Velázquez' *Códice Chimalpopoca* (edition of 1945). I have also used the excellent German-Nahuatl edition of Walter Lehmann (*Die Geschichte der Königreiche von Colhuacan und Mexico*, 1938), and its reprint of 1974, which includes a glossary-index and an errata list prepared by Gerdt Kutscher.

As reported by Peter Tschohl in his paper of 1989, "Das Ende der Leyenda de los Soles und die Ubermittlungsprobleme des Códice Chimalpopoca," the text of the long-missing last folio of the Codex is preserved on sides 121 and 122 of the eighteenth-century León y Gama copy, catalogued as FM 312 at the Bibliothèque Nationale in Paris. Although Walter Lehmann had access to this copy, he overlooked sides 121 and 122, possibly because they are entered in a separate copybook. For the León y Gama material I have used a photocopy supplied by the Bibliothèque Nationale. A photographic facsimile of sides 121 and 122 has been published in the paper by Tschohl.

Elsa Ziehm has helped me weed out errors in my transcription. I thank her, and I thank the Translations Program of the National Endowment for the Humanities for its financial support.

Guide to the Transcription

To facilitate comparison with the manuscript, the transcription assigns a number to each line of text. Enclosed between paired virgules, the number appears at the beginning of the paleographic line, even if at mid-word. For example, the "tlaltzinteuc/8/tli" on side 51 indicates that the eighth line of the manuscript, side 51, begins with the last syllable of the word *tlaltzinteuctli*.

Where the scribe has blotted, or stricken, one or more characters, these are restored in the transcription (wherever possible) with a single line drawn through. Thus the "çentla~~tl~~nquatl" at 51:14 should be read *çentlanquatl*, omitting the stricken "tl."

In the manuscript, the recurring periods that separate phrases, listed items, numerals, etc., usually appear as bullets. That is, they are slightly raised above the base line established by nondescending lowercase characters. In the transcription, all "periods" are printed as bullets.

Marginal glosses in at least two different hands abound in the codex. For the most part these latter-day jottings merely repeat a word or a numeral, offering no new information. There are some exceptions, however, and these have been dutifully transcribed below, even if they are misguided or blatantly erroneous.

Crude drawings, implying a link between the textual material and its pictographic antecedents, appear on sides 65, 77, and 78 of the paleograph. These have been reproduced in situ, after the Velázquez facsimile.

Codex Chimalpopoca

The Text in Nahuatl
with a Glossary and Grammatical Notes

Annals of Cuauhtitlan

Side 1

/1/que[1] coztic quauhtli · coztic oçelotl coztic coatl · coztic tochin · coztic ma/2/çatl = xitlaminacan huitztlan huitznahuatlalpan amil/3/pan xochitlalpan ompa anquinminazque tlatlauhqui /4/ quauhtli tlatlauhqui oçelotl tlatlauhqui coatl tlatlauh/5/qui tochin tlatlauhqui maçatl ·= auh yniquac yn oan/6/tlaminato ye ymac yn xiuhteuctli yn huehue teotl xiquin/7/tlalican yn quipiazque eyntin = Mixcoatl = tozpan = yhuitl /8/ yehuantin yntotoca yn tenamaztli èteme · yhuinin yn /9/ quinmachti chichimeca yn ytzpapalotl ·

/10/ Auh yn ye huitze ỹ chichimeca quinyacana yn mixcoa yn çentzon /11/ mixcoat ic quiçaco chiucnauhtillihuican chiucnauhyxtlauatl /12/ ypan · auh niman oncan ymac hueuetzico quinqua yn ytzpapa/13/lotl yn CCCC mixcoa quintlami ça yçel yn yztac mixcoatl yn qui/14/motocayotia mixcoaxocoyotl chollo ymacpa quiz huey comitl /15/ yyticpa callactihuetz auh yn ytzpapalotl quicuitihuetz yn hue/16/ycomitl hualquiztihuetz yn mixcoatl niman quimimin quin/17/notz yn omicca CCCC mixcoã hualnezque niman quimiminque /18/ Auh yn omic niman quitlatique auh yn inexyo yc mix/19/conòque yhuan yc mixtetlilcomoloque: auh yn mocauh yn/20/tlaquimilol mochiuh oncan moçenchichiuhque yn itoca/21/yocan maçatepec·

/22/ oncan tzintic yn xippohualloni nauhtetl yc 1 acatl

/23/ yc 2 tecpatl yc 3 calli · yc 4 Tochtli ·

¶ /24/ 1 acatl · ypan quizque chicomoztoc yn chichimeca omjto omoteneuh /25/ yn imitolloca = yn xiuhtlapohualiztli yn tonallapohualiztli /26/ yn çeçempohuallapohualiztli · huel yèhuantin yn netlacui/27/tlahuilliz mochihuaya: yn motenehua oxomocõ çipactonal · o/28/xomoco · qn · oquichtli çipactonal · qn · çihuatl yn nehuan catca /29/ huel huehuetque yllamatque yn yehuan in · auh ỹ çatepan /30/ no yuh tocayotilloya yn huehuetque ylamatque catca

/31/ 2 tecpatl · 3 calli · 4 tochtli · 5 acatl · 6 tecpatl · 7 calli · 8 tochtli · 9 acatl · 10 tecpatl /32/ 11 calli · 12 tochtli · 13 acatl · = 1 tecpatl · 2 calli · 3 tochtli · 4 acatl · 5 tecpatl /33/ 6 calli · 7 tochtli · 8 acatl · 9 tecpatl ·

1. This is probably the last syllable of the verb *anquinminazque* (cf. line 3) carried over from the missing first folio.

10 calli · 11 tochtli · 12 acatl · 13 tecpatl · /34/ 1 calli · 2 tochtli · 3 acatl · 4 tecpatl · 5 calli · 6 tochtli · 7 acatl · 8 tecpatl · /35/ 9 calli · 10 tochtli · 11 acatl · 12 tecpatl · 13 calli = 1 tochtli · 2 acatl · 3 tecpatl · /36/ 4 calli · 5 tochtli · 6 acatl · 7 tecpatl · 8 calli · 9 tochtli · 10 acatl · 11 tecpatl · /37/ 12 calli · 13 tochtli ·= matlactli omei tochtli ypan pehua ynxiuhtlapohual tetz/38/coco yn inchichimecayeliz ·= çe acatl ypan motlatocatlalli chicõ/39/tonatiuh (quauhtitlan) ompa yn quetzaltepec huallatocattitia— /40/ 2 tecpatl · 3 calli · 4 tochtli · 5 acatl · ypan xihuitl tlaltech açico yn /41/ chichimeca quauhtitlancalque yn oncan macuexhuacan hue/42/huetocan · ca omito omoteneuh ynic quizque chicomoztoc yn /43/ yuh quimatia yn ypan çe acatl xihuitl peuh yn inxippohual chi/44/chimeca quauhtitlancalque · auh yn ipan macuili acatl xi/45/huitl ypan açico yn chichimeca tlamintinemia àtle yncal àtle /46/ yntlal àtle yntlaquen yanmanqui tilmatli çan ehuatlaquemitl /47/ çan pachtli yn quimoquentiaya · auh yn inpilhuan çan chitaco /48/ huacalco yn huapahuaya = quiquaya huey nochtli, huey comitl /49/ tzihuacxilotl xoconochtli = miyec in quihiyohuiaya yxquich yca /50/ yn caxtolpohualxihuitl ypan epohualli onnahui ynic açico y/51/pan altepetl quauhtitlan yn ipan peuh tzintic yntlàtocayo chi/52/chimeca quauhtitlancalque ompa mìtoz mocaquiz yn tlac/53/pac ypan xihuitl ypan neltitica yn çe acatl xihuitl oc otlipan /54/ yn motlatocatique = yn ypan ynyn xiuhcahuitl yn ypan ne/55/mia yn chichimeca mitoa motenehua ca oc yohuayan · yc mitoa yn oc

Side 2

/1/ yohuayan ca ayatle yntenyo ytoca ayatle paquiliztli catca ça/2/noc nenentinenca et · 6 tecpatl · 7 calli ypan primera edad /3/ yn yuh ca yntlàtol ynneyolpololiz catca huehuetque y/4/uhqui matia ypan tzintic moman yn tlalli yn tlalticpactli · /5/ 8 tochtli · yc 4 sol · yn tonatiuh nahui ecatl ytonal = 9 acatl /6/ 10 tecpatl · 11 calli · 12 tochtli · 13 acatl = 1 tecpatl · 2 calli · 3 tochtli · 4 acatl /7/ 5 tecpatl · 6 calli 7 tochtli · 8 acatl · 9 tecpatl · 10 calli · 11 tochtli · ~~12 acatl~~ /8/ ~~13 tecpatl~~ · yc ome edad motenehua mitoa quinto sol edad ·

/9/ 12 acatl · 13 tecpatl ·= çe calli · 2 tochtli · 3 acatl · 4 tecpatl · 5 calli · /10/ 6 tochtli · 7 acatl · 8 tecpatl · yc ey edad 5 sol de nahuecatl · /11/ 9 calli ypan maltepetlalique chichimeca colhuaque = 10 tochtli · /12/ 11 acatl · 12 tecpatl · 13 calli ·

/13/ quauhtitlan tlàtocati 7 · tonatiuh mani altepetl màcuexhua/14/can = çe tochtli ypan in tzintique yn tolteca oncan opeuh /15/ yn inxiuhpohual yn ipan in çe tochtli motenehua mitoa ca /16/ yuh nauhtlamantli mochiuh nemiliztli ypa in yc $\overline{\text{CCCC}}$ ma/17/cuili edad = yn iuh quimatia huehuetque yn ypan in çe tochtli y/18/pan moman yn tlalli · ynn ilhuicatl · yhuan yuh quimatia yn iquac /19/ omomã tlalli yn ilhuicatl oyuh nauhtlamantli onoca yn tlaca na/20/uhtlamantli nemiliztli omochiuh yn iuh quimatia çeçentetl yn /21/ tonatiuh catca · auh quitohuaya ca nextli yn quinchichiuh yn /22/ quinyocox ynteuh quitohuaya ytech quitlamiaya yn que/23/tzalcoatl chicome ècatl ytonal yn quinchiuh yn quinyocox ·

¶ /24/ ynic ce tonatiuh onmanca yn itzinecan · 4 atl yn itonal mìtoa ato/25/natiuh · yn ipan in ye yquac yn mochiuh yn atocoac yn ane/26/neztihuac yn tlaca michtihuac

¶ /27/ ynic ome tonatiuh onmanca · 4 oçelotl yn itonal catca motene/28/hua ocelotonatiuh ypan mochiuh tlapachiuh yn ylhuicatl yn /29/ tonatiuh yn yquac àmo otlatocaya can nepantla tonatiuh /30/ mochihua niman tlayohuaya yn ono tlayohuac niman te/31/qualoya · auh ypan inyn quinametin nemia conitotihui yn /32/ huehuetque yn netlapaloliz catca ma timohuetziti ypampa yn /33/ aquin huetzia yççen huetzia ·

¶ /34/ ynic ey tonatiuh õmanca · 4 quiyahuitl yn itonal mìtoa qui/35/yauhtonatiuh ypan inyn mochiuh yn ipan tlequiauh ỹ onoca /36/ yc tlatlaque yhuan ypan xaltequiyauh conytohua yquac mo/37/tepeuh yn xaltetl yn tic ytta yhuan popoçocac yn teçontli y/38/huan yquac momaman yn texcalli chichichiliuhticac ·

¶ /39/ ynic 4 tonatiuh · 4 ècatl ytonal ècatonatiuh ypan in ècato/40/coac oçomatihuac quauhtla quin tepehuato yn onoca tlacao/41/çomatin ·

¶ /42/ ynic macuilli tonatiuh · 4 ollin yn itonal mìtoa olintonati/43/uh ypãpa molini yn òtlatoca · auh yn yuh conitotihui yn hue/44/huetque ypan inyn mochihuaz tlalloliniz mayanaloz ynic tipo/45/lihuizque ·

/46/ 2 acatl · 3 tecpatl · 4 calli · 5 tochtli · 6 acatl · 7 tecpatl · 8 calli · 9 tochtli /47/ 10 acatl · 11 tecpatl · 12 calli · 13 tochtli · 1 acatl · 2 tecpatl 3 calli · 4 tochtli /48/ 5 acatl · 6 tecpatl · 7 calli · 8 tochtli · 9 acatl · 10 tecpatl 11 calli · 12 tochtli /49/ 13 acatl ·= yn ypan in 13 acatl quilmach ye ypã yn tlacat yn axcã on/50/mantiuh tonatiuh ye yquac tlanez ye yquac tlathuic yn axca on/51/mantiuh olintonatiuh · 4 ollin yn itonal · yc 5 ynin tonatiuh õma/52/ni ypan tlalloliniz mayanaloz = 13 acatl ypã mic 7 tonatiuh ma/53/cuexhuacan · LXV · xihuitl tlàtocat quauhtitlan ·

¶ /54/ çe tecpatl xihuitl ypan in motlatocatique yn tolteca quimotlàto/55/catique Mixcoamaçatzin yn quitzinti toltecatlatocayotl = çan no /56/ ypã xihuitl motlatocatlalli yn quauhtitlan tlàtohuani xiuhneltzin /57/ ~~2 calli · 3 tochtli~~ ompa yn ximilco ce xihuitl yn ompa catca hualmi[2]

2. The last few characters in each of lines 54 through 57 are badly faded in the Velázquez facsimile. The reading follows Lehmann, confirmed by the León y Gama copy and the Velázquez translation.

Side 3

/1/quanique quaxoxouhcan · ymatian yn diablo mixcoatl oc /2/ quinhuicatinemi yn ỳquac · auh yn ipan xiuhneltzin moqua/3/xochti çatepan quimihihua yn chichimeca yayaque yn ahua/4/can tepehuacan quincacahuato quinmamacac yn itlatqui /5/ yn inechichihual catca = 2 calli · 3 tochtli · 4 acatl · 5 tecpatl · 6 calli /6/ 7 tochtli 8 acatl · 9 tecpatl · 10 calli · 11 tochtli · 12 acatl · 13 tecpatl · 1 calli /7/ 2 tochtli · 3 acatl · 4 tecpatl · 5 calli · 6 tochtli 7 acatl · 8 tecpatl · 9 calli /8/ 10 tochtli 11 acatl · 12 tecpatl · 13 calli · 1 tochtli 2 acatl · 3 tecpatl · 4 calli /9/ 5 tochtli · 6 acatl · 7 tecpatl · 8 calli · 9 tochtli · 10 acatl · 11 tecpatl · 12 calli · /10/ 13 tochtli · 1 acatl · 2 tecpatl · 3 calli · 4 tochtli · 5 acatl · 6 tecpatl · 7 calli · /11/ 8 tochtli · 9 acatl · 10 tecpatl · 11 calli · 12 tochtli · 13 acatl ·

/12/ ce tecpatl ypan yn motlàtocatique yn chichimeca quauhtitlan/13/calque ynic yancuican tzintic chichimecatlatocayotl quauh/14/titlan ompa yn itocayocan nequameyocan ynic yancuican qui/15/motlàtocatique Vactli · auh yn yuh catqui yntlatol chichimeca /16/ huehuetque conytotiaque ca yniquac peuh yntlatocayo chichime/17/ca çe tlacatl çihuatl ytoca ytzpapalotl quinnonotz quimilhui an/18/quitlalizque yn àmotlatocauh yehuatl yn Vactli ompa xihui/19/an yn nequameyocan xicmanatin tzihuaccalli nequame/20/calli auh oncan anquitecazque tzihuacpetlatl nequamepetlatl · auh /21/ niman anyazque yn ompa tlapco ompa antlaminazque · no yuhqui /22/ yn mictlampa teotlalli yytic antlaminazque · no yuhqui yn huitztlãpa /23/ ompa antlaminazque · no yuhqui yn amilpãpa yn xochitlalpã om/24/pa antlaminazque · auh yniquac oantlaminato yn oanquimaçito /25/ yn teteo yn xoxouhqui yn coztic yn yztac yn tlatlauhqui quauhtli o/26/celotl coatl tochin et ·= Auh niman anquintlalizque yn quipiazque /27/ xiuhteuctli · yn tozpan yhuan yhuitl · yhuan xiuhnel et · oncan yucçizq̃ /28/ yn amomalhuan yquac yn omotlatocaçauh Vactli yn 9 · nahuil/29/huitl monequiz yn amomal et ·= Auh yn motlàtocatique yn chi/30/chimeca yehuantin yn nican motocayotia · Mixcohuatl Xiuhnel · Mi/31/mich · quahuicol ·= Auh nima yehuantin ytztlacoliuhqui nequametl /32/ amimitl yquehuac · nahuacan ·= Auh yn çihua chichimeca Cohuatl /33/ miahuatl · Coacueye yaoçihuatl · chichimecaçihuatl tlacochcue · auh /34/ niman huel oncan çe tlacatl chichimecapilli quixquetzque yn mochi/35/pa quiyacanaz · auh quichiuhque ce aztapamitl ynic quitquitinemiz yn/36/teyacancauh yn campa yaz yn canin motlalliz yc yttoz ynic ompa mone/37/chicotiazque = àmo yyeyan yez = auh yn omochiuh yn niman /38/ huel yquac yn ipan çe tecpatl xihuitl ypan yaque xitinque yn chichime/39/ca ynic nohuiyan yàque ahuacan tepehuacan · Michuacan · Cohuix/40/co · yopitzinco · totollan · tepeyacac · quauhquechollan · huexotzinco /41/

tlaxcallan tliliuhqui tepec · çacatlantonco · tototepec · auh çequintin mo/42/cuepque yaque yn ompa cuextlan çequintin yaque Acolhuacan /43/ àhuic nenque àhuic yatinenca yn motenehua ompa tlayacã/44/tiaque huexotzinco · tepolnextli · tlanquaxoxouhqui · xiuhtochtli /45/ yehuantin inyn quinxexelo quaxoxouhcan tlacatecolotl · yn quin/46/cahuato ahuacan tepehuacan = ynnic ontlami tlàtolli /47/ tlacpac mitoz yquac tlàtocatia xiuhneltzin quaxoxouhcan manca /48/ yn altepetl coauhtitlan = 2 calli = 3 tochtli = 4 acatl = 5 tecpatl · 6 calli · /49/ 7 tochtli · 8 acatl · 9 tecpatl · 10 calli · 11 tochtli · 12 acatl · 13 tecpatl = 1·calli · y/50/pan in xihuitl yn momiquilli yn intlàtocauh tolteca yn quitzinti yn /51/ tlàtocayotl yn itoca Mixcoamaçatzin niman onmotlalli huetzin /52/ yn tollan tlàtocat = 2 tochtli = 3 acatl = 4 tecpatl = 5 calli = 6 tochtli = /53/ 7 acatl = 8 tecpatl = 9 calli = 10 tochtli = 11 acatl = 12 tecpatl = 13 calli = 1 tochtli = /54/ 2 acatl = 3 tecpatl · 4 calli · 5 tochtli ·= 6 acatl ypan mic yn itatzin quetzalcohuatl /55/ ytoca totepeuh · auh niman yquac motlàtocatlalli yhuitimal yn tlàto/56/cat tollan = 7 tecpatl = 8 calli = 9 tochtli = 10 acatl = 11 tecpatl = 12 calli = 13 tochtli = 1 acatl /57/ yuh motenehua mitoa ypan inyn tlacat quetzalcohuatl yn tocayotilo topiltzin

Side 4

/1/ tlamacazqui çe acatl quetzalcohuatl · auh mitoa yn inantzin catca ytoca /2/ chimanan yhuan yuh ỳtalhuillo ynic motlalli ỹ ytic ynantzin que/3/tzalcohuatl chalchihuitl quitollò = 2 tecpatl = 3 calli = 4 tochtli = 5 acatl = 6 /4/ tecpatl = 7 calli = 8 tochtli = 9 acatl · yn ypan in 9 acatl ypan quitemo yn i/5/tatzin quetzalcohuatl yquac ye achi yxtlamati ye chiucnauhxiuhtia: quito /6/ quenami yn notatzin ma nic ytta? ma yxco nitlachia? auh niman ylhuiloc /7/ ca omomiquilli ca nachca yn motocac · ma xicmottilli niman yc ompa ya /8/ yn quetzalcohuatl · auh niman quitatacac quitemo yn iomiyo · auh ỹ /9/ oquiquixti ohmitl: ompa quitocato yn iteccal yytic yn motocayotia quillaztli /10/ 10 tecpatl = 11 calli = 12 tochtli = 13 acatl = 1 tecpatl = 2 calli = 3 tochtli = 4 acatl /11/ 5 tecpatl = 6 calli = 7 tochtli = 8 acatl = 9 tecpatl = 10 calli—ypan in xihuitl /12/ momiquili yn quauhtitlan tlàtohuani catca vactli epohualli omome /13/ xihuitl yn tlatocattiticatca yehuatl ynyn tlàtohuani catca àmo qui/14/ximatia ynic motoca çintli yn qualoni yhuan àmo quimatia yn imaçe/15/hualhuan ynic mochihua tilmatli · çan oc yehuatlaquemitl quique/16/mia · çan oc tototl cohuatl tochin maçatl yn intlaqual catca ayamo no /17/ calli quipiaya çan oc àhuic yatinemia quiztinemia = 11 tochtli ypan in /18/ motlàtocatlalli yn çihuapilli xiuhtlacuilolxochitzin oncan man/19/ca içacacal yn tianquiztenco axcan tepexitenco yn manca · auh ỹ/20/yn çihuapilli ynic ytech cauh altepetl mitoa yzihuauh catca yn vac/21/tli yhuan huel quinotzaya yn diablo ytzpapalotl = 12 acatl = 13 tecpatl /22/ 1 calli = 2 tochtli ypan in açico yn quetzalcoatl yn ompa tollantzinco oncan /23/ nauhxiuhti quichiuh yneçahualcal yxiuhhuapalcal · ompa quiçaco cuex/24/tlan yn çecni yc panoc tequappantli quitecac yuh mitoa onoc yn axcã /25/ 3 acatl = 4 tecpatl = 5 calli[3] · ypan in xihuitl canato yn tolteca yn yehua /26/ quetzalcohuatl ynic quimotlàtocatique yn oncan tollan yhuan ynteopix/27/-cauh catca = çecni omicuillo yn iytolloca = 6 tochtli 7 acatl ypan mic /28/ xiuhtlacuilolxochitzin çihuapilli quauhtitlan XII xihuitl tlàtocat · /29/ 8 tecpatl · ypan in xihuitl motlatocatlalli yn ayauhcoyotzin qua/30/uhtitlan tlàtohuani ompa yn itocayocan tecpanquauhtla = 9 calli = /31/ 10 tochtli = 11 acatl = 12 tecpatl = 13 calli = 1 tochtli = 2 acatl · tetzcoco tlato/32/lli ypan mic quetzalcoatl topiltzin tollan colhuacan[4] = yn ipan 2 acatl /33/ quichiuh yneçahualcal ytlamaçehuayan ytlatlatlauhtiayan yn to/34/-piltzin yn çe acatl quetzalcoatl nauhtetl yn quimamã ycal yxiu/35/vapalcal ytapachcal ytecçizcal yquetzalcal yn oncan tlatlatlauhtiaya /36/ tlamaçehuaya auh moçauhtinemia · auh oc huel yohualnepãtla /37/ yn apan temoya yn oncan motocayoti atecpan amochco · auh õ/38/pa yn onmohuitztlaliliaya yn xicocotl yycpac yoã huitzco yhuã /39/ tzincoc yhuan nonohualcatepec · auh yn yhuitz quichihuaya chal/40/chiuhtli yn iyacxoyauh quetzalli · auh yn quitlenamacaya teoxi/41/uhtli chalchiuhtli tapachtli · auh yn inextlahual catca cohuatl /42/ tototl papalotl yn quinmictiaya = Auh motenehua mitoa ca /43/ ylhuicatl yytic yn tlatlatlauhtiaya yn moteotiaya · auh yn qui/44/notzaya · çitlali ycue çitlallatonac tonacaçihuatl tonacateuctli /45/ tecolliquèqui yeztlaquenqui tlallamanac tlallichcatl = Auh /46/ ompa ontzatzia yuh quimatia ommeyocan chiucnauhnepani/47/uhcan ynic mani yn ilhuicatl auh yn yuh quimatia yehuantin /48/ ompa chaneque yn quinnotzaya yn quintlatlatlauhtiaya huel m[oc]/49/nomattinenca[5] tlaocoxtinenca = auh yxpan ymatian yequene /50/ yèhuatl quinexti yn huey necuiltonoliztli yn chalchiuhtli yn te/51/oxiuhtli auh yn teocuitlatl yn coztic yn yztac yn tapachtli yn tec/52/çiztli yn quetzalli yn xiuhtototl yn tlauhquechol yn çaquan yn /53/ tzinitzcan·yn ayoquan · auh yhuan quinexti yn tlapapal caca/54/huatl yn tlapapal ychcatl · auh huel huey toltecatl catca yn ipan /55/ [ixquic]h ytl[a]chihual yn itlaquaya yn iatliya yn tapalcatl xox[oc][6]

3. Marginal gloss: murio yhuitimal
4. Marginal gloss: no valen aca.
5. A faded spot at the end of line 48 has been reconstructed following León y Gama.
6. Reconstruction of line 55 follows León y Gama. The manuscript is frayed and faded.

Side 5

/1/tic quiltic yztac coztic tlapaltic tlacuilolli yhuan ocçequi miyec · /2/ Auh yniquac nemia quetzalcoatl quitzintica quipehualtica yteocal /3/ quimaman coatlaquetzalli yhuan amo quitzonquixti àmo quipã/4/tlaz = Auh yniquac nemia amo monextiaya teyxpan huel ohui/5/can calitec yn catca yn pialloya auh yn quipiaya yn itecpoyohuan /6/ mieccan yn quitzaquaya · auh yn izquican tzacuia yzquican çe/7/çentlamantin oncan catca yn itecpoyohuã · auh yn ipan catca /8/ chalchiuhpetlatl quetzalpetlatl teocuitlapetlatl · auh omito omo/9/teneuh nauhtetl yn quimaman yneçahualcal = auh mitoa mo/10/tenehua yniquac nenca quetzalcoatl miecpa yca mocayahuaz/11/nequia yn tlatlacatecollo ynic tlacatica moxtlahuaz yn tlaca/12/mictiz = auh ayc quinec àma çiz ca çenca quintlaçotlaya /13/ yn imaçehualhuan yn tolteca catca çan mochipa yehuatl /14/ ynextlahual catca yn quinmictiaya yn coatl tototl papalotl · /15/ Auh motenehua mitoa yeehuatl yc quinxiuhtlati yn tlatlaca/16/tecolo yc oncan quipehualtique ynic yca mocacayauhque ỹ-/17/ic quiquèqueloque yn oquitoque yn oquinecque yn tlatlacateco/18/llo ynic quitollinizque yn quetzalcoatl · auh ynic quichololtizque yuh /19/ neltic mochiuh yn ·= 3 tecpatl = 4 calli = 5 tochtli = 6 acatl = 7 tecpatl /20/ 8 calli 9 tochtli = 10 catl = 11 tecpatl = 12 calli = 13 tochtli ·
/21/ 1 acatl yn ipan in xihuitl yn mic quetzalcoatl · auh mitoa çan ya yn tli-/22/llan tlapallan ynic ompa miquito niman onmotlàtocatlalli yn tollan /23/ tlàtocat ytoca Matlacxochitl = niman motenehua yn quenin çan ya que-/24/tzalcoatl catca yn iquac àmo quintlacamati tlatlacatecolo ynic tlacatica moxtla/25/huaz tlacamictiz niman mononotzque yn tlatlacatecolo = yn motocayotiaya /26/ tezcatlipoca yhuan yhuimecatl toltecatl · quitoque ca monequi çan qui/27/tlalcahuiz yn ialtepeuh oncan tinemizque · quitoque ma ticchihuacan oc/28/tli tic ytizque ynic tictlapololtizque ynic aocmo tlamaçehuaz · auh nimã /29/ quito yn tezcatlipoca ca niquitoa yn nehuatl · ma ticmacati ynacayo quẽ /30/ quitoz quimonepanylhuique ynic yuh quichihuazque · niman achtopa ya /31/ yn tezcatlipoca · concuic tezcatl necoc çemiztitl conquimilo · auh yn oa/32/çic ompa ca quetzalcoatl quimilhui yn quipiaya ytecpoyohuan xicmil/33/huilitin yn tlamacazqui ca ohualla telpochtli mitzmomaquilico auh mitz/34/mottitilico yn monacayo callacque yn tetecpoyo quicaquiltito yn quetzal/35/coatl quimilhui tleynon cocol tecpoyotl tleyn nonacayo yn oquihual/36/cuic xic yttacan quiniquac hualcalaquiz · amo quimititiznec quimil/37/hui ca nonomatca nicnottitiliz yn tlamacazqui xiquilhuitin quilhuito /38/ àmo cia cenca mitzmottiliznequi · quito yn quetzalcoatl ma hualauh co/39/col · connotzato yn tezcatlipoca · callac quitlapallo quilhui nopiltzin /40/ tlamacazqui ~~ca nimomaçehual umpa nihuitz~~ çe acatl quetzalco/41/huatl nimitznotlapalhuia yhuan nimitz-

nottitilico yn monacayo/42/tzin quito yn quetzalcoatl · otiquihiyohui cocol campa tihualla tle /43/ yn nonacayo ma nic ytta · quilhui nopiltzin tlamacazqui ca ni/44/momaçehual ompa nihuitz yn nonohualcatepetl ytzintlan ma xicmot/45/tili yn monacayotzin niman conmacac yn tetzcatl quilhui ma xi/46/miximati ma ximotta nopiltzin ca ompa tonneciz yn tetzcatl · auh /47/ niman mottac ynquetzalcoatl cenca momauhti quito yntla nech-/48/yttacan nomaçehualhuan aço motlalozque ypampa çenca yxqua/49/tol mimiltic yxtecocoyoctic huel nohuian xixiquipiltic yn ixa/50/yac amo tlaçaçemelle · yn oquittac tezcatl quito ayc nechyttaz yn /51/ nomaçehual ça nican niyez · niman hualquiz quitlalcahui yn tez/52/catlipoca auh mononotzque yn yhuimecatl ynic amo huel yca /53/ mocayahua quito yn yhuimecatl maoc yehuatl yauh yn coyotlyna/54/hual yn amantecatl quicaquiltique ynic yehuatl yaz coyotlyna/55/hual in amantecatl · quito ca ye qualli ma niyauh ma niquitta yn que/56/tzalcoatl niman ya = quilhui yn quetzalcoatl nopiltzin ca niquitoa /57/ ma ximoquixti ma mitzmottilican yn maçehualtin · ma nimitznochi

Side 6

/1/chihuili ynic mitzmottilizque · quilhui xicchihua niquittaz nococol /2/ auh niman quichiuh yn amantecatl yn coyotlynahual achto /3/ quichiuh yn iapanecayouh quetzalcoatl niman quichihuilli yxi/4/uhxayac concuic tlapalli yc contenchichilo concuic coztic ynic /5/ quixquauhcallichiuh niman quicòcoatlanti niman quichi/6/ihuilli yn itentzon xiuhtòtotl tlauhquechol ynic quitzinpachil/7/hui · yn oquiçencauh yn iuhqui ynechichihual catca quetzalcoatl /8/ niman conmacac tezcatl yn omottac çenca moqualittac niman /9/ huel yquac quiz yn quetzalcoatl yn oncan pialoya · auh niman /10/ ya yn coyotlynahual yn amantecatl quilhuito yn yhuime/11/catl · ca onicquixtito yn quetzalcoatl oc te xiauh · quito ca ye qua/12/lli · niman quimocniuhti ytoca toltecatl yn inehuan yaque yn /13/ ye yazque niman huallaque xonacapacoyan · ytlan motlali/14/co ycuenchiuhcauh yn maxtlaton toltecatepec tlapiaya /15/ niman no quichiuhque yn quillit yn tomatl yn chilli yn /16/ xillotl yn exotl · auh çan quezquilhuitl yn mochiuh auh no yhuã /17/ oncan catca metl quitlanilique yn maxtla çan nahuilhuitl /18/ yn conoctlalique niman concontenque yehuantin quinex/19/tique yn quauhneccontotontin yehuatl yni cõcontenque octli /20/ niman yaque yn ichan quetzalcoatl yn ompa tollan mochi /21/ quitquique yn inquil yn inchil etª yhuan octli · açito onmoye/22/yecoque amo çiaya yn quipiaya quetzalcohuatl ynic calaquizq̃ /23/ oppa expa quincuepque amo çeliloya çatepan tlatlaniloque ỹ /24/ canin ynchan · tlananquilique quitoque ca oncan yn tlama/25/cazcatepec yn toltecatepec yuh quicac yn quetzalcoatl yc quito ma /26/ hualcalaquican callacque auh quitlapaloque yequene quimaca/27/-que yn quilitl · et[a] Auh yn oquiqua occeppa quitlatlauhtique qui/28/ma-caque yn octli · auh quimilhui ca amo niquiz ca ninoçahua /29/ aço tey-huinti · anoço temicti · quilhuique ma momapiltzin yc xic/30/pallo · ca tetlahueli ca huitztli · yn quetzalcoatl ymapiltica quipa/31/llo yn oquihuel-mat quito maniqui ~~no~~cocol yn oçe conyc quilhuique /32/ yn tlatlacatecollo nahui yn ticmitiz yuh quimacaque yc macui/33/lli quilhuique motlatoya-hualtzin · auh yn oquic niman mochin/34/tin quinmacaque yn itecpoyo-huan mochintin mamacuilli /35/ yn quique yn oquincentlahuantique · oc-ceppa yn tlatlacatecollo /36/ quilhuique yn quetzalcoatl nopiltzin ma ximocuicati yzcatqui /37/ yn mocuicatzin yn ticmehuiliz · niman quehuili yn yhuime/38/catl ·= quetzal quetzal nocalli çaquan nocallin tapach no-callin /39/ nicyacahuaz anya ·= auh yn ye pactica · quetzalcoatl quito /40/ xicanatin yn nohueltiuh quetzalpetlatl ma tonehuan titlahua/41/nacan · ya-que yn itecpoyohuan yn ompa tlamaçehuaya no/42/nohualcatepec quil-huito nopiltzi çihuapilli quetzalpetlatl mo/43/çauhqui ca timitztanilico: mitzmochilia yn tlamacazqui yn /44/ quetzalcoatl ytlan timoyetztiyetiuh quito ca ye qualli · ma tihui/45/an cocol tecpoyotl · auh yn ohualla ytlan motlalli yn quetzalco/46/ac niman oquimacaque yn octli nahui no çe ytla-toyahual /47/ yc macuilli · auh yn tetlahuantique yn yhuimecatl yhuan tol-/48/tecatl niman ye no yc quicuicatia yn ihueltiuh quetzalcoatl que/49/hui-lique = nohueltiuh cã tiyanemeyan tiquetzalpetlatl in /50/ mã titlahuana-can aỳya ỳya ynye an = yn oyhuintique /51/ aocmo quitoque yn tlaça titlamaçeuhque · auh niman aoc/52/mo apan temoque · aocmo mohuitz-tlalito aoctle quichiuh/53/que yn tlahuizcalpan · auh yn otlathuic cenca tlaocoxque ycno/54/yohuac yn inyollo · niman oncan quito yn quetzalcoatl onotlahue/55/[litic niman ye][7] ic tlaocolcuica ynic quicuicayoti ynic yaz oncan queuh ·

Side 7

/1/ ayc~~htli~~ [on] pohual çe tonal nocallan: ma nican aya queya[8] ma nicã/2/-no nicanan ma ye onmani ye quehua tlalla que çan ya cococ /3/ tlacoyotl ayca ninozcaltica = yc oncamatl queuh ycuic /4/ aya nechytquiticatca ye-hua nonan an ya coacueye an teotl /5/ ay pillo yyaa nichoca yya yean ·= yn iquac ocuicac que/6/tzalcoatl niman mochintin tlaocoxque yn itecpo-yohuan cho/7/caque niman yc no oncan cuicaque yn queuhque ·

7. Reconstruction follows León y Gama. The Velázquez facsimile is defective.

8. I assume that the 'q' throughout this song text is a mistake for 'h'. On the erroneous 'q' written for 'h' see GRAM secs. 4.2 and 4.3.

/8/ aya techonyacuiltonoca yehuã noteuchuan yehuan que/9/tzalcoatlan mochalchiuhpapahua quahuitl yeçocana tlapa[9] /10/ ma ticyaytzcã yehuan man tichocacan ean ·

/11/ auh yn ocuicaque ytecpoyohuan quetzalcoatl niman oncan /12/ quimilhui cocol tecpoyotl ma yxquich ma nictlalcahui yn al/13/tepetl ma niyauh xitlanahuatican ma quichihuacan tepetla/14/calli niman yziuhca quixinque çentetl tepetlacalli · auh yn iquac /15/ oquixinque yn oyecauh niman oncan quitecaque yn quetzal/16/coatl · auh çan nahuilhuitl yn tepetlacalco onoca yn iquac à/17/mo mohuelmati niman quimilhui yn itecpoyohuan ma yx-/18/quich cocol tecpoyotl ma tihuiyan nohuian xictzatzaquacan /19/ xictlatican yn oticnextica yn paquiliztli yn necuiltonolli yn /20/ yxquich taxca totlatqui · auh yn itecpoyohuan yuh quichi/21/uhque oncan tlatlatique yn inealtiayan catca quetzalcoatl yn /22/ ytocayocan atecpan amochco = niman yc ya yn quetzal/23/coatl moquetz quinçennotz yn itecpoyohuan quinchoquilli /24/ niman yaque ompa tlamattiaque yn tlillan yn tlapallan yn tla/25/tlayan auh nohuian quitztia moyeyecotia acan tlahuelittac /26/ auh yn oaçic yn ompa tlamatihuia niman occeppa oncan /27/ chocac tlaocox = ye ypan ynyn xihuitl çe acatl motene/28/hua mitoa yn iquac oaçito teoapan ylhuicaatenco nimã /29/ moquetz chocac concuic yn itlatqui mochichiuh yn yapane/30/cayouh yn ixiuhxayac et ·= auh yn iquac omoçencauh ni/31/man yc ynomatca · motlati motlecahui · yc motocayotia /32/ yn tlatlayan yn ompa motlatito yn quetzalcoatl · auh /33/ mitoa yn iquac yn ye tlatla niman ye yc aco quiça yn inex/34/yo · auh yn neçiya yn quittaya mochi tlaçototome yn aco /35/ quiça yn ilhuicac quimonitta tlauhquechol xiuhtototl /36/ tzinitzcan ayoquan tozneneme allome cochome yxquich /37/ yn occequi tlaçototome auh yn ontlan ynexyo niman ye /38/ ic aco quiça yn iyollo quetzaltototl yn quitta auh yn iuh /39/ quimatia ylhuicac ya ylhuicac callac quitohuaya yn hue/40/huetque yehuatl mocuep yn çitlallin yn tlahuizcalpã hual/41/neçi yn iuh quitoa yn iquac neçico yn mic quetzalcoatl /42/ ye quitocayotiaya ~~yn iquac mic çan nahuilhuitl yn à-~~ /43/~~mo nez~~ tlahuizcalpanteuctli y quitoaya yn iquac mic /44/ çan nahuilhuitl yn amo nez quitohuaya yquac mictlan ne/45/mito · auh no nahuilhuitl momiti yc chicueylhuitica yn ne/46/çico huey citlalli yn quitoaya quetzalcoatl quitoaya yquac /47/ moteuctlalli = auh yn iuh quimatia yn iquac hualneztiuh /48/ yn tleyn ypan tonalli çeçentlamantin ỹpan mìyotia /49/ quinmina quintlahuelia = yntla çe çipactli ypan yauh /50/ quinmina huehuetque yllamatque mochi yuhque yntla çe /51/ oçelotl yntla çe macatl yntla çe xochitl quinmina pipilto/52/tontin · auh yntla çe acatl quinmina tlàtoque mochi yuh/53/qui yntla çe miquiztli · auh yntla çe quiyahuitl quimina yn /54/ quiahuitl amo quiyahuiz · auh yntla çe olin quinmina tel-

9. Marginal gloss: Casa de quetzalcoatl.

/55/popochtin ychpopochtin · auh yntla çe atl · yc tohuaqui et ·═ /56/ çeçentlamantli yc quitenyotiayaya yn huehuetque yllamatq̃ catca ·

Side 8

/1/ yn omoteneuh quetzalcoatl ynic nenca yn ixquich in otlacat /2/ ypan ce acatl auh yn mic çan no ypan çe acatl ynic moçen/3/poa ynic nenca L~~i~~ij[10] a°s yc ontlami yn ipan in çe acatl xihuitl /4/ omito conpatlac matlacxochitl yn tollan tlatocat ═ 2 tecpatl /5/ 3 calli ═ 4 tochtli ═ 5 acatl ═ 6 tecpatl ═ 7 calli ═ 8 tochtli ═ 9 acatl ═ 10 tecpatl /6/ 11 calli ═ 12 tochtl ═ 13 acatl ═ 1 tecpatl ═ 2 calli ═ 3 tochtli ═ 4 acatl ═ 5 tecpatl /7/ 6 calli ═ 7 tochtli ═ 8 acatl ═ 9 tecpatl ═ 10 calli ═ 11 tochtli ═ 12 acatl ═ 13 tecpatl /8/ 1 calli ═ 2 tochtli ═ 3 acatl ═ 4 tecpatl ═ 5 calli ═ 6 tochtli ═ 7 acatl ═ 8 tecpatl /9/ 9 calli ═ 10 tochtli ypan in xihuitl yn momiquilli quauhtitlan /10/ tlatoani ayauhcoyotzin · LV a°s yn tlatocat ═ auh no ypan ỹ/11/yn momiquilli yn tollan tlatoani matlacxochitzin nimã con/12/-patlac onmotlatocatlalli nauhyotzin yn tollan tlatocat · /13/ 11 acatl ypan inyn xihuitl ommotlatocatlalli yn quauhti/14/tlan tlatohuani nequamexochitzin ompa ytlatocachan /15/ catca yn tepotzotlan miccacalco yc tocayotilloc yn miccacal/16/co oncan ynpan tlatlatzin ynic micque tlatoque yhuan çi/17/huapipiltin yc mocalcauhque ça yuh manca yn inçacacal /18/ yn chichimecatlatoque aocmo motlapaloque yn oncan /19/ yntlàtocachan yaz ═ 12 tecpatl ═ 13 calli ═ 1 tochtli ═ 2 acatl /20/ 3 tecpatl ═ 4 calli ═ 5 tochtli ═ 6 acatl ═ 7 tecpatl ═ 8 calli ═ 9 tochtli ═ 10 acatl /21/ 11 tecpatl ═ 12 calli ypan yn xihuitl yn momiquilli yn quauhtitlan tlà/22/-tohuani catca, yn itoca nequamexochitzin XV xihuitl yn tlatocat /23/ auh no yquac momiquili yn tollan tlatoani nauhyotzin niman /24/ conpatlac onmotlàtocatlalli Matlaccoatzin ═ 13 tochtli y/25/pan yn xihuitl motlàtocatlalli yn quauhtitlan tlatohuani Me/26/cellotzin ompa ytlatocachan mochiuh yn itocayocan tianquizçolco /27/ quauhtlaapan ═ 1 acatl ═ 2 tecpatl ═ 3 calli ═ 4 tochtli ═ 5 acatl ═ 6 tecpatl /28/ 7 calli ═ 8 tochtli ═ 9 acatl ═ 10 tecpatl ═ 11 calli ═ 12 tochtli ═ 13 acatl ═ 1 tecpatl /29/ 2 calli ═ 3 tochtli ═ 4 acatl ═ 5 tecpatl ═ 6 calli ═ 7 tochtli ═ 8 acatl ═ 9 tecpatl /30/ 10 calli ═ 11 tochtli ═ 12 acatl ═ 13 tecpatl ═ 1 calli ypan inyn xihuitl momi/31/quilli yn tlàtohuani catca tolla yn itoca Matlaccohuatzin onmo/32/tlatocatlalli tlilcohuatzin yn tollan tlatocat ═ 2 tochtli ═ 3 acatl /33/ 4 tecpatl ═ 5 calli ═ 6 tochtli ═ 7 acatl ═ 8 tecpatl ═ 9 calli ypan in xihuitl /34/ momiquilli yn quauhtitlan tlatoani Mecellotzin yn tlatocat xxxvj a°s /35/ 10 tochtli ypan in xihuitl yn mo-

10. The copyist has stricken the first 'i' in this numeral.

tlatocatlalli yn quauhtitlan tlatoa/36/ni yn tzihuacpapalotzin ompa yn quauhtlaapan ytlatocachan /37/ mochiuh = 11 acatl = 12 tecpatl = 13 calli = 1 tochtli = 2 acatl = 3 tecpatl /38/ 4 calli[11] = 5 tochtli = 6 acatl = 7 tecpatl = 8 calli = 9 tochtli = yn ypann in 9 toch/39/tli ypan momiquilli yn tollan tlatoani tlilcoatzin auh niman on/40/motlatocatlalli yn huemac ytlatocatoca onmochiuh Atecpane/41/catl[12] ca cenca miec ỳtolloca cecni amoxpan mocaquiz ca yniquac /42/ motlatocatlalli quin no yquac moçihuahuati conmoçihuahua/43/ti ytoca coacueye mocihuaquetzqui yn quizcalli tlacatecolotl /44/ oncan yn itocayocan coacueyecan oncan chane catca yn itoca /45/ coacue: çeçiyacatl mochiuh ynic patlahuac ycuitlapan ec /46/ auh yn omochiuh yni niman canato yn xicòcoc tlenama/47/-cac catca yn itoca quauhtli nimann ic yehuatl ypetlapan yc/48/palpan onmotlallico yn quetzalcohuatl yc yehuatl conmi/49/xiptlayoti quetzalcoatl onmochihuaco yn tollan yehuatl /50/ oteopixcatico conpatlac yn huemac ca quetzalcoatia yn /51/ yquac yca mahuiltito yca mocayahuato yn çihuatlatlaca/52/tecollo yntech açic yehuantin yn tlacatecolotl yaotl yhuã /53/ yn mitoa tezcatlipoca yn tzapotlan nenca ompa hualla ỹ /54/ yc quiztlacahuico huemac · yn omoçihuacuepque yn/55/tech açic niman yc quicauh yn quetzalcoatia omito yc /56/ ye conpatlac yn quauhtli et.ª = 10 acatl = 11 tecpatl = 12 calli /57/ 13 tochtli = 1 acatl = 2 tecpatl = 3 calli = 4 tochtli = 5 acatl = 6 tecpatl = 7 calli /58/ 8 tochtli = 9 acatl = 10 tecpatl = 11 calli = 12 tochtli = 13 acatl = 1 tecpatl = 2 calli

Side 9

/1/ 3 tochtli = 4 acatl = 5 tecpatl = 6 calli = 7 tochtli = ypan tzintic yn tlacatete/2/mictiliztli[13] = yn ipan in chicome tochtli ypan yn mochiuh ỹ /3/ çenca huey mayanalliztli yn mitoa mochicontochhuique yn /4/ tolteca catca chiconxiuhmayanaliztli yc oncanin yn çen/5/ca ye tlatollinia yn ye tlatlatia mayanaliztli niman yc on/6/can yn tlatlacatecollo quimitlanque yn itlaçopilhuan ve/7/mac ompa quincahuato yn xochiquetzal y yapan yhuã /8/ huitzcoc yhuan xicococ ynic yca moxtlahuato pipiltzi/9/tzintin yancuican ompa tzintic yn tlacateteuhmic/10/tiliztli yn omochiuhtimanca = 8 acatl = 9 tecpatl = 10 calli · /11/ 11 tochtli = 12 acatl ypan in momiquilli yn tlatoani quauhtitlan /12/ yn itoca tzihuacpapalotzin xlij aºs yn tlatocatiticatca = 13 tecpatl /13/ ypan in xihuitl yn motlatocatlalli yn çihuapilli yn quauhtitlan /14/ quipachoaya altepetl yn itoca yztacxillotzin

11. Marginal gloss: [4?] calli xitin tollan tetzcoco tlatolli, no vale
12. Marginal gloss: huemac atecpanecatl
13. Marginal gloss: sacrificio de hõbres.

ompa ytlatil catqui /15/ yçacacal manca yn izquitlan atla ompa ytlan catca miequin/16/tin çihuapipiltin yn quimahuiztiliaya yca yn chichimeca /17/ yn quimocuitlahuiaya etª = 1 calli = 2 tochtli = 3 acatl = 4 tecpatl /18/ 5 calli = 6 tochtli = 7 acatl = 8 tecpatl = 9 calli = 10 tochtli = 11 acatl ypan in/19/yn xihuitl yn momiquilli yn çihuapilli yztacxillotzin matlac/20/xihuitl onçe yn tlatocat = auh niman conpatlac onmotlàto/21/catlalli eztlaquencatzin oncan yn techichco yancuican /22/ quiman yçacacal yn itecpancal oncan contzinti ynic on/23/can manca tlatocacalli etª = 12 tecpatl 13 calli = 1 tochtli = 2 acatl /24/ 3 tecpatl = 4 calli = 5 tochtli = 6 acatl = 7 tecpatl = 8 calli = 9 tochtli = 10 acatl /25/ 11 tecpatl = 12 calli = 13 tochtli = 1 acatl · ypan inyn quizque xicco yn chalca[14] /26/ yn tlatzintiani Acapol yçihuauh tetzcòtzin ynpilhuan chal/27/cotzin · chalcapol etª = 2 tecpatl = 3 calli = 4 tochtli = 5 acatl = 6 tecpatl /28/ 7 calli = 8 tochtli ypan inyn xihuitl yn çenca miec tetzahuitl mo/29/chiuhtimanca tollan · auh no yquac ypan inyn xihuitl on/30/can açico yn tlatlacatecollo yn mitoaya yxcuinanme çi/31/hua diablome · auh yn iuhca yntlatol huehuetque conitoa /32/ ynic huallaque cuextlanpa yn quiçaco · auh yn ompa mi/33/toa cuextecatl ichocayan oncan quinnonotzque ynmalhuan /34/ quimaçique cuextlan quinyolyuhtlamachtique yn quimil/35/huique ca ye tihui yn tollan amoca tlaltech taçizque amoca /36/ tilhuichihuazque ca ayayc tlacacalihua tehuantin tic/37/pehualtitihue tamechmiminazque = yn oquicacque ynmal/38/huan niman yc chocaque tlaocoxque · oncan tzintic y · yn tla/39/cacaliliztli[15] ynic ylhuichihuitiloya yxcuiname yn iquac mi/40/toaya yzcalli = 9 acatl ypan inyn açico tollan yn yxcuinanme /41/ yca tlaltech açico yn inmalhuan omentin yn quincàcalque · auh /42/ yn tlatlacatecollo yn cihua diablome ymoquichhuan catca ỹ /43/ ynmalhuan cuexteca oncan yancuican tzintic yn tlacacaliz/44/tli [=][16] 10 tecpatl = 11 calli = 12 tochtli = 13 acatl yn iquac miec mochi/45/uh[ticat]ca tetzahuitl yn tollan niman no ompa peuh ỹ yao/46/yot[l] yn quitzinti diablo yaotl ompa yn mitoa nextlalpan quimix/47/namicque yn tolteca auh yn otlamato niman no oncan peuh /48/ yn [t]lacamictiliztli yn quinmictique ynmalhuan tolteca yn/49/tzallan ynnepantla ycatinenca yn diablo yaotl ynic huel /50/ oncan quenitlahuiltitinenca ynic tlacamictizque · auh nimã /51/ no [c]ontzinti conpehualti yn tlacaxipehualiztli yquac yn cui/52/ca[m]anaya texcallapan oncan yancuican çe tlacatl çihuatl /53/ otomitl tlaçimaya yn atoyac oncan conan yn quixipeuh ni/54/man conaqui ynn ehuatl yn ytoca xiuhcozcatl tolteca yancuicã /55/ oncan tzintic yn totec ehuatl quimaquia-

14. Marginal gloss: salierõ de xicco los chalca

15. Marginal gloss: sacrificio de asaete[ad]os

16. A creaselike flaw, or streak, in the manuscript begins at this point, extending to the bottom of the page. Obliterated characters have been supplied following the León y Gama copy and Lehmann's transcription.

yaya quin huel mochi /56/ on[ca]n otzintic yn ixquich tlacamictiliztli ocatca ca mitoa motene/57/hua [c]a yn oc ymac yn oc ymatiayan yn achtopa quetzalcoatl catca

Side 10

/1/ yn motocayotia çe acatl · çan niman ayc quinec yn tlacamictiliztli etª /2/ ca quin oncan in ypan inyn iquac tlatocatiticatca vemac mochi /3/ tzintic yn omochihuaya quitzintique yn diablome tel çecni oma/4/mayoti omìcuillo ompa mocaquiz ·═

/5/ 1 tecpatl[17] ypan inyn xihuitl xitinque yn tolteca catca ypan mochi/6/uh yn vemac yquac tlatocatia · auh ynic yaque ynic ollinque /7/ quiçaco çincoc auh yn oncan çincoc oncan quimicti /8/ ytlacateteuh yn vemac yc moxtlauh ytoca catca çe coatl · /9/ auh oncan oztoc callaquiznequia yn oncan òtlipan tlama/10/cazcatzinco amo huelit niman huallehuac quiçaco quauh/11/nenec · oncan mixiuh yzihuauh yn vemac ytoca quauhnene /12/ yc tocayotillo yn axcan quauhnenec · auh niman hualle/13/huac quiçaco teocõpan oncan ycpac yn teocomitl moquetz /14/ yn tlacatecolotl yaotl oncan quinçennotz yn icnihuan quimil/15/hui ximotlallican yn annocnihuan maça huiyan yn tolte/16/ca amo anyazque yn annocnihuan auh yn oncan quin/17/centlalli ynic çe ycnotlacatl · yc 2 tziumaçatl · yc 3 acxoqua/18/uhtli · yc 4 tzonquaye · yc 5 xiuhcozcatl · y 6 ozomateuctli · yc 7 /19/ tlachquiyahuitl teuctli · yc 8 huetl · yc 9 tecolteuctli · yc 10 qua/20/uhtli · yc 11 aztaxoch · yc 12 aztamamal · yc 13 ycnotlacatl ynã /21/ yhuan miyequintin yn çan motolinia ycnihuan diablo /22/ yn oncan quincentlalli hueyconpan ═ auh yn oyaque /23/ tolteca niman quimonehuiti yn icnihuan diablo ompa /24/ quintlallito yn xaltocan quimilhui yn icnotlacatl yhuan /25/ mochintin àmo amatlamatizque xic ylnamiquican /26/ yn ixquich ynic otitlatequipanoque tollan yuh anquichi/27/uhtiazque mochipa · cenca tehuatl yn ticnotlacatl ma ta/28/tlama yntla xatlamatican namechquequeloz namech/29/popoloz yn iuh niquinquequelo Maxtla yn toltecatepec /30/ chane catca omentin ychpochhuan quetzalquen quetzal/31/xilotl chalchiuhtepetlacalco yn quinpiaya oncan niquin/32/cocohuapilhuatin òonteme yn quintlacatillique nixiptla/33/huan yn tlaquame · auh no yuh nicquequelo yn oztotempã /34/ tlapiayaya quauhtliztac yhuan yn atzompan tlapiaya /35/ quauhtli ca nehuatl niquinpopolo · auh yn oquimone/36/huilti ycnihuan diablo yaotl yn ompa xaltocan ynic qui/37/montlallito tlanican tlatepotzco quimontecato yn õpa /38/ xaltocan ·═

/39/ Auh yn tolteca niman yaque quiçato cohuatlyyopan · quiçato /40/

17. Marginal gloss: se despoblo tula.

atepocatlalpan · quiçato tepetlayacac quiçato huehue qua/41/uhtitlan oc oncan conchixque yn tamaçolac chane /42/ catca yn oncan tlapiaya yn itoca atonal niman no te/43/huan quinhuicac yn imaçehualhuan niman onehua-/44/que yn tolteca quiçato nepopoalco temacpalco acati/45/tlan tenamitlyyacac azcapotzalco tetlollincan yquac /46/ tlàtocati tzihuactlatonac yn oncan oncan quincauhque /47/ omentin tolteca huehuetque · xochiololtzin coyotzin teo/48/cuitlacomalli conmacaque yn tlatohuani ynic oncan /49/ ytlan omotlallique niman yaque yn tolteca quiçato cha/50/poltepec huitzilopochco colhuacan quiçato tlapechuacan /51/ quauhtenco · auh yn oyaque yn ocallacque altepetl ypan çequin/52/tin motlallique chalollan · teohuacan · cozcatlan · nonohualco · teo

Side 11

/1/tlilan · coayxtlahuacan tamaçollac · copilco · topillan · ayo/2/tlan maçatlan ynic nohuian anahuacatlalli ypan mo/3/tlallito yn axcan ompa onoque = auh yn ipan çe tecpatl /4/ no yquac çe ymohui quitocaque yn colhuaque[18] auh tlayacã/5/tia yntlatocauh ytoca nauhyotzin = 2 calli = 3 tochtli = 4 acatl /6/ 5 tecpatl = 6 calli = 7 tochtli = ypan in momicti yn vemac yn õcan /7/ chapoltepec çincalco ·= ypan in 7 tochtli xihuitl ypan tla/8/mico yn inxiuh tolteca chiconxihuitl yn nohuiyan quizti/9/nemito yn ahuacan tepehuacan ynicc ompa motecato yn mo/10/tlatlalito =
/11/ ynic onoca tolteca CCC xihuitl ypan xxxjx a°s·= auh yn ipan 7 toch-/12/tli xihuitl ypan yn yehuatl vemac momictico moquechme/13/cani oncan motlahuelpollo yn oncan chapoltepec oztoc ach/14/topa chocac tlaocox yn iquac aocaque quimitta tolteca /15/ yn oycampa tlanque niman omomicti = 8 acatl = 9 tec/16/patl ypan in mic colhuacan tlatohuani nauhyotzin on/17/motlalli quauhtexpetlatzin ytelpoch yn nauhyotzin a/18/uh ompa yn miquito nauhyotzin covatolco ayahualol/19/co tlapechuacan quauhtenco oncan 9 xiuhtique yn col/20/huaque auh ompa yn motlalli quauhtexpetlatzin col/21/huacan tlatocatico = 10 calli = 11 tochtli = 12 acatl = 13 tecpatl /22/ 1 calli = 2 tochtli = 3 acatl = 4 tecpatl = 5 calli = 6 tochtli = 7 acatl = 8 tecpatl /23/ 9 calli = 10 tochtli = 11 acatl = 12 tecpatl = 13 calli = 1 tochtli · Aztlan yc hual/24/ollinque Mexitin = 2 acatl ypan yn xihuitl momiquilli yn /25/ tlatohuani eztlaquentzin lvij años yn tlatocat · toxiuh mol/26/pili otlica ypantic yn quauhtexpetlatzin culhuacan /27/ oncan ytocayocan xochiquilazco yn Mexitin ypan on/28/açico quahuitl ycacan = 3 tecpatl ypan in xihuitl yn motla/29/tocatlalli ezcoatzin ompa yn

18. Marginal gloss: por otra [pa]tria fueron los culhuas

çimapan tehuiloyocan çacacaltitlã /30/ avacan techichco = no ypan in mic yn chalco tlatohuani yn oc /31/ oncan xicco yn Aca niman onmotlatocatlalli tozquehua teuctli /32/ XL a°s yn tlatocat ·= 4 calli = 5 tochtli = 6 acatl yn ipan in xihuitl açi/33/co yn mexiti tepetl ymonamiquiyan = 7 tecpatl = 8 calli = 9 tochtli /34/ 10 acatl = 11 tecpatl = 12 calli ypan açico yn mexitin tepetlmaxali/35/uhyan = 13 tochtli = 1 acatl = 2 tecpatl = 3 calli = 4 tochtli = 5 acatl y/36/pan xihuitl ynyn mic tlatohuani ezcoatzin xvj xihuitl yn tlato/37/cat = 6 tecpatl ypan inyn xihuitl motlatocatlalli yn tlatoani te/38/yztlacoatzin ompa yn xolloc manca yçacacal = 7 calli = 8 toch/39/tli · ypan açico cohuatl yayauhcan yn mexitin = 9 acatl = 10 /40/ tecpatl = 11 calli = 12 tochtli ypan açico çacatepec yn Mexitin /41/ 13 acatl = 1 tecpatl = 2 calli = 3 tochtli ypan açico yn mexitin te/42/matlahuacalco = 4 acatl = 5 tecpatl = 6 calli = 7 tochtli ypan in /43/ onaçico yn mexitin cohuatepec = 8 acatl = 9 tecpatl = 10 calli = 11 toch/44/tli 12 acatl ypan açico yn oncan colhuacan yn quauhtexpe/45/tlatzin niman quimihua yn imaçehualhuan ocuillan mali/46/nalco ompa onoque = 13 tecpatl = ce calli ypan in xihuitl mic /47/ yn colhuacan tlàtohuani quauhtexpetlatzin onmotlalli /48/ huetzi · auh yn onmotlalli yn ye oncan colhuacan niman /49/ yc õpeuh yn acxoquauhtli pilli yteycauh yn nauhyotzin et[a] /50/ 2 tochtli · yn ipan in ye yquac yn motlahuelcuitique xochimilca yhuan /51/ colhuaque quintocaque yn xochimilca ompa quincahuato teya/52/hualco ynic ompa quimiquanique = 3 acatl · yey acatl ypan mic yn

Side 12

/1/ chalco tlatohuani tozquivan oc oncan yn Xicco · niman onmotlalli Acatl · /2/ mochintin ypan açito yn axcan mochalcaytohua et[a] = 4 tecpatl · yn i/3/pan nahui tecpatl açico chimalcotitlan yn mexitin · yn can no ypan /4/ nahui tecpatl ypan açito yn chalca tenanca tlalmaçehuato · anahuatl /5/ ahuacan · çima · tepehua et[a] = 5 calli = 6 tochtli = 7 acatl yn ipan yn 7 acatl /6/ ypan açito yn chalca mihuaque huitznahua chichimeca et[a] = 8 tecpatl yn /7/ ypan 8 tecpatl açico yn Mexiti ·= 9 calli = 10 tochtli yn ipã 10 tochtli açito yn /8/ chalca tlahuacan · yn yaquen nahualquauhtlo · mixcoatl çan no ypan /9/ ynyn xihuitl çemaçito yn chalca yhuan ocçequi altepeme et[a] = 11 acatl /10/ 12 tecpatl = 13 calli · yn ipan 13 calli quicauhque yn xochimilca yn hualtepa/11/nahuiyaya colhuacantic = 1 tochtli yn ipan çe tochtli quintocaque yn xo/12/chimilca ompa quintepehuato yn axcan ompa onoque yehuantin quin/13/peuhque yn colhuaque = 2 acatl = 3 tecpatl = 4 calli = 5 tochtli · tollan /14/ açico yn Mexica 6 acatl = 7 tecpatl = 8 calli = 9 tochtli · ypan in xihuitl yn mic /15/ colhuacan

Side 12

tlatohuani huetzin · auh no ypan açito yn Mexiti yn oncã /16/ atlytlallacyan · auh niman onmotlalli nonohualcatzin yn col/17/huacan tlatocat yn oyuh onmic huetzin = 10 acatl = 11 tecpatl = 12 calli /18/ 13 tochtli = cequi mitoa oncan mic huetzi = 1 acatl ypan yn açico mexitin ỹ /19/ nican quauhtitlan · ypan çe acatl oncan mic yn chalco tlatohua/20/ni Acatl onmotlalli tlalliteuctli yn nican ypan yn çe acatl haçito /21/ çitlaltepec tzompanco yn Mexiti oncan matlacxiuhtique = 2 tec/22/patl = 3 calli = 4 tochtli = 5 acatl = 6 tecpatl = 7 calli = 8 tochtli = 9 acatl = 10 /23/ tecpatl = 11 calli ypan in ècatepec catca mex^{ca} = 12 tochtli ypan açito co/24/atitlan yn Mexitin = 13 acatl = 1 tecpatl ypan in acito chalca tla/25/cochcalca tlamaçehuato yaotl · no oncanin yn tzintic tlatoca/26/yotl tepeyacac yhuan chollollan = 2 calli = 3 tochtli = 4 acatl /27/ ypan inyn xihuitl mic yn colhuacan tlatohuani nonohual/28/catzin niman onmotlalli achitometl yn colhuacan tlatocat · /29/ 5 tecpatl mexitin tolpetlac catca = 6 calli = 7 tochtli ypan inyn xi/30/huitl momiquilli yn quauhtitlan tlàtohuani teyztlacohua/31/tzin lvij a°s yn tlàtocat = 8 acatl ypan inyn motlatocatlalli ỹ /32/ huehue quinatzin ompa yn techichco yhuan manca ytecpã/33/cal yn tepetlapan yn tequixquinahuac viztonpan = 9 tecpatl /34/ ypan açito yn Mexiti chiquiuhtepetitlan tecpayocan = 10 ca/35/lli = 11 tochtli = 12 acatl = 13 tecpatl = 1 calli = 2 tochtli = 3 acatl = 4 /36/ tecpatl = 5 calli ypan mic yn colhuacan tlatohuani achito/37/metl niman onmotlalli quahuitonal yn colhuacan tlatocat · /38/ 6 tochtli ypan yn açito mexitin tepeyacac = 7 acatl = 8 tecpatl = 9 /39/ calli = ypan yn açito mexitin pantitlan niman popotlan acolna/40/huac miquanitiaque = 10 tochtli = 11 acatl = 12 tecpatl = 13 calli = yn /41/ oyuh xitinque tolteca yn ça mixcahuitoca colhuaque · CXXV a°s /42/ 1 tochtli ypan inyn xihuitl açito yn mexitin yn ompa chapoltepec /43/ yquac tlatocati Maçatzin yn chapoltepec yntlatocauh yn chi/44/chimeca etª auh yn yehuantin mexitin yn iquac yn ynteopixca/45/uh catca ytoca tzippantzin · auh yn yehuatl maçatzin oncatca ych/46/poch ytoca xochipapalotl · auh yn iquac yn ye yntlan cate mexitin /47/ yn tlatohuani maçatzin niman peuhque ynic yca mahuiltique /48/ yn ichpoch miycpa concochmamaya yhuan miec yc ynca mahuil/49/-tiaya yn chichimeca niman yc yn yehuatl maçatzin yn ye ma/50/mana niman quintlalcahui quiz quinhuicac yn imaçehual/51/huan ompa yaque yn otlazpan ompa motlallico etª auh yn i/52/quac y · yn açito mexiti yn ompa chapoltepec yquac colhuacan /53/ tlatocati ytoca quahuitonal = quitoa yn tetzcoca oncanin /54/ yn mic vemac yni tollan huallehuac ynin tlatolli amo valido /55/ ica omito yn ineltilizyo ytolloca = 2 acatl = 3 tecpatl = 4 calli = 5 tochtli /56/ 6 acatl ypan yn xihuitl mic yn colhuacan tlatohuani quahuitonal /57/ niman onmotlalli Maçatzin y colhuacan = 7 tecpatl = 8 calli = 9 toch/58/tli = 10 acatl = 11 tecpatl = 12 calli = 13 tochtli = 1 acatl = 2 tecpatl

Side 13

/1/ 3 calli = 4 tochtli = 5 acatl = 6 tecpatl = 7 calli = 8 tochtli = 9 acatl = 10 tecpatl = 11 /2/ calli = 12 tochtli = 13 acatl = 1 tecpatl = 2 calli = 3 tochtli = ~~4 acatl = 5 tecpatl~~ ypã /3/ ynyn xihuitl mic yn colhuacan tlàtohuani Maçatzin niman onmotla/4/lli cuetzaltzin yn colhuacan = yn tlamaçehualleque tlahuaca yn /5/ tlatzintiani · quauhtlotlin teuctli · yhuan yhuitzin yhuan tlilcoatzin y/6/huan chalchiuhtzin yhuan chahuaquetzin yn yehuantin in oc huel /7/ yehuantin yn chichimeca catca hualxeliuhque xicco chalca tla/8/huacã yc mitoa motenehua cuitlahuaca tlàtoque tiçic[19] = 4 acatl /9/ 5 tecpatl = 6 calli = 7 tochtli = 8 acatl = 9 tecpatl ypan yn 9 tecpatl /10/ quintenancacalque yn tlaxcalteca yehuantin quichiuhque /11/ huexotzinca yquac tlatocati Miccacalcatl yhuan Acolhuaque y/12/quac tlàtocati Acolmiztli[20] ·= 11 tochtli ypã yn 11 tochtli motlatocatla/13/lli cuitlahuac tiçic cohuatomatzin = 12 acatl = 13 tecpatl = 1 calli ȳ /14/ ypan in hualxeliuhque yn chalca huallaque cuitlahuac tiçic /15/ yn huallaque tlaltecayohuaque mihuaque acxoteca[21] = 2 toch/16/tli = 3 acatl ypan mic yn colhuacan tlatohuani cuetzaltzin /17/ niman onmotlalli chalchiuhtlatonac yn colhuacan · y/18/pan in poliuhque yn chololteca quixinique yn inteocal hue/19/xotzinco Miccacalcatl quichiuh et[a][22] = 4 tecpatl ypan ynyn mic /20/ tlatohuani cuitlahuac tiçic coatomatzin = 5 calli = 6 tochtli ypa/21/n in motlatocatlallitia cuitlahuac Miahuatonaltzin teuctli chal/22/capilli = 7 acatl = 8 tecpatl ypan inyn xihuitl yn quinyaoya/23/hualloque mexitin yn õpa chapoltepec yn iquac çenca ye tla/24/àma: auh yn quinyaochiuhque · colhuaque Azcapotzalco xo/25/chimilca · coyohuaque yquac yn colhuacan tlatocati chalchi/26/uhtlatonac · xaltocan yztac teuctli tlatocati · auh yn iquac yn no /27/ quicaquitico yn quauhtitlan tlatohuani quinatzin ynic no ya/28/otizque yn imaçehualhuan auh àmo çiz amo quinec çan/29/niman quimihua n quinyollalito yn Mexitin ynic àmo no /30/ yaotizque quauhtitlancalque tlayacantia çimatecatzintli /31/ quinmacato çollintototl totoltetl yhuan coatzintli yn itetla/32/palloaya quauhtitlancalque · auh yn Mexitin ca yeppa ynic/33/nihuan catca yn chichimeca yn quauhtitlancalque yquac /34/ quinmocniuhtique ynic catca tollan atlitlalacyan tequixqui/35/ac apazco çitlaltepec tzompanco · yhuan ynic quauhtitlan oçe/36/xiuhtico mexitin yhuan ynic catca coatitlan et[a] mochipa mocni/37/uhtlaya · auh çan ye niman yquac oquimat yn tlatohuani /38/ quinatzin yn ca onamoyalloque mexitin yn opoliuhque · nimã /39/ tlanahuati yn tlatohuani yntla yttozque xaltocameca yn quinquix/40/tizque ynmalhuan tla-

19. Marginal gloss: origen de los de cuitlahuac
20. Marginal gloss: guerra entre tlax[a] y huex[co] y los aculhuas
21. Marginal gloss: destruccion de chalco
22. Marginal gloss: venzidos los cholultecas por miccacalcatl

Side 14

çaltilozque auh yuh mochiuh yn iquac ỹ /41/ quĩtetlaçalti yn tlatohuani quinatzin mexitin ynichpoch ymal /42/ catca yn xaltocameca ytoca chimallaxochtzin yichpoch yn tla/43/tocatca yn tlapachoaya chapoltepec yn itoca huitzilyhuitzin: /44/ auh yn huitzillihuitl colhuacan malli mochiuh auh ynin /45/ huitzillihuitzin yuh mitoa ytelpoch yn tlahuizpotoncatzin ỹ /46/ xaltocameca pipiltin auh çequintin quitoa tzompanco pilli /47/ neçahualtemocatzin ytelpoch etª auh yn yquac y yn namoya/48/lloque mexitin manca altepetl yn techichco auh tlanahuati yn tla/49/tohuani quinatzin ynic piallozque auh yequene tepotztocozque yn xal/50/tocameca yn oyaotito chapoltepec auh tlaçaltilozque yn inmalhuã /51/ yuh mochiuh ompa yn yltitlan acalloco caltiaya yn çihuatzintli ma/52/lli yn itoca chimallaxoch auh niman yn quinmiminaznequi xaltocameca /53/ yn quauhtitlancalque yc oncan quicauhque yn inmal · auh yn oquicauhq̃ /54/ yxpan quihualhuicaque yn tlatohuani quinatzin oncan y tepetlapan · yn

Side 14

/1/ oquittac quitlaçotlac auh niman ytlan yaznequia ytech açizne/2/quia yn tlatohuani · auh amo çiz çan quilhui ca ayamo huelitiz to/3/tecuyo ca ninoçahua maquin mochihuaz yn ticmonequiltia /4/ ca nitlachpancati[23] nipiti · auh quin oxihuitl yn nicchihua none/5/tol oc no onxihuitl yn tzonquiçaz · totecuyo ma motencopatzin/6/co tlalhuitectzintli nechtlalilican ynic oncan nictlamaniliz /7/ noteuh nicmaniliz noteotecon oncan ninoçahuaz: auh ni/8/man tlanahuati yn tlatohuani quinatzin quitlallique tlal/9/huitectli yn ompa tequixquinahuac huitznahuac viztopan: yn oye/10/cauh tlalhuitectli niman ompa quicahuato yn çihuatzintli /11/ ompa moçauh · auh yn iquac omoçauh niman quimoçihuahua/12/ti yn tlàtohuani quinatzin auh niman tlacachiuh yn çihua/13/tzintli quito ma quimocaquilti yn tlatohuani ca otlàcat yn pil/14/tzintli ma quimotocamaquilli · auh caquitilloc yn tlàtohua/15/ni niman quitocayoti yn ipiltzin quito ytoca yez tlaçanatztoc /16/ auh yn oquicac ynantzin quito ca ypampa yn çan quauhtla /17/ çacatla oquichiuh yn tlatohuani yn çan ompa yn iamiyã /18/ yn itlaminayan etª · auh yn iquac yn oyuh tlacat ypiltzin /19/ tlatohuani quinatzin niman tlanahuati quitlalli ytlatzontec /20/ quinçencaquilti yn tlatoque yn chichimeca quito ca monequi /21/ aocmo ynicnihuan yezque yn xaltocameca aoquic mocniuh/22/tlazque yhuan ca monequi aoquic yntlan huallazque · auh /23/ niman neltic yuh mochiuh ca yn quenmanian quauhtla /24/ onhuiya xaltocameca quinmiminaya quintzacuilliaya ye /25/ oncan peuh ỹ yn xal-

23. The copyist has what appears to be a small 'c' above the second-to-last letter of the word *tlachpancati*.

tocamecayaoyotl ynic quinyaochi/26/uhque quauhtitlancalque · auh yn xaltocameca çan quin/27/tocayotiaya tlilhuipilleque yn iuhqui nonohualca yn /28/ cozcateca = auh yn yehuatl çihuatl yn imichpoch mexiti /29/ yc ome yconeuh mochiuh · auh aocmo quicaquilti yn tlato/30/ani quinatzin yn tleyn yntoca yez ça yneyxcahuitl yn quitoca/31/macac yn quintocayoti tezcatl teuctli · yn itoca yn iteouh tez/32/catlipuca · auh no yhuan yn yehuatl çihuatzintli yn iquac ma/33/lli mochiuh quihualytquic yc hualmolpitia çentetl tezcatl /34/ yhuan xiuhayatl yehuatl yn ypampa ytoca tezcatl teuctli ca /35/ àmo quihuelcac yn itoca yyacapã yn tlaçanatztoc · yc yneyx/36/cahuiltica quitocamacac ynic ome yconeuh yehuatl yn quauh/37/titlan tlatohuani mochiuh yn tezcatl teuctli etª —

/38/ auh yn iyacapan tlàtohuani quinatzin yn itoca tlatzanatztoc ỹ /39/ yquac ohuapahuac niman yn itatzin yn tlatohuani quauh/40/titlan conmillapixcatlalli yn ompa tepotzotlan · auh ompa /41/ quintlacatilli ypilhuan ytelpochhuan yn tlantzanatztoc /42/ ynic çe xaltemoctzin huicoc matlatzinco yaomic = ynic ome /43/ quinatzin yc oc mopohuazque yn ipilhuan yni ey çihuatl on/44/can hualla motlallico yn itocayocan chimalpan yn axcan on/45/can tianquizco yn inacaztlan tecpancalli yn oncan mania a/46/tezcatl yn yehuantin in yeyntin ye cuel yxhuihuan yn quina/47/tzin = auh niman occeppa mopilhuati yn çihuatzintli yn /48/ mexitin ynhueltiuh quitlacatilli teoçatzin yc eyntin yn ipil/49/huan yc nahui yconeuh tochtzin = yc macuilli çihuatl yehuan/50/tin i yn ipilhuan quinatzin = auh yn omoteneuh yxhuiuhtli /51/ quinatzin yn itelpoch tlaçanaztoc mopilhuati quinchiuh /52/ ypilhuan = ynic çe yhuitl temoctzin ynic 2 chahuacuetzin /53/ ynic 3 quauhyzomoca ynic 4 cuecuenotl = auh yn ihuitl te/54/moctzin mopilhuati quintlacatilli ytelpoch quitocayoti

Side 15

/1/ quinatzin ynyn quitzinti yn tlatocayotl tepotzotlan quicnoyto yn itatzin ỹ /2/ omoteneuh yhuitltemoctzin yquac yn huicoc chalco ynic ompa ya/3/omiquito ompa quihualycnoyto yn itelpoch ynic achitzin quic/4/nopilhuiz tlalli ynic quimomaquiliz moteucçomatzin yuh caqui/5/tiloc ynic çan ipampa ye yaomictinemi yn itech paquizque huehue /6/ quinatzin yn ipilhuan yn ixhuihuan ynic quimaçehuazque yn /7/ pillotl yn teucyotl yn tlatocayotl yhuan yn tlalli yn oncan ypal/8/tzinco cate yncoltzin ynic millapia yntatzin etª quinonotzaco /9/ yn huehue moteucçomatzin yn tlanonotzaco tenayocan chane /10/ tlenamacac malli hualchollo yn ompa chalco etª = auh yn ye/11/huatl yn tlatohuani catca yn huehue moteucçomatzin quitla/12/huelcaquilli yn ihuitltemoctzin niman yc contlatocatlalli ỹ /13/ quinatzin contzinti yn tlatocayotl tepotzontlan · auh yn quina/14/tzin mopilhuati yn quinchiuh ypilhuan · ynic 1 ychpoch tzi/15/cuiltzin—ynic 2 quauhqueçe—ynic 3 nanahuatzin quimicti /16/ yn quinatzin ypampa quitlaxin ynic 4 petlauhtocatzin—yn /17/ 5 acatentehuatzin yni 6 aztatzontzin—ynic 7 totec yatetzin to/18/cuiltzin ȳ ynic 8 çihuapipiltin miequintin yn omoteneuh /19/ ychpoch tzicuiltzin ytelpoch Don fran^{co} Carlos Xoconochtzin ·═ /20/ Auh niman yn yehuatl aztatzontzin yxquetzalloc quixquetz yn tla/21/tohuani tenochtitlan yn itoca moteucçomatzin yehuatl quinahua/22/ti quitlalli ynic ypan altepetl quauhtitlan tlatohuani yez · auh oc /23/ huel yxpan ynomatca quinemilli yn itatzin yn itoca quinatzin · /24/ auh yn iquac ynyn quauhtitlan ~~pi~~piltitinenca achicatzin tlil/25/potoncatzin ypil^{n} yn ayactlacatzin · auh quauhtlatolloya yn qua/26/uhtitlan yquac quipachohuaya yn Altepetl yn tlacateccatl tehui/27/tzin tepetlapan chane ỳquac chicuexihuitl yn quauhtlatoloc /28/ ynic onmotlalico Aztatzontzin ═ Auh yn ye tlatocati Aztatzon/29/tzin yn quauhtitlan niman mopilhuati quinchiuh ypilhuan /30/quintlacatilli—yni ce quecehuacatzin ticoctzin quauhyacac /31/ tlacochcalcatl yychpoch yn inantzin—ynic 2 catlacatzin /32/ tlaquixtilli yn inan catca—ynic 3 Pablo tlillotlynahual quichi/33/huili tequixquinahuac chane yhuexiuh Alonso çimatzin—ynic /34/ 4 techan onoc don luis de la vega yhueltiuh quichihuilli ynyc /35/ 5 çan no ye quichihuili yn Don luis yhueltiuh ytoca tzipalle ynic /36/ 6 Doña Maria huitzilopochco çihuapilli quichihuilli ytoca Don /37/ Pedro macuilxochitzin—ynic 7 ytech tlacat moçeltzin moteuc/38/çomatzin yychpoch çihuapilli yn quichiuh ayactlacatzin /39/ ynic 8 no ytech tlacat yn moteucçomatzin yychpoch ytoca Don /40/ Ju^{o} Xaltemoctzin—ynic 9 no ytech tlacat yn moteucçomatzin /41/ yychpoch ytoca Don Diego quinatzin—ynic 10 çihuatl ytoca /42/ tiacapantzin totocalco ychan yn inantzin tlacotzintli ═ auh ynin /43/ çihuapilli tehuan ya ynic quimitlanque yn imichpochhuan /44/ tlatohuanime yn quimitlan Marques yn iquac yancuican açico /45/ tenochtitlan · auh ynin çihuapilli yuh mitoa ca ompa nemi yn /46/ cuetlaxcoac · auh omopilhuati—ynic 11 quichihuilica tollan/47/tzinco ychan motenehua momoztitlan çihuapilli—ynic 12 y 13 /48/ quinchihuilli motenehua apazco conetl omentin çihua yn quin/49/chiuh—ynic 14 quichihuilli azcapotzalco çihuapilli çan no /50/ çihuatl ynic 15 quichihuilli tlacotli tetlanman chane çan /51/ no çihuatl—ynic 16 quichihuilli tlacotli xocoatolchiuhqui ═ /52/ auh yn piltontli tetzcoco quichahuapollo yn inantzin xaltemoc/53/tzin auh yn oquimat aztatzontzin niman itecopat yztacalco /54/ pialloc yn piltontli quipiaya yn calpixque—17 ynic 17 quichihuilli

Side 16

/1/ tlaltecayohuacan ychan—ynic 18 · xonetzin quichihuilli ynin xonetzin /2/ tlaquixtilli catca achiuhqui ·

/3/ Auh yn yehuatl quinatzin yn tepotzotlan tlatohuani catca yn omo/4/-

teneuh ytatzin Aztatzontzin ca quin yehuatl contzinti yn tepo/5/tzotlan tlatocayotl[24] · auh ynin quinatzin quiniquac momiqui/6/lli yn iquac onaçico españoles yn castilteca quin oyuh ye na/7/uhpohualli momiquilli yn iquac tecuilhuitica quizque es/8/pañoles ompa quizque yn tepotzotlan yn caxtilteca yquac nauh/9/pohualtiloc yn tlatohuani catca quinatzin = auh yn oyuh mo/10/miquilli quinatzin yn tepotzotlan tlatohuani catca yn itatzin Az/11/tatzontzin niman yn tepotzotlan conmotlatocatlalli yn o/12/moteneuh Don Pedro macuilxochitzin yn itelpoch aztatzontzin ye/13/huatl ontlatocatito yn tepotzotlan auh manca ytecpancal yn /14/tollantzinco— auh yn iquac omic Don Pedro macuilxochitzin ni/15/man onmotlatocatlalli ytelpoch yn Don Pedro macuilxochitzin y/16/toca Don Diego nequametzin—auh yn iquac omic Don Diego /17/ nequametzin piltzintli niman onmoquichhuati yn Doña ma/18/ria yn huitzillopochco çihuapilli yn imecauh catca aztatzontzin /19/ yn inan macuilxochitzin conmonamicti Don luis de manu/20/el mallomitl ytelpoch yn xayocuitlahua catca = auh yn conmo/21/namictique oyuh caxtolxihuitl omey açico yn españoles ypã /22/ xihuitl 5 tecpatl ypan año de 1536 años · auh yn omochiuh yn /23/ niman yc yehuatl ontlatocat yn tepotzotlan yn Don luis de /24/ manuel çan ypampa yn çihuapilli Doña Maria · auh yn yx/25/quich yca tzintic tlatocayotl tepotzotlan quin axcan ciij a^{o}s /26/ axcan omicuillo ypan de 1563 años ypan yn mes de febrero ytla/27/mian = auh yn Don luis de manuel 26 · yn ontlatocat—auh ni/28/man onmotlatocatlalli yn tepotzotlan tlatocatiz ytoca Don fran^{co} /29/ carlos xoconochtzin auh ypan yn xihuitl motlàtocatlalli de /30/ 1561 a^{o}s ye omopouh tlacpac yn suma de los años conpatlac Don Pe/31/dro de san Augustin 1570 ·

/32/ nican motenehua yntlatol yn quauhtitlancalque huehuetque /33/ yn ihuan ymitolloca mexitin ynpollihuiliz yn ompa chapoltepec yc /34/ yaoyahualoloque = mitoa motenehua ca yn yehuantin mexitin ỹ /35/ ye yuh ompohualxiuhtia ypan chiconxihuitl oncan catca cha/36/poltepec yn çenca ye miec yc tlaàmana yc tlatequipachoa yn ye /37/ teca mocacayahua yn ye tlacuitihuetzi yn ye cana yn teçihua/38/uh yn teychpoch yhuan occequi miec yc teca mocacayahua ni/39/man yc quallanque yn tepaneca yn tlacopan azcapotzalco coyo/40/huacan colhuacan niman moçennonotzque quitlallique yn/41/tlatol ynic çan nepantla polihuizque mexitin quitoque yn te/42/paneca ma tiquinpehuacan yn mexitin tle axtoque yn totzallan /43/ omotecaco ma tiquinnamoyacan · auh ynic huel mochihuaz ca /44/ monequi achtopa tiquimoquichquixtizque tiquinnahuatizque /45/ yn iuh mochihuaz cannen tiaotizque colhuacan achtopa ti/46/quimihuazque auh yn oquizque niman tiquinnamoyazque /47/ yn çihua · quihuelcacque yn colhuaque yuh mochiuh /48/ niman quinyaotlalhuito yn mexica ynic achtopa

24. Marginal gloss: Gou^{r} de Tepozotlan

yazque /49/ yn colhuacan yaotizque quimilhuique achtopa anhuetzi/50/-tihue ynic antlatlacaanazque yn colhuacan tiyaoquiçaz/51/que auh niman yaque yn mexica yaotito huel quiçenca/52/uhque quinhualnamicque yn colhuaque = auh yn tepa

Side 17

/1/neca niman ynpan huetzito yn çihua yn ompa chapoltepec /2/ huel quintlamito yn quinnamoyato · auh yn oquinmomaya/3/uhque niman ye nen quimonmatque yn ompa ye polihui me/4/xitin yn ompa ye mixnamiqui colhuaque · yzcatqui çencama/5/tentli ycacoca cuicatl = yn tlacuecuepalchimaltica yc tipo/6/liuque chapoltepec tetla timexica aho—yn nauhcampa /7/ huicalloque tepilhuan mochoquilitiuh tlatoani huitzilyhuitl /8/ o çe panitl ymac tecoc yn colhuacan

/9/ Auh yn iquac ompa yaotito yn xaltocameca auh omito ca yca /10/ quauhtitlancalque yeppa ymicnihuan catca yn mexitin çen /11/ quinyollalito yn poliuhque mexitin ypan xihuitl 8 tecpatl · a/12/uh mitoa nauhxihuitl yn contitlan onoca ypan 9 calli y/13/huan ypan 10 tochtli ypan 11 acatl quintemo yn colhuacan /14/ tlatohuani chalchiuhtlatonac · yquac yn çenca ye quimauh/15/tia xochimilca · auh niman monechicoque yn mexica mocen/16/notzque yntlanel ça çihuatl yntla ooquichquiz mochin motemoq̃ /17/ = auh niman tepehuato yn xochimilco yn ipan tlatlatectli tetocaya /18/ yn tlamaya çan nacaztli yn quixiquipilquetzaya ynic machoz /19/ yn queçizqui quimacia çan çentlapal yn quitequia nacaztli /20/ yn omochiuh yn niman tlalilloque tiçacapan yn mexitin · auh /21/ yn ipan 12 tecpatl · 13 calli—1 tochtli ypan inyn ye no cuel peuh/22/que yyo tlaamana mexitin · àmo yn ye necol ca yn diablo yn /23/ quichihuaya yn pipiltotontin motlatlani colhuaque mexitin /24/ monamiqui yn moxaxalylpichilia · yn omotlanque niman mo/25/mimictia meltequi oc çequi yehuatl ycc ~~yaotlat~~ oppa yaotlatoque /26/ yn colhuaque quimicalque yn mexica auh niman totocaque /27/ yn mexitin—

/28/ 9 calli contitlan onoca mexitin = 10 tochtli contitlan onoca mexitin /29/ omito omoteneuh ypan in peuh yaoyotl yn xaltocan yquac /30/ yn oyuh onquiz ynpollihuiliz mexitin yn oc ompa chapol/31/tepec auh yn quauhtitlan yquac tlatocati quinatzin ytenco/32/pat ynic peuh yaoyotl xaltocan yehuatl quitzontec · ca yn iquac /33/ yn ayamotle quipiaya yn huellitiliztli yn mexitin yhuan /34/ yn colhuaque maçihui yehuantin colecolqu catca atle yn/35/huelitiliz quipiaya àmo yca temiquiztlatzontequiliaya a/36/uh no yuhque yn Azcapotzalca ayatle ynhuelitilliz yn iquac /37/ yn yn peuh yaoyotl yn xaltocan çan oc yyòyoca catca yn /38/ altepetl etª 11 acatl ypan temoloque mexica = 12 tecpatl—13 /39/ calli ypan yn xihuitl tlalilloque mexitin atiçapan yn itencopa /40/ colhuacan tlatohuani chalchiuhtlatonac yquac yn o/41/huel conchiuhque yaoyotl yn oyuh otepeuhque xochi-/42/milco ca ynyaohuan catca yn colhuaque yn xochimilca · /43/ 1 tochtli ypan yn mixnamicque colhuaque yhuan mexitin /44/ II acatl ypan inyn motlatocatlalli tezcatl teuctli ompa yn itocayocan te/45/quixquinahuac vixtōpa yehuatl conpatlac yn itatzin catca yn huehue /46/ quinatzin = auh yn tlàtlàtoani quito aca yn tezcatl teuctli ypilhuã /47/ tlaçanaztoc yhuan huehue xaltemoctzin · auh yn xaltemoctzin yuh /48/ quitalhuia · xjx a°s yn tlàtocat quimictique yn tepaneca · ynin /49/ tlacamecayotlatolli amo huel nelti · ca ye omito yn ineltica yn iuh /50/ tecpantoc—yn ipan yn 3 tecpatl oncan mic tlatohuani miahua/51/tamaltzin hualmotlalli acayoltzin cuitlahuac tiçic tlatohuani · /52/ 4 calli = 5 tochtli = 6 acatl = 7 tecpatl ypan mic yn colhuacan tlatohuani /53/ chalchiuhtlatonactzin niman compatlac onmotlàtocatlalli quauhtlix /54/ yn colhuacan tlatocat = 8 calli = 9 tochtli = 10 acatl = 11 tecpatl ypan mic aça

Side 18

/1/yoltzin hualmotlalli atzatzamoltzin yn cuitlahuac tiçic tlatocat · /2/ 12 calli · ypan poliuhque chalca quinpoloque huexotzinca tlatocati cha/3/-yacamachan · tlaxcalteca totomihuaque tepeyacac quauhtinchan · /4/ tlatocati quehuatl chollollan = 13 tochtli = 1 acatl ypan mic yn colhuacan /5/ tlatohuani quauhtlixtli niman conpatlac onmotlatocatlalli yohua/6/llatonac = yn ipan in çe acatl ypan poliuhque y quauhquecholteca qui/7/-mololhuique huexotzinca tlaxcalteca totomihuaque tepeyacahuaque /8/ quauhteca quauhtinchan chololteca = yn çan no ypan in çe acatl y/9/pan mic yn chalco tlatohuani tlalliteuctli niman onmotlalli to/10/quihua teuctli[25] yn chalco tlatocat ·= 2 tecpatl ypan inyn xihuitl /11/ açico yn quahuaque otomi oncan onmotlallico chichimecacuico/12/yan yquac yn oncan tlapachoticatca piltiticatca ytoca tochtzinteuc/13/tli ytelpoch yn tezcatl teuctli yehuatl ytlan quintlalli · auh çan cax/14/tolxiuhtique ynic ytlan catca niman ompa quimihua ynic om/15/pa onozque yn itocayocan tlacopantonco xollotl yyatlauhyoc /16/ tepotzotlan ·= 3 calli = 4 tochtli = 5 acatl = 6 tecpatl = 7 calli = 9 acatl = 10 /17/ tecpatl ypan yn tzintic yn calpixcantli quauhtitlan = 11 calli · y/18/pan in xihuitl mic yn colhuacan tlatohuani catca yn itoca yohualla/19/tonac niman onmotlalli tziuhtecatzin yn colhuacan tlatocat · /20/ 12 tochtli = 13 acatl = ce tecpatl ypan mic cuitlahuac tlatohuani /21/ atzatzamoltzin motlalli totepeuh teuctli oncan peuh chalcatla/22/tocayotl yn cuitlahuac tiçic = 2 calli ypan inyn xihuitl quimi/23/quanique yn mexitin ynic oncan motlallico tlalcocomocco yn/24/-

25. Marginal gloss: Tochquihua teuctli

tencopa yn colhuaque yquac tlatocati yn tziuhtecatzin /25/ colhuacan tlatohuani · auh yn çatepan niman yaque yn col/26/huaque quinpehuazquia yn Mexica auh yn colhuaque çan te/27/mac huetzito ompa quiçencahuato auh niman quinquixtilli/28/que yn iyollo culhuaque quicentocaque yn mexitin ·= 3 tochtli /29/ ypan inyn xihuitl quimiquani yn otomi yn yehuatl tezcatzin te/30/uctli ompa quimihua yn tepotzotlan ytocayocan tlacopantonco xo/31/llotl yatlauhyoc · auh yn yehuantin otomi yc ompa ynyn moxe/32/xelloque çequintin yaque çincoc çequintin yaque huitziltepec /33/ yhuan xolloc yhuan çequintin hualmiquanique quauhtla/34/apan tianquizçolco ·= 4 acatl = 5 tecpatl = 6 calli = 7 tochtli /35/ 8 acatl = 9 tecpatl = 10 calli = 11 tochtli ypan in xihuitl mic tziuhte/36/catzin yn colhuacan niman onmotlalli xihuitl temoctzin yn col/37/huacan tlatocat = 12 acatl = 13 tecpatl quitoa colhuaque oncan tla/38/cat teçoçomoctli azcapotzalco = 1 calli = 2 tochtli ypan yn xi/39/huitl momiquilli yn quauhtitlan tlatohuani tezcatl teuctli /40/ xxxjx años yn tlatocat = 3 acatl ypan inyn xihuitl motlatoca/41/tlalli yn quauhtitlan tlatohuani vactzin ompa yn techichco /42/ manca ytlatocacal ompa tlatocattiticatca—ypan in yey a/43/catl ypan poliuhque huehueteca quinpeuhque huexotzinca /44/ tlaxcalteca totomihuaque chollollan quauhtinchan tlaca te/45/peyacac = 4 tecpatl = 5 calli = 6 tochtli = 7 acatl ypan mic cuitla/46/huac tiçic tlatohuani totepeuh niman onmotlalli epcohuatzin /47/ 8 tecpatl—quitoa colhuaque ypan tlacat yxtlilxochitzin huehue tetzcoco /48/ 9 calli = 10 tochtli · quitoa cuitlahuaca oncan tlacat teçoçomoctli /49/ azcapotzalco = 11 acatl = 12 tecpatl = 13 calli yn ipan in xihuitl yn i/50/quac manca altepetl yn techichco ypan yn tlatohuani vactli /51/ hualxeliuhque yn iachcahuan yn chichimeca yn hualquizque /52/ ynic çe maxtla ynyc 2 xochipã ynic 3 mecellotl ynic 4 acatzin yn/53/yc 5 tlaquatzin · ynic 6 tzohuitzin ynic 7 quauhticatzin yehuantin yn hua

Side 19

/1/llaque onmotlallico tecoactonco · auh yn iquac oncan onmo/2/tlallico chichimeca ocuel yuh oncan mic çe tlacatl achto oncã /3/ catca chichimecatl ytoca tecoatl monamicticatca huauh/4/quil yhuan telpoch yn chichimeca catca çacatlatiltitlan /5/ tocayotillo yn axcan yn tlatilco catca · yehuantin achto yc catca /6/ yn iquac hualxeliuhque chichimeca yn omotlallico tecoactonco = /7/ auh niman hualmiquanique ye cuel yc occan motlalliq̃ /8/ ytocayocan xalla · auh yn oncan xalla oncan chanchiuhtoca /9/ huecahuaque · auh niman yc excan hualmiquanique /10/ tlalcozpan yn axcan oncan mani ycal don ju° yollocama/11/chaltzin çan moxelloque yn oncan onmotlallico · auh yn iquac ỹ /12/ ye no oncan catca yn yzquitlan · yn itoca yxahuatzin chichimecatl yao/13/cotzitzitli · xiyatl · auh yn tlalcozpan hualmiquanique tzonhuintzin /14/ quauhticatzin · auh yn iquac ye huecauhtica oncan cate yn ye qui/15/mitta yn xaltocameca mochipa oncan mohuitia yc onçollami /16/ yn ompa çoltepec ca ynçollamian catca ca ynçoltepeuh yn xaltoca/17/meca catca · auh niman mononotzque quitoque aquique ynyn xaltoca/18/meca mitoa ma tiquintocacan techamanazque ca amo qualtin ca tla/19/huelilloque ca yehuantin yn oquinyaochiuhque mexitin = auh /20/ ca otlanahuati yn totlàtocauh ynic ayc tocnihuan yezque yn xaltoca/21/-meca · yc ni niman ye ocan ỹyn quinpehualtique ynyc quinyaochi/22/hua yn huel ycçen yntech motlapaltilique · auh yn oc yc huallatia /23/ ypan ytlàtocayo quinatzin yhuan tezcatl teuctli ypan ytlatocayo /24/ çan oc quintlatlaçaltiaya yn tleyn quimittilliaya yhuan çan oc /25/ ynca mahuiltiaya telye yuhqui mattinenca ynca otlanahua/26/titiaque yn omicque tlàtoque · ca ynyaohuan yezque · auh yn i/27/pan in tlàtohuani vactzin ompeuh yn yaoyotl xaltocan ynic huel /28/ çen ompeuh · ca yuh motenehua yhuan yuh mitoa · ca yn intlalpã /29/ catca xaltocameca yn inquaxoch catca huallamelahuaya /30/ yn ompa acaltecoyan · ocoçacayocan coyomilpan cueppopan · /31/ yxayoctonco · tlilhuaton ycac · yxayoc · çitlallinyteopã · cotzxi-/32/petzco · çoltepec · tepemaxalco · cuitlachtepetl · temacpalco · /33/ quauhxomulco · huilacapichtepec · òtlayo · quauhtepetl · te/34/çonyocan · tlacochcalco · tehuepanco · ecatepec · chicunauhtlã /35/ tecaman · mallinallocan · tonanytlan · papahuacan · ych/36/pochco · tzompanco · quihualnamiqui xaltenco yn oncan acal/37/tecoyan = auh yn oncan peuh yaoyotl yn oncan tlalcozpã /38/ moçennonotzque yn chichimeca ynic nohuiampa quimicalizque /39/ yquac ỹ · catca chichimecatl yn xochicaltitlan ytoca Pitzallotl huel /40/ huey oquichtli catca no quinhualtzacuilli yn xaltocameca auh ni/41/man no yquac q̃uihualtzacuillique yn tehuilloyocan catca chi/42/chimeca · yn totoòmitl · yn tlahuitol yhuan ocçequintin chichi/43/-meca · auh huecauhtica yn quincahualtique ynquaxoch xato/44/cameca yc niman onmiquani tlaltepan yn yaoyotl niman /45/ onmiquani yn quaxochtli tlamacazcatepec axcan tenex/46/òtli · yztac coac tamaçollac ontlamellahuaya oncan in /47/ huel huecahuac quihualnamiquia · yyehuacan · telolo /48/ yyacac · tepanahuilloyan · oncan inyn mitoa caxtolxiuhti /49/ yn yaoyotl ynic manca · auh yn onquiz caxtolxihuitl = auh ni/50/man occeppa yca yn inchihualliz chichimeca quincahualtique /51/ yn inquaxoch xaltocameca · yc niman ompa açito yn yaoyotl ·

Side 20

/1/ ỹ ompa yn itocayocan tezcacoac ompa momanato yn yaoyotl om/2/pa moquetzato yn xaltocamecaquaxochtli omito tezcacoac · tla/3/tlaqualloyan · tepanahuilloyan · tenòpaltitlan · acocotla · teçiuh/4/tecatitlan · nextlalpan

· atiçapan · teopançolco · yltitlan · cohuacalco /5/ quauhtepec · auh ynin
quaxochtli chiucnauhxihuitl yn oncan yca/6/ca · auh yn ixquich yca oncan
manca yaoyotl yn iyaoyuh chichi/7/meca quauhtitlancalque = auh niman
occeppa quintocaq̃ /8/ yn xaltocameca ynic yequene ompa momanato
yaoyotl inia/9/oyouh chichimeca yn ompa ytocayocan · acpaxapocan ye
onca/10/n inyn achi çehuito yaoyotl yquac tlàtocati yn quauhtitlan yn chi-
/11/chimecatl vactzin · niman yn iquac ompa omomanato yaoyotl ac/12/-
paxapocan ça quemanian yn onyaotia yn chichimeca · auh a/13/ocmo
no motlapallohuaya yn inhuic huallehuazque xaltocame/14/ca ypampa ca
quimimacacia yn chichimeca quauhtitlancalque · /15/ = Auh yn ompa
ynyn acpaxapocan ynic ompa manca yaoyotl ye om/16/pa ynyn miecpa
quintlacanotzaya yn inteouh xaltocameca ỹ on/17/can hualquiçaya hual-
monextiaya yn atlan yn motocayotia /18/ acpaxapo huey cohuatl yhuan yn
ixayac çihuatl: auh yn itzon huel /19/ quinehuihuilia yn çihua yntzon · yn
iuh huiyac · auh yehuatl quin/20/machiltiyaya quimilhuiyaya yn tleyn
ympan mochihuaz: yn aço /21/ tlamazque · yn aço miquizque yn aço ma-
maltin mochihuazque y/22/huan quimilhuiyaya: yn çaço yquin yn que-
manian quiçatihui /23/ yn chichimeca ynic oncan quinhualnamiquia xal-
tocameca /24/ = auh yn yehuantin chichimeca ca ye yuh catca ynyollo yn
çaco y/25/quin yn quemanian ~~quiçatihui yn chichimeca ynic oncan qui-~~
~~hual~~/26/~~namiquia~~ yn oncan huallaque xaltocameca yn hualmoxtlahuaya yn
quihuallama/27/niliaya acpaxapo yc ompa quimonchiyaya yn chichimeca ·
ye ompa /28/ yn ỳcaca auh ỳcac yn quaxochtli · auh yn çatepan yn oyuh
açico yn o/29/yuh huallaque colhuaque oc no yehuantin ompa onyaotiyaya
ac/30/paxapocan yn intencopa chichimeca catca pipiltin · totomatla/31/-
tzin · quauhtzoncaltzin yntahuan yc ompa ynyn quimàçito ynmal/32/-
huan colhuaque · yn yancuican ynca tlamamalque: yn quima/33/nato ·
eyntin yn xaltocameca yquac yancuican quintlalhuitec/34/tique yn inteo-
huan colhuaque yn iuh ypan mitotiuh yn i/35/pan xihuitl matlactloçe acatl
yn oc yuh onxihuitl miquiz /36/ tlàtohuani vactli ompa mocaquiz yn
itolloca yn imaxilliz /37/ diablome yn tlatlacatecollo ynic ompeuh yntlateo-
toquiliz chi/38/chimeca quauhtitlancalque = auh yn çatepan yn yquac
/39/ yn tlatocattiticatca quauhtitlan yn huehue xatemoctzin /40/ ypan yn
xihuitl 7 acatl xitinque yn xaltocameca catca: yx/41/quich yca manca yn
yaoyotl ynic quinyaochiuhtinenca qua/42/uhtitlancalque chichimeca con-
açi macuilpohualxihuitl /43/ yn ixquich yca tzintic yn iquac poliuhque
mexitin chapolte/44/pec ca omito ynic ompa motlalli ynyolcocol yn chi-
chimeca /45/ quauhtitlancalque = auh ynic xitinque xaltocameca /46/
ompa yn tecaman xitinito yn iquac çenca ye momauh/47/tia tlayhuaque yn
metztitlan quitoto ynic ompa tetlantzin/48/co monemiltitihui yhuan tlay-
huaque yn tlaxcallan yn ompa /49/ monemiltizque tepaltzinco · auh çate-
pan tlatlanilloque yn tley/50/ca yn tleypampa ompa nemiznequi tetlan
tlananquiliq̃ q̃ui

Side 21

/1/toque ca çenca techtollinia yn toyaohuan yn chichimeca yn qua/2/uhtitlancalque ca ye ynmac titlamiznequi ca ye huel huecauh yn /3/ techpehualtique yn techyaochihua oc totahuan ynpan peuh yn /4/ yaoyotl · auh niman quimilhuique tiquimittazque xiquimanacan /5/ quenamique yn amechamana yquac ỹ ynmalhuan ynca ca/6/llacque yn xaltocameca yn ompa metztitlan yhuan yn tlaxcallan /7/ oc ompa mocaquiz yn ipan 7 acatl xihuitl yn ipan ỳquac tlàto/8/catia huehue xaltemoctzin tecpanecatl = auh yn ye no yquac /9/ ỹ yn tlàtohuani huehue xaltemoctzin niman yn oxitin xaltocame/10/cayotl niman quimontlatlalli yn iquaxochpixcahuan · quimõ/11/tlalli tzonpanco çitlaltepec huehuetocan òtlazpan · ye yquac ỹ /12/ omiquani yn quaxochtli ynic yahualiuhtica altepetl quauhti/13/tlan yn iuh nican motocayotia yn iquaxochyo yn itepayo altepetl /14/ quauhtitlan · achtopa oncan toconpehualtia yn mexica òtli y/15/pan yn itocayocan · nepopohualco · niman otontepec · quauhte/16/pec · tlacoc · tepehuepanco · ecatepec · teçoyocan · acalhuacan /17/ epcohuac tenanytlan · axochtli · toltecatzacualli · chiconqua/18/uhtli yteocal · tlamamatlatl · cihuatlyicpac · atehuillacachco · o/19/çelotlyxtacan · quauhquemecan · quauhtlalpan · Papahuacan /20/ tlatlachpanalloyan · miccaapan · xillotzinco · huitzocuitlapilla · /21/ atlacomulco · cuezcomahuacan · tenexcalco · huixachquauhyo · /22/ macuexhuacan temamatlac tlatzallan acatzintitlan · pach/23/yocan · nochtonco tatapaco · hueytepec · maçamican · nopal/24/tepec · oçomatepec · quahuacatzinco · cuicuitzcacalco · chalchi/25/uhtechcatitlan · atecomoyan · nacazhueyocan · xoxomalpan · /26/ chapolmalloyan · ychpochtetitlan · oztotlaquetzallocan · ahuazhua/27/tla · tecaxic · tecoac · çoltepec · tepetlmaxalco · tepetitlan conna/28/miqui yn omoteneuh nepopohualco = yehuatl yn yn iquaxoch /29/ altepetl quauhtitlan · auh ynic yahualliuhtica nohuiampa ya/30/oyotica huel quiquequetzque yn chichimeca yn quauhtitlan/31/calque yn iuh omito xaltocan · no yuhqui hueypochtlan · xillo/32/tzinco no yuhqui yn tlatzallan acatzintitlan oncan manca yao/33/yotl huecatlan atlauhco yn quixnamiquia altepetl tollan /34/ tlaca · no yuhqui yn chiappan yaoyotica huel moquetz yn quaxoch/35/tli · no yuhqui yn quahuacan yaoyotica miquani yn ipan yquac /36/ tlatocatia coçauhqui xochitl yn quahuacan · auh oc çenca yehuatl /37/ yn huey tenyo yn tepanecayaoyotl yc manca yn no yuhqui xalto/38/camecayaoyotl · huey chicahualiztica quixnamicque yn chi/39/chimeca yn quauhtitlancalque auh no yuhqui yn èeatepec /40/ xochilhuitica tepehuaznequia yn quauhtitlan · yca ynchicahualiz /41/ yn quauhtitlancalque nohuiampa qualtitica yn inquaxoch yn /42/ yuh omotocayoti tlacpac · auh quin ipã yn imaxilliz castilteca /43/ ynic hualla marques del balle · oxitin omomoyahuac yn alte/44/petl quauhtitlan ynic omononónquatlalli · yn tepotzotlan · ò/45/tlazpan çitlaltepec · tzompanco · auh yn toltitlan no yehuatl[26] /46/ mononquatlalli yn tlaltica etª = 1 tochtli = 2 acatl ypan in po/47/liuhque yc oppa yn quauhquecholteca çan no quimollolhuique /48/ ynic omito tlacpac = 3 tecpatl ypan mic yn colhuacan tlatohua/49/ni xihuitltemoctzin niman onmotlatocatlalli cocox teuctli ỹ col/50/huacan tlatocat = 4 calli = 5 tochtli ypan mic epcohuatzin tlatohua/51/ni tiçic cuitlahuac onmotlalli quetzalmichin teuctli = 6 acatl ypã /52/ ynyn xihuitl ceppa mochiuh tlatlaminato yn quauhtitlan tla/53/tohuani catca vactzin · auh quinamiquito çe tlacatl çihuatzintli /54/ ompa yn itocayocan tepolco auh yn çihuatzintli àmo quimatia

Side 22

/1/ yn aço çihuapilli çatepan quitlatlani quilhui ac tehuatzin ac tichpo/2/tzin campa tihualla quinanquilli quilhui totecuyo ca ompa nochan /3/ yn colhuacan auh notatzin yn tlacatl coxcox teuctli quitlatlani /4/ quilhui tleyc mitzmonochilli tle motocatzin quinanquilli ca notoca /5/ ytztolpanxochi auh yn oquicac vactli · niman quihualhuicac ỹ /6/ ychan auh niman quimoçihuahuati · auh ytech quintlaca/7/tilli ypilhuan yn vactli ynic çe ytoca quauhtli ypan temoc ỹ/8/nic ome yztac tototl yxhuihuan mochiuhque yn colhua/9/can tlàtohuani · coxcoxtzin teuctli = 7 tecpatl = 8 calli = 9 toch/10/tli = 10 acatl = 11 tecpatl = 12 calli = 13 tochtli = 1 acatl = 2 tecpatl /11/ 3 calli ypan mic yn quetzalmichiteuctli · niman onmotlalli qua/12/uhtlotli teuctli yn tlatocat cuitlahuac tiçic = 4 tochtli = 5 acatl /13/ 6 tecaptl = 7 calli ypan mic yn quauhtlotli teuctli niman on/14/motlalli mamatzin teuctli yn tlatocat cuitlahuac tiçic = 8 toch/15/tli ypan xihuitl ompeuh yn oncan mexico tenochtitlan ça/16/n oc quequezquitetl xacalli quichiuhque yn mexiti ça nono/17/huian oncatca tolquauhtla yn motlallique = 9 acatl = 10 tec/18/patl ypan in xihuitl tlanahuati yn tlatohuani quauhti/19/tlan yn vactli ynic quiyaoquixtique ytelpoch yn itoca yztac to/20/totl ye ompa yn xaltocan acpaxapocan quinnahuati ytitlan/21/huan quimilhui xiquimilhuitin yn nachcahuan yn ompa /22/ tlapia acahuacan tepeyacac yn acatzin yn tlaquatzin · yn /23/ xochipan yn mecellotl ma quicaquican ca çenca aoc anhue/24/lli yn nican quahuacan ma ompa cana conteyahualoch/25/tican yn telpochtontli yn yztactototzin manen ca ma temac /26/ quitlaztin ma temac caquitin çenca tle quimati ca yxquich yn /27/ niquimontlatlauhtia yn nachcahuan niman quincaquil/28/tico yn chichimeca yn tlapiaya tepeayacac · auh yn oquicacq̃ /29/ quitoque otechmocnelili yn totlatocauh ma tinentlamatican /30/ auh niman huel no yquac

26. Lehmann, following León y Gama, sees: *toltitlan no yc huel.*

tlayhuaque yn chichimeca yn ompa /31/ coacalco quincaquiltito yn tepaneca yquac oncan tlapacho/32/ticatca xochmitl ytoca yn qui huel yehuantin huallaque yn motla/33/llico oncan coacalco · auh yn oquicac yntlatol chichimeca ynca quiyao/34/quixtizque yn tlàtohuani ytelpoch yn itoca yztac tototl niman quinhual/35/macauh yn ipilhuan xochmitl yn tepaneca ynic quiyaoquixtico ypil/36/tzin tlàtohuani vactzin = auh mochiuh quitocato yn ipiltzin tlàto/37/huani yn yztac tototl ye ompa yn acpaxapocan yn oncan hualmoxtla/38/huani xaltocameca · auh yn oquiçaco moxtlahuaco tel huelliuh hualla/39/ni yn mochipa hualmoyaochichiuhtiani auh niman oncan tecuiti/40/huetz yn yehuatl yztac tototl · auh yn otlama niman ye yc necali/41/hua · auh yn iquac oncan ypampa micque yn chichimeca · acatzin /42/ tlaquatzin yhuan chicueyntin tepaneca yn cohuacalco quihualli/43/hua xochmitl auh çan içel yn tlama yztac tototl—yn iquac otlama /44/ quicaquiltico yn tlatohuani vactli yhuan quilhuique yn matlac/45/tin ypampa omicque yc motequipacho yhuan tlanahuati yn oc/46/çenca hueyaz yaoyotl yhuan huel micalizque yn chichimeca /47/ amo quincahuazque yn xaltocameca = auh yn iquac otlama /48/ yztac tototl niman quicaquilti yn inantzin · auh niman quilhui /49/ ma xiyauh ma xic ytta yn mocoltzin yn coxcoxteuctli ca tlatoani yn /50/ ompa colhuacan ma xictlapallo yn ihuan yc ticmottitiz ca oti/51/tlamato yn xaltocan . auh quitlacama yn inantzin yztac tototl ypāpa /52/ ca çihuapilli yn ōpa colhuacan niman yc ya quiteotito yn icoltzin yn /53/ yca ymal · auh quipixtiaque yachcahuan chichimeca—auh yn iquac

Side 23

/1/ onya quitlapallo quimottiti · yhuan quinonotz yn quenin /2/ yxhuiuh yuh quilhui totecuyoe tlatohuanie ca ompa nihuitz /3/ yn quauhtitlan nimitznotlapalhuico ca oniccac yn aço nelli ỹ /4/ cuix ticmopolhui mochpochtzin yn çan ya yn itoca ytztolpanxo/5/chitl · auh quilhui ca nehuatl ca nonantzin ca onechmolhui/6/lli · ynic tehuatzin ticmochihuilli yc axcan mixpantzinco nihua/7/lla ca nimitznoteotillico ompa mani yn yaoyouh yn nota/8/tzin vactzin yn ompa xaltocan auh ompa onitlamato = auh /9/ niman quilhui otiquiyohui nopiltzine ca nelli ca nochpochtzin /10/ yn nicnopolhui yn itechpa otiquiz ma ximotlalli ca tinoxhuiuh/11/tzin ca ye niuhqui ỹ ye nihuehuentzin ye ninomiquilliz te/12/huatl nican titlatohuani tiyez yn colhuacan tintlatocauh ti/13/ez yn colhuaque · auh yn yehuatl yn yztac tototl yuhqui yn /14/ achi tlaciuhqui catca ynic tlatohuaya yn oquicac tlàtolli amo /15/ tle quito çatepan callac yn tlatohuani coxcox teuctli · ocçeppa callitic /16/ huallayhua yn quilhui ca ynic aocmo huallaz yn ichan yhuan /17/ quilhuique ynic niman yehuatl tlatohuani yez compatlaz yn y-

/18/coltzin · auh yn oquicac tlàtolli niman huetzcac yuh quito aquin /19/ nitlatocauh niyez ca aoc maniz yn altepetl Colhuacan ca ye xi/20/niz momoyahuaz · auh ca niquitoa ma quimocaquilti yn tla/21/catl yn nocoltzin acaçomo ymatiantzinco yn mochihuatiuh ma /22/ yc çequintin ompa yazque yn tochan ma ompa techtocazque /23/ ca çenca huey yn totlal ynic ompa nican ca quauhtepetl ca çe/24/milhuitl monenemi[27] ynic tlapatlahua · auh yequene ca tla/25/tohuani yn notatzin yn vactzin = auh niman quicaquiltito ỹ /26/ tlatohuani yn coxcox teuctli · yn oquicac çenca yc quallan yc mo/27/yollitlaco quito tleyn quitoa piltontli conetontli tla huel xic/28/-tlatlanican tle ayz yn taltepeuh yn aquin techpehuaznequiz /29/ cuix amo nican ca miquiztli quenin tixco tocpac ehuaz ca nicã /30/ yolli yn cocolliztli yn tlailli yn tlatlaciztli yn atonahuiztli yn te/31/tzauhcocolli yhuan ca tehuantin ticmati yn aço teotl qualloz /32/ yn anoço tlalloliniz yn anoço titemictizque tleyn ic xiniz ỹ mo/33/yahuaz taltepeuh tleyn quitoa piltontli ma quito mellahuac · /34/ auh niman hualquizque yn titlantin qualaniliztica yhuan /35/ neyçahuiliztica yn quitlatlanique = auh niman quinnan/36/quilli quimilhui tleyn quimotequipachilhuia yn tlacatl ỹ /37/ tlàtohuani tla quimocaquilti · amo yaotica yn xiniz altepetl /38/ yhuan ayac yca mocacayahuaz amo aca yn quitequipachoz · /39/ ca ynic mochihuaz çan mocomonizque macomanazq̃ /40/ yn teteuctin yn tlatoque yhuan yn imaçehualtzitzihuan /41/ tepan cenmanizque cactimomanaz yn altepetl · auh ypãpa /42/ yn niquitoa yn iquac anxitinizque ma ompa anyazque yn /43/ tochan yn icampa nican ca quauhtepetl ca niquitoa ca /44/ tlatohuani yn notatzin amechiyaz auh amechmacaz yn /45/ tlalli = auh quicaquiltito yn tlatohuani yc mocauh etª = /46/ 11 calli = 12 tochtli = 13 acatl = 1 tecpatl ypan in ỹ mic colhuacã tla/47/tohuani yn coxcoxtli niman onmotlalli acamapichtli yn col/48/huacan tlatocat = 2 calli yn iuh quimati cuitlahuaca ypa/49/n inyn tlacat ỹ huehue yxtlilxochitl tetzcoco = 3 tochtli = 4 acatl /50/ 5 tecpatl = 6 calli = 7 tochtli = 8 acatl · quitoa cuitlahuaca oncan /51/ motlàtocatlalli ỹ teçoçomoctli tlalhuacpan · 9 tecpatl = 10 calli = 11 /52/ tochtli = 12 acatl = 13 tecpatl ypan in xihuitl yn yehuatl achitometl

Side 24

/1/ quimicti yn colhuacan tlàtohuani catca yn itoca acama/2/pichtli · auh yn oconmicti niman motlàtocatlalli ỹ achitometl · /3/ auh no ypan inyn quimonnahualnotz mexitin yn tlatohuan achi/4/tometl = auh no ypan inyn motlàtocatlalli yn azcapotzalco /5/ huehue teçoçomoctli = ce calli ypã

27. Copyist's error for *monenequi*?

mic yn cuitlahuac tiçic /6/ tlàtohuani Mamatzin teuctli niman onmotlalli Pichatzin teuctli—/7/ 2 tochtli = 3 acatl ypan in ocçepa polliuhque quauhquecholteca /8/ quinpolloque huexotzinca çan quimixcahuique yquac tlatoca/9/tia xayacamachan yn huexotzinco = yn ipan in 3 acatl xi/10/huitl ypan mic yn chalco tlatohuani tozquihua niman on/11/motlatocatlalli ytoca xipe metztli yn teuctli = auh yn ypã ey a/12/catl xihuitl ypan conpehualti yn oc yehuatl teçoçomoctli /13/ tlalhuacpan yn iaoyouh yn oncan techichco oncan tẽ/14/timanca ỹ chalcayaoyotl · chalco pouhque catca yn /15/ techichco tlaca yquac oncan ỳcaca ynquaxoch ỹtepã ỹ chal/16/ca yn oncan colhuacan · auh yn iaoyouh manca yn teço/17/çomoctli çempohual xihuitl ypan caxtolli omome xihuitl /18/ yn çann oc mixcahui tepanecatl oncan ompeuh yn techichco /19/ Colhuacan ayamo no yehuantin yn mexitin = 4 tecpatl /20/ 5 calli = 6 tochtli = 7 acatl ypan polliuhque yn totomihuaq̃ /21/ çan quinmixcahuique huexotzinca yquac tlatocati xa/22/yacamachan = 8 tecpatl = 9 calli = 10 tochtli ypan inyn x /23/ tochtli ypan yn ya ylancueitl yhuan quinhuicac yci/24/huapilhuan ompa yaque cohuatlychan ynic canato /25/ acamapichtli yn ompa mohuapahuato coatlychan 11 /26/ acatl yn ipan in xihuitl yc ypan yn mochiuh yn xitinque /27/ colhuaque tepan çenmanque tepan moyahuaque nohui/28/an altepetl ypan yn yaque yn oyuh xitinque colhuaque ni/29/man xiuhyxhuac yn inteocal yhuan yn imaltepeuh · /30/ yn ipan xihuitl 12 12 acatl ypan yn mic achitometl yn colhua/31/can tlàtohuani catca çanniman yn iquac omic nimã xitin/32/que yn colhuaque ynin àmo pehualloque yn colhuaque /33/ ynic xitinque çan mocomonique ynic xitinque · auh yn i/34/quac ypan in huallaque yn nican quauhtitlan yn colhua/35/que yhuan yn mexicatzinca · omito yquac yn oyuh mic a/36/chitometl niman yquac yn moyahuac altepetl colhuacã /37/ auh yn yancuican nican yc açico quauhtitlan yn colhuaque /38/ ypan yn mitoaya = 1 huey teuc ylhuitl = 2 tlaxochimaco = 3 xocotl /39/ huetzi = 4 ochpaniztli = 5 teotl eco = 6 tepeylhuitl = 7 quecholli = 8 pã/40/quetzaliztli = 9 atemoztli = 10 tititl = 11 yzcalli = 12 quahuitl ehua = /41/ 13 tlacaxipehualiztli = 14 toçoztontli = 15 huey toçoztli ypan in /42/ caxtolpohualtique yn colhuaque = auh niman huel no y/43/quac yn ye ypã yn ocuel peuhque yn motlalhuitectique col/44/huaque yn oncan quintlallique ỹteohuã yn mitoaya toçi /45/ yhuan chiucnauhoçomatli · yhuan xochiquetzal yn hua/46/llaque huehuetque · quauhnochtli · atempanecatl · xillo/47/xochcatl Mexicatl · yhuan tetec tlamacazqui = auh yn yehuã/48/tin inyn colhuaque yn iquac motlalhuitectique nimã /49/ quintlatlauhtique yn chichimecapipiltin yn tlapacho/50/huaya chichimecacuicoyan yn itoca totomatlatzin y/51/huan quauhtzoncaltzin quĩcaquiltique yhuan quimil/52/huique ca otitotlallique yn oncan atentitech ỹ oncan o/53/antechmotlalilique yn ipan amotlaltzin · auh quexcan ca /54/ tiquitoa manoço xitechmotlaocolilican cana çetzin tochtzin

Side 25

/1/tli yn coatzintli yc toconmamalizque achitzin tlalhuitectzintli /2/ otiquintlalilique yn toteohuan · auh yn iquac oquicacque ỹ /3/ chichimeca mononotzaya quitoque a ca oncan yezque ỹ yn on/4/can omotlallico titomatia yn at quemanian atocozque ca ti/5/quitoque ynic oncan otiquintlallique ca amotenan yn ca ye/6/huantin yn oquintotocaya yn oquinyaochihuaya ỹ me/7/xitin = auh ynin tlein tiquimilhuizque cuix tiquinmacazq̃ ỹ to/8/chin yn cohuatl yn quitlani onca ye onmomana yn tomilco tla/9/minazque ca àmo huelitiz—auh ynin ca nican yn mani toya/10/oyouh yn xaltocan ma tiquimilhuican ma ye ompa huiyan /11/ yn tlatlamazque yc çenmayan conmàçehua tiquinmaca ỹ /12/ tochpochhuan yhuan yn totlal = auh niman quimil/13/huique yn chichimeca yn yehuantin colhuaque · ca con/14/ytoa yn chichimeca tle yez yn cohuatl yn tochin ca nican ỹ /15/ mani toyaoyuh xonhuiyan oncan yn xaltocan cuix hue/16/ca yn aquique tlamazque yc ca quimaçehua yn tochpoch/17/huan tamechmacazque yhuan yn totlal çenca tle anqui/18/mati yehuatl yc antlamamalizque = auh niman yaque /19/ yn colhuaque yaotito yn ompa xaltocan · auh yn iquac ỹ /20/ yeyntin yn tlamato colhuaque yc oncan in çenca quin/21/tlaçotlaque yn colhuaque yn chichimeca oncan mo/22/çepanycniuhtlaque yc niman quinmacaque yn imichpoch/23/huan chichimeca yhuan yc macoque yn tlalli ·= /24/ ypan in toxcatl yn yancuican ylhuichihuaco quauhtitlan ỹ /25/ colhuaque yn tlacamictico ca ayamo quichihuaya yn /26/ chichimeca yn imixpan ynteohuan tlacamictiaya maço /27/ yhui yn otlamaya yhuan quinquaya yn inmalhuan /28/ ca can quimictiaya amo ymixpan ynteohuã amo no yc /29/ tlamamalia yhuan ayamo no ytla ynteocal catca quin on/30/can in otzintic ynic moteocaltique yn colhuaque yhuã chichi/31/meca oncan tzintic oncan peuh yn axcan oncan mani al/32/tepetl = auh ypãpa yn ca tlanacaztlan mani altepetl ca oncã /33/ quintlahuelpollohuaya yn colhuaque yn momatia chichi/34/meca ynic oncan quintlallique colhuaque ca quenmanian /35/ atocozque yhuan moxiuhtlatizque yn aço canapa yazque /36/ amo huelit çan oncan hueyx yn altepetl quauhtitlancal/37/cayotl yn axcan oncan mani = auh yequene yn iquac on/38/can tlalilloque colhuaque ca oc oncan ycaca yn atoyatl /39/ yhuan oncan xelihuia yn atl ynic hualhuia auh çate/40/pan miquani yn atoyatl ypanpa C calli atocoque tol/41/titlancalque yc poliuhque yc ypãpa miquani ỹ aca/42/llotli ypan yquac tlatocatico ayactlacatzin quiquani /43/ yn acallotli—auh yn yequene yn yehuãtin yn chichi/44/meca amo tley ynteocal catca çaniyo quipiaya mitl y ça/45/catapayolli ypan quiquetzaya: tlalhuitecpã quitla/46/liaya yhuan aztapamitl oncan quiquetzaya yhuã /47/ çeçeme momixcoachichihuaya yc quilnamiquia ỹ /48/ quinmachti ytzpapalotl tlacatecolotl yc ypan yn mìto/49/aya quecholli yn quilnamictihuiya—auh yn omo/50/teneuhque colhuaque yn izquican yayaque yn iquac /51/ tepan cenmanque moyauhque ynic çecni yaque azca-/52/potzalco cohuatlychan huexotla quauhtitlan · /53/ 13 tecpatl[28] yn ipan yn xihuitl yn momiquilli yn quauh/54/titlan tlatohuani catca yn itoca vactzin niman hualmotlalli /55/ yn ixiptla yn ipatillo ye cuel yehuãtin ỹ colhuaq̃ ỹ motlatoca

Side 26

/1/tique yehuantin quinecque ynic quixquetzque yn itelpoch /2/ yn tlatohuani vactzin ypãpa ca quimatia ca yxhuiuh yn tlatoa/3/ni catca colhuacan yn omito coxcoxteuctli oncan quiçacacal/4/tique yn oncan oycaca diablo mixcoatl ycal çan oc ycalpol/5/co quipiaya yn tlatoani yztac tototl yn mixcohuatl: auh /6/ yequene yn yehuantin yn colhuaque huey tlamahuiztili/7/liztica quipixque quimahuiztillique yn tlatoani yztac tototl /8/ yhuan miec tlatecpantli quichiuhque: auh yequene ye/9/huantin mochi quinextico yn nepapã tlachichihualli /10/ yn tapalcatl ỹ petlatl ỹ comitl ỹ caxitl auh yn yxquich ocçe/11/qui · auh yehuantin quimanque yn altepetl quauhtitlã /12/ quitlaltechtlallique ca çan omiquanitinenca yn chichi/13/meca yhuan yehuantin mochi caxitico yn tlateotoqui/14/liztli quimaxiltico miyequintin ynteohuan · auh yn ohuel /15/ moneloque chichimeca niman peuhque ynic ye milchi/16/hua = auh yequene yhuiyan peuh ynic tlalxotlaque /17/ quimamanque yn incalpollal · auh yn çatepan yn ye /18/ mochi tlacatl tlateotoca ye ypan yn iquac tlatocatia ytz/19/cohuatzin yn tenochtitlan · yn iquac ỹ oc miyequintin /20/ onoca yn chichimeca · auh niman yn yehuantin col-/21/huaque quinteyxpanhuito yn mexico ypãpa yn amo /22/ tlateotocaznequi amo quichihuaznequia yn motene/23/hua neacaçahualiztli: yn iquac neacaçahualloya · /24/ ypanpa yn niman ano~~que~~ca yn mexico yylpitiaque yn /25/ chichimeca catca yehuantin yn xiuhcac ytoca chane /26/ catca toltepec axcan ytoca xiuhcacco niman yehuan/27/tin pitzallotl yxhuihuan catca yn oncan tlalcozpan hue/28/ytoctitlan niman yehuantin yn cocotl chane catca co/29/cotitlan · yhuan pipilo no ompa chane catca tzictlacopavic /30/ yhuan ocçequintin yehuantin inyn miquito mexico /31/ yc niman cuililloque yn intlal yc motenehua axcan ac/32/xotecatlalli mexicatlalli no yuhqui yn ocçequi yn ihuihui/33/cal · ca no yuh mictilloc yn maxtlaton chane catca xallã /34/ yn itlal axcan no mitoa acxotlantlalli mexicatlalli mo-/35/chi yuhqui yn çoltepec yn quauhtepec yn ihuan ocçequi /36/ mexicatlalli ocatca = auh yn iquac ỹ yn chichimeca /37/ catca yn ye mictillo çan iuh nenti yn ontlanque yn quiz/38/que yayaque motecato motoçahuica yhuan tlachco · /39/ 13 calli ypan in quihualhuicaque yn acamapichtli /40/

28. Superscript gloss: calli

tenochtitlan ynic ompa canato tetzcoco yn yllancueytl /41/ çihuatl = 1 tochtli yn ipan in çe tochtli ye ypã yn motlato/42/catique tenochca yn iquac motlatocatlalli acamapixtli tenoch/43/titlan · auh yuh motenehua mitoa çan yehuatl ỹ quitlatoca/44/tlalli yn içihuauh catca ellancueytl oncan tzintic ỹ yn me/45/xicatlatocayotl = yn ipan in 1 tochtli ypan huel yequene /46/ polliuhque totomihuaque quinpoloque huexotzinca—yn ipã /47/ yn 1 tochtli ypan moxelloque yn chalca tlahuacan ompa mi/48/quanique yn chalco axcan oncan onehuaque yn xicco: a/49/uh yni oncan catca xicco CCXIJ xihuitl yn tlatocatia petla/50/calli teuctli · teçoçomoctli · mamatzin teuctli yhuan occequin/51/tin pipiltin · yhuan chalchiuhtzin · yhuan ecatzin = 2 acatl /52/ ypan poliuhque mixteca quinpolloque teohuacan tla/53/ca yn mixtlan yquac tlatocatia oçomateuctli = 3 tecpatl /54/ 4 calli = 5 tochtli = 6 acatl = 7 tecpatl ypan inyn motlallico

Side 27

/1/ tepaneca yn motoltitlancalcaytohua[29] axcan çan oncan /2/ òtenco tecocochitiaya yn axcan oncan cate yhuan teyçe/3/quiaya · auh ayamo huecauh yn motlatocatique yn o/4/tzintic yntlatocayo çatepan mitoz mocaquiztiliz = 8 calli /5/ 9 tochtli = 10 acatl = 11 tecpatl = 12 calli = 13 tochtli ypan in xi/6/huitl çenmanque yn totomihuaque ycçen quicauhque ỹ/7/maltepeuh quinpeuhque huexotzinca yehuatl ypan /8/ tlatohuani tenoçelotzin ytelpoch xayacamachan = /9/ 1 acatl ypan inyn motlatocatlalli huehue yxtlilxo/10/chitl yn tetzcoco tlatocat = 2 tecpatl ypan in xihuitl yquac /11/ mic yn chalco tlatohuani catca xipe metztli niman on/12/motlalli yecatl teuctli · auh niman ompa ya yn tenoch/13/titlan ompa quichihuato ypiltzin ytoca quapochtli = 3 calli /14/ 4 tochtli = 5 acatl yn ipan in xihuitl momiquili yn tlàtohuani /15/ quauhtitlan ytoca yztactototzin caxtolxihuitl onnahui /16/ yn tlatocat ·=[30] 6 tecpatl ypan in yehuatl ytech oncauh /17/ yn altepetl quauhtitlan yn çihuapilli ehuatlycuetzin yn içihua/18/uh catca yn yztactototzin auh çan no oncan catca yn mixcoatl yteo/19/pan ocatca yn oncan ytecpanchan yztactototzin = 7 calli = 8 tochtli /20/ 9 acatl = 10 tecpatl ypan inyn xihuitl quimictique yn çihuapilli e/21/huatlycuetzin quimiminato yn chichimeca ompa yn mitoa calla/22/cohuayan: ynic quallanque chichimeca quiahuianitillica ỹ /23/ colhuaque = 11 calli ypan in motlatocatlalli yn quauhtitlan /24/ tlatohuani temetzacocuitzin oncan yn mixcohuatl diablo y/25/teopã catca = 12 tochtli = 13 acatl = 1 tecpatl ypan in conpehualtiq̃ /26/ ỹ mexiti yhuan chalca ynic moyayotlaya ayamo

29. Marginal gloss: poblaron a tultitlan los tepanecas
30. Marginal gloss: no vale colhuacã acamapich nauhyotzin

manaya aya/27/mo momictiaya çan oc yuhqui ynic mahuiltiaya yehuatl yn mi/28/toa yn motenehua xochiyaoyotl oncan manca yn techichco col/29/-huacan chiucnauhxihuitl yn manca yn imahuil mexiti /30/ yhuan chalca yquac yn oncan tenetimanca yn chalcayotl ỹ /31/ colhuacan = 2 calli yn ipan i xihuitl ypan in tlaocox ellancueytl /32/ ynic ça cactimani yn colhuacan yn ye xiuhyxhuatimani yn al/33/tepetl ye yohuatimani ye yuh xxxj xihuitl ypanin yn aocac tla/34/tocati yn ça quauhtlatollo yn oyuh quimicti achitometl yn /35/ acamapichtli ompa peuh yn ça yuhqui quauhtlatolloya ma/36/ço yhui yn motlatocatlallica achitometl aoctli çentlamantli /37/ yc tlayollaliaya auh yn omic achitometl niman xitin yn al/38/tepetl xitinque yn colhuaque yn iuh omocaquiztilli · auh yn ye/39/huatl elancueytl yn oncan hualla Mexico yn iquac tlaocox yn mo/40/tequipacho yn quicnoyttac altepetl colhuacan · niman yn ye on/41/can mexico quinnotz yn pipiltin yni quimihua yn ompa col/42/huacan yaque[31] oncan onehuaque yn Mexico ynic çe ytoca na/43/uhyotzin ynic 2 ytoca mimichtzin ynic ey ytoca xochitonal ynic /44/ 4 ytoca tlaltolcaltzin · auh yn omoteneuh nauhyotzin nimã /45/ yehuatl onmotlatocatlalli yn colhuacan = 3 tochtli ypan in/46/-yn xihuitl yn momiquilli yn quauhtitlan tlatohuani /47/ Temetzacocuitzin çan vj xihuitl yn tlatocat = 4 acatl ypan /48/ in xihuitl motlatocatlalli yn tlacateotzin çan no oncan yn mixco/49/huatl yteopan catca yn manca yçacacal oncan tlatocattiticatca /50/ ynic quimocuitlahuiaya yn altepetl quauhtitlan = 5 tecpatl = 6 calli /51/ 7 tochtli = 8 acatl ypan inyn xihuitl mic yn yllancueyitl yn oncan mexico /52/ 9 tecpatl quitoa cuitlahuaca quin oncanin yn tzintic mexicatlàtocayotl ỹ mo/53/tlalli acamapichtl = 10 calli ypan inyn xihuitl yn yequene huel motla/54/huelcuitique mexitin yhuan chalca yn omito oncan yn techichco peuh /55/ yaoyotl yn ynyaoyuh Mexica tepaneca oncan coton yn xochiyaoyotl /56/ auh ynin y chalcayaoyotl ynic manca epohualxihuitl ypan matlac/57/xihuitl omome yn ixquich yca ompa çehuito amaquemecan yhuan

Side 28

/1/ yquac opeuh yn yaoyotl huexotzinco yn iquac hualcallacq̃ /2/ chalca yn ipan huehue moteucçomatzin yn tlatocatia te/3/nochtitlan = yn ipan in xihuitl yn 10 calli ypan mic yn chal/4/co tlàtohuani yn itoca catca yeccatl teuctli niman hualmo/5/tlatocatlalli ỹ xapaztli teuctli yn tlatocat 28 xihuitl ypã mochi/6/uh ỹ chalco atenco ynic ompa momanato yaoyotl yn inyaoyuh /7/ mexitin yhuan tepaneca quauhtitlancalque = Auh yn i/8/quac yn yn moman yaoyotl chalco quin ye yuh nappohual/9/ylhuitl yn mani chalcayao-

31. Marginal gloss: torno ylancueitl appellar a colhuacã y poner señor

yotl yquac tlamaque quauhtitlã /10/ pipiltin xaltemoctzin yquehuacatzin · auh yn imal yquehua/11/catzin ytoca xaxama · auh yn iquac yn yn tlamaque pipil/12/tin no yquac tlamachiotique yn chichimeca quauhtitlã/13/-calque yn oncan ycaz ynteocal yn axcan oncan oycaca · auh /14/ yquac tlayollome mochiuhque yn mamaltin yn inmalhuã /15/ pipiltin auh ynic mochiuh diablo ycal macuillamantli yn /16/ çan yhuiyan yc mohueyllitia yc mixquentitia yxquich yca ỳ ma/17/tlacxihuitl auh y zatepan yn iquac ye tlatocati huehue xaltemoc/18/tzin quin yehuatl quihueylli yn iteocal mitoz yn tleyn ipan xihuitl = /19/ = 11 tochtli = 12 acatl = 13 tecpatl = 1 calli ypan in xihuitl momiqui/20/lli yn quauhtitlan tlatohuani tlacateotzin matlacxihuitl onçe ỹ /21/ tlatocat = 2 tochtli ypan in hualmotlatocatlalli yn quauhti/22/tlan tlàtohuani huehue xaltemoctzin oncan moman ỹ /23/ yçacacal yn itoca çacacalco yn axcan monasterio auh ỹ tla/24/mato chalco ayamo tlatohuani chane catca çimapã teopã · /25/ no ypan inyn xihuitl hualcallacque quauhnahuacan xi/26/uhtepeca yyauhtepeca tetelpã tlaca yn quauhnahuaca /27/ huitza yntoca quiyauhtzin cohuatzin xiuhtlatonactzin mo/28/teyzcocopina · auh oncan nemico yn mexico yn intetlapallo/29/huaya mochiuh xiuhtzontli · yn iuhqui xiuhtzontli catca a/30/mo quimati yn tleyn tlaçalolli yn aço chalchihuitl yn anoço /31/ xihuitl yhuan cozcatl matlactozcatl yhuan chalchiuhtzotzo/32/paztli yhuan yuhqui yn cohuamaytl yhuan yuhqui yn mac/33/palli yquac ca yhuan chalchiuhmalacatl yhuan xiuhmac/34/palli yhuan ontetl chalchihuitl = 3 acatl = 4 tecpatl · oncan y/35/pan in quinmictito yn cuitlahuac tiçic tlatohuani yn itoca /36/ pichatzin teuctli ytencopa yn tlatohuani tlatzontec yn teço/37/çomoctzin yn azcapotzalco tlatohuani yehuantin yn temic/38/tito tepaneca · auh yn micque ypillohuan pichatzin ynic çe /39/ coyotl yyacamiuh ynic 2 tzopallotzin = ynic ey huey acatzin /40/ ynic 4 quamamaztzin ynic 5 tlahuahuanqui ynic 6 xiuhtla/41/poca no yquac mic anahuacatl tecpà tlatohuani yn õpa cui/42/tlahuac[32] oc cholloca ça chinampan yn conmictito yehuantin /43/ tecpaneca[33] cuitlahuaca aocmo yehuan yn tepaneca yn tepa/44/ ytitlanhuan Azcapotzalco teçoçomoctli = 5 calli ypan in mo/45/-tlatocatlalli yn cuitlahuac tiçic tlatohuani ytoca tepolitzma/46/ytl yehuatl quitlatocatlalli yn teçoçomoctli azcapotzalco /47/ 6 tochtli = 7 acatl ypan inyn xihuitl xitinque yn xaltocameca /48/ ompa yn tecanmã ynic callacque metztitlan yhuan tlaxcallan[34] /49/ yquac ynyn ynca callacque ynmalhuan omito ypã omoca/50/quiztilli yn inpollihuilliz mexitin chapoltepec = auh yn inmal/51/huan mochiuhque yehuantin yn quauhtitlancalque ytla/52/-

32. Marginal gloss: tecocomoc de Azcapu^co m^do matar a pichatzin de cuitlavac ticic = y el de tecpã anahuacatl y otros

33. The copyist has written *tepaneca* with a small superscript 'c' inserted between the second and third letters, evidently as a corrective.

34. Marginal gloss: acá todo se despoblo xaltocã y se fuerõ a tlax^a y a metztitlan

noque yn metztitlan yn tlaxcallan ynic yttozque yn quena/53/mique ynyaohuan yhuan ynic cuiloque · auh yn mochiuh

Side 29

/1/ yn yn inyalliz yn inpolihuilliz xaltocameca catca yquac ypan /2/ yn tlatocattiticatca quauhtitlan yn huehue xaltemoctzin /3/ auh yn xaltocan tlatocatia yn yquac yn pantictzin te/4/uctli tlaltochtli teuctlacoçauhqui çinquani = auh /5/ yn peuh yaoyotl yquac yn yaoyahualoloque mexiti yn õpa /6/ chapoltepec yehuatl yc quallanque yn quauhtitlãcalq̃ /7/ yn tehuan yaotito xaltocameca yn ompa chapoltepec ypãpa /8/ ca ymicnihuan catca yn mexitin yn quauhtitlancalque—/9/ auh no yquac ynyn xitinque xaltocameca yn õpa tecaman /10/ auh yn yehuantin yn motenehua xaltocameca ca huitz/11/nahua yhuan yxayoctonca yhuan totollan tlapallan /12/ tlilhuacan yxayoc y yehuantin ỹ çan quihualmatque /13/ yn intlal ypan onmotecaco huallayacan chalchiuh yn on/14/can yxayoctonco · auh pacca quincelli yn tlatohuani xalte/15/moctzin = auh yn ipan chicome acatl xihuitl çanniman huel /16/ no yquac yn tlatohuani xaltemoctzin tlanahuati ynic nimã /17/ quimihua yn quintlatlallito yn iquaxochpixcahuan yn om/18/pa tzompãco çitlaltepec huehuetocan otlazpan = yn tzompã/19/co otlayacantia ontlapachoto coyoçacatzin tlacateuctli = ỹ /20/ çitlaltepec ontlayacantia ontlapachotia ytzcuintzin = ỹ hue/21/huetocan ontlapachoto quauhchichitzin tlacateuctzin yan/22/cuican motlalli yn otlazpan otlapachotia · yquac ynyn /23/ hueypochtlan tlapachohuaya chalchiuhtzin—yn xillotzin/24/co pantli tlatocatia = auh yn iquac yn çatepan omochiuh /25/ yn yn ye yahualiuhticac quaxochtli niman yn tlatohua/26/ni xaltemoctzin quitzinti quipehualti ynic quihueylli yteo/27/cal yn oycaca quauhtitlan yn iquac quipehualti yteocal /28/ huehe xaltemoctzin ye no yquac ỹ ytech ca ynic quinauhcan/29/tlalli altepetl quauhtitlan yehuatl ytech conan ynic nauh/30/campa ynanacazco yteocal ompa quinmamã yn iuh na/31/uhcan catqui altepetl quauhtitlan = yn tequixquina/32/huac çecni ynacazco quiquetz ynic oncan tlatequipanoque /33/ quinhuicalti tepoxacco yhuan tzompanco = yn chal/34/mecapã çecni ynacazco quiquetz quinhuicalti quauhtla/35/apan yhuan çitlaltepec = yn nepantla çecni ynacaz/36/co quinquetz quinhuicalti tepotzotlan yhuan huehue/37/tocan = yn atempan çecni ynacazco quinquetz quinhuicalti coyo/38/tepec otlazpan = auh yn iteocal huehue xaltemoctzin /39/ macuilxiuhtice y panhuetz yn yecauh · 8 tecpatl = 9 calli /40/ 10 tochtli[35] ypan inyn xihuitl poliuhque quauhtinchan tla/41/ca yquac tlatocattiticatca teuctlacoçauhqui[36] yehuantin /42/ quinpeuhque yn Mexi-

35. Marginal gloss: el turco va y se detuvo en este a° dia de S trin gr victo[a]

36. Marginal gloss: teuctlacoçauhqui S[r] de quauhtinchã guerra q̃ les hisierõ los Mexicanos.

tin yquac tlatocati yn tenochtitlan /43/ acamapichtli tlatilolco tlatocati quauhtlatohuatzin /44/ yc çenpolliuh yn tlatocayotl quauhtinchan yquac ope/45/uh otzintic yn tlatocayotl oztoticpac contzinti cuetzpa/46/llin teuctli = 11 acatl ypan in yecauh yteocal huehue xal/47/temoctzin ynca momamal quauhtinchan tlaca ompa /48/ tlamato yn quauhtitlancalque = 12 tecpatl = 13 calli = 1 /49/ tochtli ypan inyn tlacat neçahualcoyotzin tetzcoco yçemil/50/huitonal çe maçatl quitoa yn cuitlahuaca = 2 acatl ypã /51/ toxiuh molpili quitoa oncan mic acamapichtli motlalli /52/ huitzilyhuitl cuitlahuaca yntlatol = 3 tecpatl ypan in xi/53/huitl yn tlacat yn itoca ayactlacatzin yn quauhtitlan tlàto

Side 30

/1/huani mochihuaco ompa tlacat yn itocayocan quauhapan /2/ tianquizçolco · yn inantzin ytoca xochicozcatl yn itatzin ytoca /3/ xaltetl · auh yn icoltzin yn inantzin yta yto quauhyxtli yn i/4/achtontzin toçantzin calpixqui ycalpixcauh catca yn hue/5/hue xaltemoctzin ynic tocayotillo ayactlacatl · çan temaz/6/calco yn tlacat ayac yxpan yc ontetl ypiltoca xaquinte/7/uctli · quitoznequi azcatl huel ytlatocatoca yn ayactla/8/catl · çenca mocuiltonohuani catca yn çecenxiuhtica na/9/uhpa yn concuia tetlauhtiaya yhuan huell oquichtli /10/ tiacauh catca · çan quitlanque yn quauhtitlancalque /11/ ynic yntlatocauh mochiuh ye tiacauh ye tlamani yn /12/ motlatocatlalli · yquac quahuacan tlamato yn oyuh /13/ tlama etª oc ompa nemito yn quauhacan canato ỹ quauh/14/tlaapan tlaca ypampa ca ỹpiltzin etª quitlallito çinpalla/15/nalco ompa quicaltique no ompa yn miecpa cuicuicac /16/ yn tetlauhtiaya ompa yn canato quauhtitlancalq̃ /17/ ynic quimotlatocatique auh ynyc mochi yn ixiuh yn/18/yc mohuapauh yhuan ynic tlàtohuani catca xc aºs /19/ ynic nenca tlàtocat ·= yn ipan in xihuitl çan no ypã ỹ /20/ momiquilli yn tenochtitlan tlàtohuani acamapichtli /21/ niman onmotlalli huitzilyhuitl yn tenochtitlan tlato/22/cat ynic ome yntlatocauh mochiuh tenochca = no yquac /23/ motlacateccatlalli chimalpopocatzin = una hija de los de qua/24/uhnahuac ayamo tlato—yn chimalpopocatzin yteycauh /25/ yn huitzilyhuitzin ypiltzin quitlacatilli yn ytzcoatzin /26/ auh yn ytzcoatzin ycoltzin yn acamapichtli · auh yn chi/27/malpopocatzin quichiuh yn huehue moteucçomatzin ỹ /28/ ynahuan quinitlan yn yllancueytl yn oncan colhuacã /29/ oncan çihua yn inanhuan mexica tlatoque = 4 calli = 5 /30/ tochtli ypan in xihuitl oncan tlacat teçoçomoctli cui/31/tlahuac tiçic = 6 acatl = 7 tecpatl ypan ynyn xihuitl /32/ yn huehue xaltemoctzin atecpanecatl teuctli yn qua/33/uhtitlan tlatohuani catca quimictique yn tepaneca q̃meca/34/nique tlatzontec yn azcapotzalco tlatohuani teçoçomoctli çan quihualnahualnotzque quicohuanotzaco yn õpa /35/ tepanohuayan yhuan miaquintin ypillohuan ytlatocayohuã quinhuicaque auh yn iquac yn oyuh conmicti qua/36/uhtitlan tlatohuani yn teçoçomoctli azcapotzalco · ni/37/man yn çatepan aocac motlapallo ynic tlatocatiz quauhti/38/tlan yn chichimecapipiltin · chiucnauhxihuitl yn yohua/39/timanca yn aocac tlatocat quauhtitlan ça quauhtlato/40/lloya—ye oncanin yn opeuh yn otzintic yn çenca huey yn/41/nepohualiz yn toltitlancalque ynic quiyaochiuhque /42/ altepetl quauhtitlan ynic quimixnamictique occen/43/ca yehuantin yn azcapotzalca yn tepaneca ytencopa /44/ yn tlatohuani catca azcapotzalco yn itoca teçoçomoctli yc /45/ quiçemixnamicque yn altepetl quauhtitlan ypāpa ca /46/ tepaneca yn toltitlancalque yc ocçenca no yehuantin /47/ mixquetzaya yn tepaneca hualyaotia yn quauhtitlan /48/ auh yn iquac ỹ opeuh yn tlatocayotl toltitlan yn intlatoca/49/yo toltitlancalque—ynic çe tlatocat yn contzinti tlatoca/50/yotl ytoca quauhtzin teuctli—ynic ome tlatocat toltitlan /51/ ytoca xopantzin—ynic ey tlàtocat toltitlan ytoca tepãonoc

Side 31

/1/ yn yehuatl yn tepanonoc ocçenca yehuatl mixquetz /2/ yn quimixnamictia altepetl quauhtitlan yehuatl quihueylli ỹ /3/ yaoyotl ompa mocaquiz yn ipã xihuitl ynic mochiuh tepa/4/necayaoyotl—ynic nahui ~~mochiuh~~ tlàto~~huani~~cat toltitlã /5/ ytoca epcohuatl ytelpoch yn azcapotzalco teçoçomoctli õ/6/can quihuallatocatlalli yn toltitlan oc yequene çenca ye/7/huatl quihueyllico yn iyxnamicoca altepetl quauhtitlan /8/ ỹ yaoyotl yzcatqui yn ocçenca quihueylli quihuecapano /9/ quallantli: ca yn yehuatl teçoçomoctli yn azcapotzalco tla/10/tohuani quinequia yyollo ynic çetica ypilhuã quintla/11/tocatlalizquia quauhtitlan · auh àmo çizque amo quinec/12/que yn chichimecapipiltin yehuatl yn yn huell ic moxico /13/ ỹ teçoçomoctli yn àmo çeltiloc ytelpoch ynic tlatocatizquia /14/ quauhtitlan ypampa ca oquimicti yn tlàtohuani cat/15/ca yn huehue xaltemoctzin—auh ynin yehuatl yn tlato/16/huani catca toltitlan yn itoca epcohuatl ypantic ypan /17/ mochiuh yn iquac omic ytatzin yn teçoçomoctli niman /18/ huell ipan yn polliuhque tepaneca yn toltitlancalque quĩ /19/ mitoz yn iytolloca yaoyotl ompa mocaquiz yn ipan xihuitl /20/ yn poliuh tepanecayotl · yquac mic yn epcohuatl toltitlã /21/ tlàtohuani catca: ypan mantia yn altepetl yaomic—auh /22/ yn oquiz yaoyotl yn pollihuiliztli yn oxitinque yn toltitlan/23/calque yhuan tepaneca çempohualxihuitl yn ayac tla/24/tocat yn toltitlan yhuan çan yollic occeppa motlallico ỹ /25/ toltitlancalque ynic huallaque ymaltepepan—auh /26/ yn çatepan niman onmotlatocatlalli yn oquiz çempohual/27/xihuitl ytoca oçellotlapan—auh niman yn onmic cõpa/28/tlac onmotlatocatlalli acolmiztli can XL dias yn tlatocat /29/ mictilloc yn onmic conpatlac onmotlatocatlalli çitlal/30/cohuatl ypan onaçico yn españoles tlao-

Side 32

tonxintli cat/31/ca ynic mochiuh yaoyotl mexico = niman onmotla/32/lli yohualtonatiuh ypã ançico yn españoles yn omex/33/tin yn çitlalcoatl yn yohualtonatiuh totomonaliztli /34/ yc mic niman onmotlatocatlalli don hernando /35/ matlallihuitzin niman coniquanique—onmotla/36/tocatlalli conpatlac don antonio acolmizton—auh /37/ yn iquac omic yn don Antonio acolmizton pilton/38/tli niman onmotlatocatlalli conpatlac don Pe- /39/dro tlacateuctzin yn omic conpatlac onmotla/40/tocatlalli don geronimo de los angeles yn omic conpa/41/tlac onmotlatocatlalli don gabriel de tapia maça/42/cihuatl axcan catqui ypan año de 1570 omicuillo /43/ ypan agosto = 8 calli = 9 tochtli = 10 acatl = 11 tecpatl—/44/ 12 calli ypan inyn xihuitl momiquilli yn colhuacan tla/45/tohuani nauhyotzin çan quimicti yn azcapotzalco tla/46/tohuani catca teçoçomoctli niman onmotlatocatla/47/lli ytoca acoltzin yn colhuacan tlatocat = 13 tochtli y/48/pan inyn xihuitl yn mic chalco tlatohuani yn itoca cat/49/ca yxapaztli teuctli niman onmotlalli quauhnextli /50/ teuctli yn chalco tlatocat = 1 ye ypan inyn xihuitl yan

Side 32

/1/cuican yaotique yn mexitin yn ompa tepanohuayan y/2/pan inyn çan oc tepiton quimoquauhtlaltica çan oc yn/3/neyxcahuil = çan no ypan inyn xihuitl mic yn cui/4/tlahuac tlatohuani catca tepolytzmaytl 23 xihuitl /5/ yn tlatocat niman onmotlalli teçoçomoctli yn tlato/6/cat cuitlahuac tiçic = 2 tecpatl = 3 calli ypan inyn xi/7/huitl yn momiquilli yn tenochtitlan tlàtohuani hui/8/tzilyhuitl no ypan yn motlatocatlalli chimalpopoca/9/tzin yn tlatocat tenochtitlan · yehuantin quinelti/10/caytohua yn tetzcoca ypan ynxippohual conitoa /11/ colhuaque—yn ipan in xihuitl 3 calli ypã ye ypan /12/ yc jx xihuitl yn ayac tlatocat quauhtitlan = auh no /13/ ypan inyn xihuitl yn miquico amaquemecan /14/ tlatohuani ytoca cacamatzin ynic manca yaoyotl /15/ chalco ynixpan ynmatian yn cuitlahuaca quina/16/hualcahuaco ye yquac conixtique yn cuitlahua/17/ca ynic ye no yaotia yn ompa chalco atenco yc onmi/18/quani yn yaoyotl—4 tochtli ypan yn ỹ xihuitl yn /19/ motlàtocatlalli quauhtitlan tlàtohuani teçoço/20/moctli ompa hualla yn tlatilolco ytelpoch yn /21/ quauhtlàtohuatzin yehuatl oncan contzintico /22/ yn huexocalco tlatocayotl oncan cõmanaco yn i/23/tecpancal—auh ye yquac yn yn tlatilolco tlàtohua/24/ni yn itoca catca tlacateotzin yehuantin çenca mo/25/yehuaỹtohuaya yn amo mach yuhqui tenochtitlã /26/ çan no ypan in xihuitl 4 tochtli · hualxeliuhque ỹ chal/27/ca yn oconmatque ca oconixtique yn tlahuaca yc /28/ yntlan hualcallacque yn vallaque tlecuilque tlil/29/huaque yhuan pochteca yn hualcallacque cuitlahuac /30/ 5 acatl ypan inyn xihuitl momiquilli ỹ huehue yx/31/tlilxochitzin yn tetzcoco tlàtohuani catca · amo cocoliz/32/cuic çan quimictique tepaneca tlatzontec yn azcapo/33/tzalco tlatohuani teçoçomoctli—yquac no yhuan /34/ mic ymach yn ilxochitzin ytoca çihuaquequenotzin /35/ tlacateccatl · ynic mic çihuacuecuenotl teyaotlal/36/huizquia yn ompa otompan mitica chimaltica qui/37/cahuazquia yn itlatzin yn yehuatl yxtlilxochitzin · /38/ auh yn oquicacque otompan tlaca yn quiyaotlalhui/39/a çihuacuecuenotl çanniman quallanque qui/40/toque tleyn quitoa yn çihuacuecuenotl ca tlahueli/41/loc acçin itatzin quiyaochihuaznequi niman yc õ/42/pa quitetepachoque yn ompa otompan ỹ yehuatl ci/43/huacuecuenotl ca ypiltzin catca yn azcapotzalco teço/44/çomoctli yn ihuan mic yxtlilxochitzin tetzcoco = 6 tecpatl /45/ 7 calli = 8 tochtli = 9 calli = 10 tecpatl = 11 calli yn ipan in xi/46/huitl xj calli ypan tetequimacac temaçehualmacac yn az/47/capotzalco tlatohuani teçoçomoctli · yn tetzcocatl yhuan coatl/48/ychan yc occan conmomaçehualti ytech conpouh · auh yn

Side 33

/1/ cuitlahuaca tiçica quimontemacac tlatilolco · auh yn /2/ cuitlahuaca teopancalca atenchicalcan yhuan tecpã /3/ yyexcannixti yn · quimontemacac tenochtitlan õ/4/pa quimontemaçehualti · auh yn oyuh tlatzontec yn /5/ otlatlali azcapotzalco teçoçomoctli chiconxihuitl yn õ/6/pa tetlayecoltique tenochtitlan tlatilolco azca/7/potzalco et[a] = 12 tochtli = 13 acatl yn ypan yn xihuitl /8/ ypan yn momiquilli yn azcapotzalco tlatohuani teço/9/çomoctli · quitoa cuitlahuaca ca chicuaçenpoalli on ma/10/tlactli ozçe xihuitl yn tlatocat yn iquac omic çatepã /11/ miec tlamantli yniyo nican yn itepotzco mochiuh: /12/ ca yn iquac yn oc oncatca yn oc tlatocattitica oc ymati/13/yan oc yehuatl quintlàtocatlalitia yn ipilhuan yn /14/ altepetl ypan quimiyhua ynic ompa tlatocatique—ỹ/15/yc çe ytoca quetzalmaquiztli contlatocatlalli cohuatlychan ỹ/16/yc ome ytoca quappiyo contlàtocatlalli huexotla = ỹyc /17/ ey ytoca teyollocohua contlatocatlalli acolman = yn/18/yc nahui ytoca epcohuatl contlatocatlalli toltitlan = ỹyc /19/ macuilli ytoca quetzalcuixin cõtlatocatlalli Mexicatzinco = ỹyc chi/20/quacen quetzalayatzin conmixiptlayoti quitlatocatlalli yn oncan /21/ azcapotzalco yuh quinahuati quilhui yntla ononmic tehuatl /22/ tinixiptla tiez titlàtocatiz yn nican azcapotzalco = ynic chico/23/me ytoca maxtla cõtlatocatlalli colhuacan = ynic chi/24/cuey ytoca tepãquizqui contlatocatlalli xochimilco = auh /25/ yn iquac onmic teçoçomoctli yn azcapotzalco tlatocatia ni/26/man yn yehuatl ytelpoch yn itoca maxtlaton ỹ coyoa/27/can tlàtocatizquia niman hualla onmotlatocatlalli/28/co yn oncan azcapotzalco contlatocacuilico yn iteycauh /29/ yn itoca quetzalayatzin ·

/30/ Ce tecpatl ypan in quimictique yn tenochtitlan tlatohuani /31/ chimalpopocatzin yn temictique tepaneca tlatzontec ỹ azca/32/potzalco tlàtohuani Maxtlaton ynic mic huihuillanoc caltzallan /33/ quiquiquixtique yn chimalpopocatzin: auh yn quitzauctia /34/ ynic mictiloc mitoa quitlatolmacaya yn quetzalayatzin yn /35/ ytiachcauh maxtlaton · quilhui nicauhtze tleyca yn omitz/36/cuilli yn motlatocayo yn motiachcauh yn maxtla ca tehuatl /37/ titlàtohuani ca oamechtlatlalitia yn amotatzin yn teço-/38/çomoctzin · auh ynin xicmicti yn motiachcauh yn maxtla /39/ ca motlàtocayo ynic ye tlàtocati ynic huel ticmictiz xacalli xicq̃/40/tza ticcohuanotzaz ompa ticmictiz—auh ynin tlàtolli caquitilloc /41/ yn maxtlaton yc niman tlatzontec ynic mictilloc chimalpo/42/pocatzin oncan yn mic tenochtitlan = auh yn iquac yn/43/yn huallaque temictico yn tepaneca teximallotoc yn /44/ açico yquac quihueylizquia yn inteocal tenochca yn ito-/45/ca huitzilopochtli = auh yn iquac ỹ no yquac monomat/46/camicti yn itoca teuctlahuacatzin tlacochcalcatl yn tenoch/47/titlan yc momauhti yn omictiloc tlatohuani chimalpopoca/48/tzin yn momatia aço ye quiyaochihuazque aço ye pehua/49/llozque yn tenochca yc onmoxochimicti mopayti = auh /50/ yn iquac omachoc yn oyttoc niman yc quallanque yn te/51/-nochca yn pipiltin yn tlàtoque · auh ypampa yn yn Mexi/52/ca yc mononotzque yc moçentlallique quiçemitoque quitzon

Side 34

/1/tecque quitoque yn ipilhuan yn imachhuan yn yxhuihuã /2/ amo çeme mahuiztizque tlatocatizque çan mochipa yntech /3/ pohuizque yn maçehualtin auh yuh mochiuh ca yn ixhui/4/huan maçihui çenca huel yaoquiçaya huel micaltinẽ/5/ca ayac çeme otlatocatque omahuiztique ·= auh ỹ /6/ yquac yn yn tlatilolco tlàtohuani catca yn itoca tlacateo/7/tzin quilnamic quiyocox yhuan quito ynic yaochihualloz/8/que yn mexica yn tenochca auh yn ipampa yn micti/9/lloc yn yehuatl tlacateotzin tlatzontec yn azcapotzal-/10/co tlatohuani yn omoteneuh maxtlaton = auh çan /11/ no yquac ypan inyn mochiuh yn yehuatl maxtla/12/ton yn azcapotzalco tlàtohuani quichololti yn tetzco/13/co neçahualcoyotzin yn ipiltzin huehue yxtlilxochi-/14/tzin ompa nemito atlancatepec tliliuhquitepe tlax/15/callan huexotzinco · auh yn neçahualcoyotzin ompa /16/ quintlacatilli ypilhuan · ynic çe ytoca tlecoyotl yhuã /17/ tliliuhquitepetl yhuan tlahuexolotl ·= tenochtitlan /18/ auh yn iquac yn yaotitlan onmotlatocatlalli yn ytz/19/cohuatzin tenochtitlan · auh no yquac motlatocatlalli /20/ yn huehue moteucçomatzin yehuatl tlatocatizquia yuh /21/ motenehua mitoa amo çiz amo quinec çan quito ma/22/quin nontlatocatiz ma oc ye yn notlayeton ytzcohuatl /23/ ca oc ye ypan nonnixquetzaznequi oc niquimontlachi/24/chihuilliz yn Mexica yn tenochca yn ica yn imauh yn in/25/tlaqual auh yn inpetl yn imicpal oc huel nocontecaz a/26/mo nicnequi yn nitlatocatiz yc xinechtlacateccatla/27/llican auh ynin ma oc ye tlatocati yn notlaye ytzco/28/huatl ca çan nonehuatiez · auh yn inca oc nocontlal/29/techtlaliz yn altepetl yn techyahualotoc = no ypã /30/ ynyn xihuitl çe tecpatl mic yn chalco tlatohuani /31/ quauhnextli niman hualmotlatocatlalli ytoca cal/32/tzin teuctli yhuan ytoca temiztzin yn çentetl ytoca ỹ /33/ chalco tlatocat = nican motenehua yn itlatollo az/34/capotzalco teçoçomoctli ynic tlatocat · auh oncan mo/35/tenehua ynic mococollitinenque yn tlatoque yhuã /36/ yn quenin moyaochiuhque ynic polliuhque tepane/37/ca ynic peuh ynic tzintic ynic tlatocamicoac tepane/38/ca yaotihuac necocolilli oncan motlatlalli yn nican /39/ motenehuaz nican mocaquiz yn ye huecauh yn que/40/nin mochiuh yn iquac polliuhque tepaneca ynic ya/41/ochihualloque = yn yehuatl teçoçomoctli yn azcapo/42/tzalco tlatohuani mochiuhtiuh mopilhuati tla/43/cat yn itoca—tepanquizqui—auh ynic ome quichiuh que/44/tzalmaçatl—ynic ey ytoca quauhpiyotzin—ynic nahui tla/45/catl epcohuatzin—ynic macuilli tlacat chalchiuhtlatonactzin /46/ ynic chiquaçen teyollocohuatzin = ynic chicome quetzalcui/47/xin—ynic chicuey ytoca quetzalayatzin—ynic chiucnahui /48/ maxtlatzin = auh yn omoteneuh chalchiuhtlatonactzin /49/ niman ye moçihuahuatia conan yn tetzcoco yn ichpoch cox/50/coxtzin yhueltiuh yn techotlallatzin ytoca quauhçihuatzin

Side 35

/1/ yn quimoçihuauhti[37] chalchiuhtlatonac niman oncan tla/2/cat yn çihuacuecuenotzin · auh yn otlacat yn çihuacuecue/3/notzin çan ic quallanque yn itiachcahuan yc quicocollique /4/ yn ocuellacat ỹmach auh niman quitlahuelcahuato ma/5/çahuacan ynic ompa quinahualmictito · auh yn ocon/6/mat yn inantzin cihuacuecuenotzin niman mo/7/tlallo yn tetzcoco ompa motlallito · auh yn ye ompa ne/8/mi niman onmocchoti yn conmoquichhuati ytoca /9/ çacancatl yaomitl · auh yn iquac oconmat yn teço/10/çomoctli yn içihuamon yn oonmocchoti yn oconan /11/ çacancatl yaotl yn tetzcoco çenca huel yc quallan yn /12/ teçoçomoctli · auh niman connoz yn itiachcauh ỹ /13/ ytoca tecolotzin yhuan çequintin quihuicaque /14/ quimilhui tecolotze chachatze · teuctzintle çihuaxo/15/chitze ca noconmati noconcaqui yn amoteycauh chal/16/chiuhtlatonac yzihuauh catca onicma oquitecac /17/ yn huexotla yn çacancatl yaomitl oytlan coch—tla /18/ xicmocaquiltican nopilhuane can iz ancate ca ça /19/ yc niqualani ça yc nino-

37. Between the 'a' and the 'u' the copyist has placed a subscript caret and two superscript characters not legible in the Velázquez facsimile. Lehmann, following León y Gama, reads them as 'va', which would turn the word into *quimoçihuavauhti*. Presumably the text should have *quimocihuahuati* (cf. 34:49).

yollitlacohua aço çeme ytlan /20/ motecazquia yn nopilhuan y notlàtoque auh yn/21/yn tleyca yn oyuh quichihuin cuix amo tochimalla/22/cauh cuix amo tomitlacauh yn çentlatolhua · a/23/uh ynin ma ye no ceppa ytla quihuallito yn yxtlilxo/24/chitl niman yc onhui conmictizque yn tepaneca /25/ ye niquimõyxquetza yn ompa yn chicoquauhyocan—/26/ yuh neltic yuh mochiuh xacalco yn onmic · auh yn i/27/quac yn oquinhualytonque yn temictique yn tepa/28/neca auh niman yc quauhoztoc quimontlallique ỹ /29/ ypilhuan yxtlilxochitzin ynic amo micque ye/30/huantin yn neçahualcoyotzin yhuan yn itiach/31/cauh yn itoca tzontecochatzin auh yn yehuantin /32/ yn tetlatique ynic 1 ytoca huahuantzin yhuan xico/33/nocatzin cuicuitzcatzin ypa eyxtin in: auh yn iquac on/34/mic yxtlilxochitzin niman ye quinhualpehualtia /35/ yn onyohuac yn temaquixtique yn tetlatique ỹ on/36/can quauhoztoc yn yehuantin huahuantzin xic/37/onocatzin cuicuitzcatzin niman quinquixtico te/38/tzihuactla quimonaxitico chiauhtzinco niman /39/ ye quinhuicatze yn quamincan texcalco quimõ/40/tlalico oc oncan cochque niman ye quinhuale/41/huitia quinquixtico teponazco tlatzallan çan quin/42/tlatlatitihuitze yn pipiltzitzinti yn neçahualcoyotl ỹ /43/ tzontecochatzin niman quimonaxitico yn yztaca/44/tlanez otonquilpan niman ye huitz tlachiaz yn /45/ coyohua yn acalhuacan quinhualcauhtia yn /46/ pipiltzitzintin yntech quimoncauh yn huahuan/47/tzin y xiconocatzin · niman ye quinhuicatze niman /48/ ye huallachia yn acolhuacan yohualnepantla

Side 36

/1/ niman ye quimonytta yn coyohua yn aquique acalti/2/ca onoque acaço ytlayhualhuan yn ytzcohuatzin /3/ niman ye quimonnotz yn coyohua quimonilhui/4/ya niccauhtze amo quicaqui niman ye quimontza/5/tzilia quimilhuia niccahuane cuix amehuan /6/ niman ye yc quinhualnotza quihualilhuique ca te/7/huantin notiachcauhtze cuix amo tehuatl yn tico/8/-yohua quimonylhui ca nehuatl niccahuane nimã /9/ ye conilhuia notiachcatze cuix omomiquilique /10/ yn pipiltzitzinti quinhualilhui · ca yn iuhqui omo/11/chiuh · otlacotic yn nopiltzin yn yxtlilxochitzin a/12/uh yn otompan yn çihuacuecuenotzin yn yxhuiuh /13/ yn teçoçomoctli · auh yn ohuel quimittac yn yohual/14/nepantla niman ye quimilhuia ca nipa cate yn pipil-/15/tzitzintin ma oc niquimonana quilhuique ca ye qua/16/lli xiquinhualmanilli ca yc techhuallihua yn ytz/17/cohuatzin yn tiquintemoco[38] auh niman quimon/18/anato quimontlallico yn acalco niman ye quin/19/huicatze yeyca yn çenca quintemohua ca yxhui/20/huan yn ~~neçahualcoyotzin~~ Itz-

38. Marginal gloss: Profecías a Nezahulcoyote

cohuatzin · auh mochintin tla/21/temoque yn ipilhuan ytzcohuatzin yeyca yn in/22/tlahuan yn neçahualcoyotzin · auh yn ipilhuã /23/ ytzcohuatzin yehuantin in ynic çe cahualtzin /24/ huehue motecçumatzin tecallapohuatzin çitlal/25/cohuatzin cuitlahuatzin tzompantzin quauh/26/tlatohuatzin ỹ huehue tzacatzin yn tepollomitzin /27/ yn tochihuitzin yehuantin in matlactin yn ipil/28/huan ytzcohuatzin · auh niman ye ytech onaçico /29/ yn ytzcohuatzin mochintin yn intlahuan pipil/30/tzitzintin niman ye yntlan monemiltia yn tzon/31/tecochatzin yn xiconocatzin yn cuicuitzcatzin yn co/32/yohua · auh ynic nima ye màahuiltia yn neçahual/33/coyotzin · auh ynic ye ompa atlan õhuetzi · auh quil/34/mach aquique yn tlatlacatecolo canaco quihui/35/caque yn ompa poyauhtecatl ycpac ynic ompa tla/36/-maçehuato ye ompa ynyn mitoaya teoatica tla/37/chinoltica quimamatelloque yhuan yuh quina/38/huatique quilhuique tehuatl tiez timitznahuatia /39/ monemac ynic tehuatl momac xiniz yn altepetl—/40/ auh yn çatepan niman ye quihuicatze yn tlatla/41/catecolo çan no oncan quihualquixtique yn oncan /42/ conanaco · auh niman ye hualquiz yn neçahualco

Side 37

/1/yotzin · auh yn oquittac yn ytzcohuatzin çenca quimote/2/tzahui yhuan miçahui yn oquiçaco yn neçahualcoyotzin /3/ auh ynic man ye nemi ye mozcaltia ye mohuapa/4/hua yn neçahualcoyotl · auh ynic niman ye tepal-/5/lama ye oquichti yn ompa çacatlan teoncayoti ni/6/man ye huitz yn tenochtitlan honaçitlan honaci/7/co auh niman ye no ompa yauh yn Azcapotzalco qui/8/macaz yn teçoçomoctli yn itepallamal neçahual/9/coyotzin quiyacana yn coyohua auh yn yehuatl /10/ yn coyohua amo tetzcoco ychan ocçecni ychantzinco /11/ ytocayocan teopiazco quiyacantinemi yn neça/12/-hualcoyotzin · auh yn oaçito yn õpa azcapotzalco /13/ oncalacque ontlàtoque niman ye quitlatlauh/14/tia yn teçoçomoctli · conilhuia xollotze notelpoch/15/tze teçoçomoctze motlamanillitihuitz mixpantzin/16/co yn ycnopiltontli yn nican moquiahuactzinco /17/ nenemi yn nican Mexico oncan monenemitia /18/ auh niman yc ye huallatoa yn teçoçomoctli quihual/19/ylhui yn coyohua · auh coyohuayé tleço tel anca/20/ço nemi yn neçahualcoyotl coyohuaye?—ca nican /21/ tenochtitlan monenemiltia yn icnopiltontli /22/ xollotze · occeppa quito yn teçoçomoctli tleço tel co/23/-yohuaye onechycnelli · auh atle quimacaque çan /24/ yuh hualla niman ye nemi yn neçahualcoyotzin /25/ auh yc niman hualmito yn chalco yaoyotl nimã /26/ yc ompa tlama yn neçahualcoyotl yn caçic çi/27/huatl ytoca çilimiyauhtzin niman yn yxpan yc /28/ motlallito yn imal yn teçocomoctli quihuicac yn co/29/yohua · auh yn onyaque niman ye ic quitlatlauh/30/tia yn teçoçomoctli yxquich conteneuh ynic mo/31/tlatlauhtia yn tlatlacatello niman quinhualnan/32/quilli yn teçoçomoctli quihualỳto coyohuaye tleço /33/ tel ancaço nemi yn neçahualcoyotl · niman ye /34/ connotza yn itiachcauh quilhuia tecolotze teuctzin/35/tle çihuaxochitze ynin yehuatl yn neçahualco/36/yotl ac ymac quimanillia yn mitl yn chimalli cuix /37/ ylhuil ynemac ynahuatil ca maçatl ca tochtli yn y/38/nemac yn iyaouh yn neçahualcoyotl yn chichime/39/catontli · ac tlatlacoa àyehuatl tlatlacohua ỹ ytzco/40/huatl yn ompa teocchotitica yn Acolhuacan aço /41/ ompa tictlallitihui tochpoch yn acolhuacan · /42/ cuix amo tomitlacauh tochimallacauh yn Acol/43/hua · oyuhqui yn yn itlatol yn teçoçomoctli ynic /44/ mononotzaya · auh yn yehuatl yn neçahualco/45/yotzin quimacato yn imal yn teçoçomoctli ompa cat/46/ca · auh àmo quicac ynic yca mononotzaya · auh /47/ no yquac tlacallaquito acolmiztli yxtomi huey /48/ ymiuh tequani quatlallatl · yehuantin yn yntla/49/calaquil yn quimotlauhti yn neçahualcoyotzin ·

Side 38

/1/ çan ytilma yn quimomacac niman hualla yn /2/ neçahualcoyotzin yn mexico · aocmo onhuecahuac /3/ niman ye quinahuatia yn ytzcoatzin quilhui ne/4/çahualcoyotze ca omitztlaocolli yn tonatiuh yn /5/ tlalteuctli auh ynin ma xonyatiuh yn Acolhua/6/can ma xoconpacho yn mauh yn motepeuh · /7/ auh niman yn motlallito yn tetzcoco yn neçahual/8/coyotzin auh ye nemi · auh niman çatepan ye hue/9/cauhtica yn ye quilnamiqui yn teçoçomoctli ỹ /10/ yehuatl coyohua niman tlanahuati quito tla /11/ canatin yn coyohua ma huallauh · auh niman /12/ canato yn coyohua yxpan huallaya teçoçomoc/13/tli yn oaçico yxpan quihualilhui tla xihualla/14/uh coyohuaye niman ye quilhuia tla xiccaqui /15/ coyohuaye yz ca yn oyc mitznotzato · ac çe nelli /16/ amo qualli yn onictemic quauhtli yn nopã ycac /17/ oçelotl yn nopan ycac cuetlachtli yn nopan /18/ ycac teuctlacoçauhqui y nopan mani çenca nech/19/mauhtia yn notemic auh ca niquitoa coyo/20/huaye ma nechpollo yn neçahualcoyotl · ma /21/ quitemo yn ita yn yxtlilxochitl · auh yn itla yn /22/ çihuacuecuenotl maçanno yehuatl ynpan qui/23/cuep yn teoatl yn tlachinolli yn nopilhuan yn tete/24/uctin y tlàtohuanime auh ynin ca niquitoa tla xic/25/caqui ca yz catqui yn notlàtol noconitohua ca nohuiã hua/26/litto yn nopilhuan yn tlàtoque yn teteuctin yn inpal /27/ tinemiz · auh ynin mach oc tlallecapil mach oc cueme/28/-capil mach oc ytla ytlal tle tictoquillia yn neçahualco/29/yotl mach noconmati çenca tictechhuia yn tiquiz/30/caltia yn tictlachialtia auh ynin tla xiquimonitta yn /31/ nopilhuan yn teteuctin yn tlatoque yn impal tinemiz /32/ auh ynin tla xiccaqui onyez motlal · titlamecatocaz /33/ aço ome anoço ey mocalpixcauh yez · auh ynin yz cat/34/qui mitl tla yquechtlan xoconaquilli · tlanoçe xicate/35/xaxaquallo yn huallathuiz aço ca nen omocochelçin: a/36/uh ynin mopal noconcaquiz tla xonmohuica · auh ỹ /37/ onya coyohua niman connonotz yn neçahualco/38/yotzin quilhuia ca onechhualnotzca yn azcapotzal/39/co yn teçoçomoctli nopiltze neçahualcoyotze quilmach /40/ nimitzmictiz yz catqui mitl onechmacac quilmach mo/41/-quechtlan nicaquiz nimitzquechmatelloz nimitzatexaxa/42/qualloz · yuhqui ynyn itlatol yn teçoçomoctli ynic onech/43/nahuati · amo çan tehuatl ticmomachiltia moçelloquich/44/tle · niman ye conylhuia yn coyohua · ma timomauhti neça/45/hualcoyotze · ca nicoyohua · ximaahuilti ma melel qui/46/quiça · aniccuepillitiuh yn teçoçomoctli ca nicoyohua · auh /47/ yquac yc ceppa yllo ynyn coyohua yn oncã azcapotzalco · auh ỹ/48/yc niman ye no ceppa canaco yn coyohua huallihua yn teçoço

Side 39

/1/moctli ye yc oppa quinhuallihua yn ititlanhuan teçoç/2/omoctli auh yn oaçico niman ye quilhuia · auh coyohua/3/ye ca techhuallihua yn teçoçomoctzin quen tinemi ynic /4/ mitznahuati quen titlanemiltia cuix omochiuh · a/5/uh niman quimilhui · auh xollotze ca ça aoccan no/6/tech açi ca ça quimonhuicatinemi yn iachcauhtotõ/7/huan: auh niman ye no ye quitoa ynin coyohuaye tla /8/ conaahuiltican yn quihuicatinemi · tla cana apanoz cõ/9/quequeçacan çaço nen oatlan onhuetz · auh tlanoço tlapã/10/co conaahuiltican tla ompa quihualmayahuican çaço /11/ nen tlapancopa ohualhuetz · niman ye conanquilia /12/ yn coyohua quimonilhuia ca ye qualli xolotze tla ticye/13/yecocan aço huel ticchihuazque tla niquimilhui tla tla-/14/yeyecocan · atoconmocaquiltiz yc ompa ye huel conchihuaz/15/que · auh niman ye ~~ye~~ yc yauh yn coyohua niman con/16/nonotzato yn neçahualcoyotzin · conilhui neçahualcoyotze tla /17/ xiccaqui yn itlatol yn teçoçomoctli yn ono cuel yc nechhual/18/nahuati quilmach apanco mitzquequetzazque yhuã tla/19/panco mitzhualmayahuizque cannen otimotlapan/20/-hui · o yuhqui ynyn itlàtol yn teçoçomoctli auh çan ye /21/ no cuel yuh ompopolihuito yn itenahuatil teçoçomoctli /22/ auh yn ye yc expa yn ye no quihualnotza yn coyohua yn ye/23/huatl azcapotzalco teçoçomoctli yn oquihualnotz quilhui tla xi/24/huallauh coyohuaye tlen mach ticmati ca nimitzylhui yn /25/ titlamecatocaz yn momil yhuan yn mocalpixcahuan /26/ onyezque auh ynpal tinemiz yn nopilhuan yn teteuctin /27/ yn tlatoanime ca ye miecpa yn nimitzilhuia · auh nimã /28/ ye conilhuia yn coyohua yn yehuatl yn teçoçomoctli · auh no/29/piltze auh xolotze ma nichualhuica ca ça acan huel nocon/30/chihua ma nican monoma xicmotlatlatilli ynic moyollo/31/tzin pachihuiz ca onimitznolhuilli ca ça acan huel noconchi/32/hua yn ompa · niman oncan quito yn teçoçomoctli teço tel

/33/ tecollotze chachatze teuctzintle cihuaxochitze maçan nicã /34/ maça yhui ma yuh mochihua yn oquito yn coyohua · auh /35/ niman quito yn teçoçomoctli · oquic ye huitze yn chichime/36/ca yn tlacallaquizque yn ocontlatlatique yn tepaneca ni/37/man conanazque quihuicazque aço cana quimayahuizq̃ /38/ auh niman quito yn coyohua ca ye qualli xolotze · auh ynic /39/ mochihuaz aoquic ommotlalliz yn calli yn yehuatl yn neça/40/-hualcoyotl · auh açoquic mitzonmotlatlauhtilizque yn mo/41/tlahuan yn chichimeca ane nipa conmictia yn motla/42/huan yn tepaneca · auh aco-nanaquihui yn motlahuã /43/ yn chichimeca yn oconmictique · auh niman ye yc yauh /44/ yn coyohua yn quinahualnotzaz yn neçahualcoyotl yn ca-/45/naz oquinemilitia yn oncan motlalliquiuh coyonqui /46/ yn calli · auh yn oc anoco yn oquinotzaco niman conhui/47/cac conaxitito niman ye yauh yn quitlapaloz yn teçoçomoc/48/tli yn ocaxitito contlapalloto yn te-çoçomoctli · auh contla/49/llito yn ompa miquiz yn neçahualcoyotzin · auh niman /50/ ye oncallaqui yn chichimeca ytlan callaquizque · auh /51/ yn ye yohua ynic onyaque quinahuati yn neçahualcoyotl /52/ yn yehuatl coyohua quilhui nopiltze neçahualcoyotze oc nehuatl nicmati yn queman nimitzihuaquiuh

Side 40

/1/ 2 calli · ypan inyn xihuitl yaotitlan hualla yn xiuh/2/cozcatzin quihualy-hua yn ytzcohuatzin · /3/ 3 tochtli ypan inyn xihuitl çenca hueyx yaoyotl · yhuã /4/ yn yaotlatolli yn inhuicpa tepaneca · achtopa te/5/peuhque yn quauhtitlan ypan yn tlatocatia max/6/tlaton yn tepanohuayan yhuan yquac tlatocatia /7/ toltitlan epcohuatl · auh quauhtitlan tlatocatia /8/ yn teço-çomoctli tlatilolco tlacateotl ytelpoch · a/9/uh yn iquac ynyn tenochtitlan yaotitla tlatocatia /10/ yn ytzcohuatl—auh yn tenayocan tlatocati telitl · /11/ auh yn quauhtitlan çenca huel quimixnamic/12/tiaya yn tepaneca ynic quinyaotlaya ypãpa /13/ ca huel motlahuelcuitique ca yn quauhtitlã /14/ tlatohuani catca xaltemoctzin quimicti yn teço/15/çomoctli · auh yequene quinequia yn teçoçomoc/16/tli ynic çeme ypilhuan tlatocatizque quauhti-tlan /17/ auh amo qu[ ]lique[39] yn quauhtitlancalque · oc çen/18/ca qui-hueyli yn necocoliliztli yn nexicoliztli yc oncã /19/ peuh yn yaoyotl XXIJ xihuitl yn mixnamictinẽ/20/ca · auh yn çenca ye mococoltia niman yn ça-tepan huel /21/ quintocaque yn quauhtitlancalque yhuan quime/22/tecaco yn tianquiztli yhuan ompa quiquanique yn Az/23/capotzalco yc oncan~~on~~-on yn aocmo tlacanamacoya /24/ quauhtitlan yc onmiquani yn azcapo-

39. The middle of the word is difficult to make out. Both León y Gama and Lehmann read *quicelique*, as does Velázquez.

tzalco · oc ye õ/25/pa tlacanamacoya yn yxquich yca ynyc onaçico cas-
ti/26/llan tlaca · auh yn yxquich cahuitl ỹ manca yaoyotl ỹ /27/ quemanian
yn çenca quimamanaya quauhtitlan/28/calque ompa miquaniaya ompa mo-
maquixtiaya /29/ yn cocotitlan yhuan yn xonacapacoyan · auh çenca /30/
miecpa mochihua yn ompa nemaquixtilloya tehuillo/31/yocan ompa quin-
mictiaya yn quauhtitlancalque /32/ quinpoyomictiaya yequene çequintin
ynca mahuil/33/tiaya yn çihua yntech acia etª auh yequene çenca mi/34/-
yecpa mochiuh yn tzompanco yn çitlaltepec yn otlazpã /35/ yn ompa mo-
maquixtiznequia yn quauhtitlancalque /36/ ompa quinpoyomictique ye
oncanin ynic çen moyolli/37/tlacoque quauhtitlancalque tlatohuanime ·
auh ca y/38/yocan yn huehuetocan yn çenca tlaçotlalloya quauh/39/titlan-
calque yn ompa miecpa momaquixtique ca yn iqua[40] /40/ ynyn manca te-
panecayaoyotl huel yxquichtin mo/41/tzincueptimotlallique yn quiyahua-
lotoque quauhti/42/tlan altepetl yn yehuantin toltitlancalque tepozte/43/-
ca quauhtlaapan tlaca quahuaque tepotzoteca co/44/yotepeca · otlazpaneca
çitlaltepeca tzompanca auh ni/45/man ye yehuantin yn tollan yn apazco
ynic çen huey tlalli /46/ yhuan yn xilotepec y chiyappan auh niman ye
yehuã/47/tin ynic moçentepanecaytohua mochintin quimixna/48/mictique
yn altepetl quauhtitlan · auh yn yehuatl /49/ tlàtohuani maxtlaton mochin-
tin quintlauhti yn tlatlacatec

Side 41

/1/ca yn tlacochcalca yn nohuian ypan altepetl omotene/2/uh quinmàmacac
chimalli tlahuiztli ynic quinyaotlal/3/hui ynic quiyaochihuazque altepetl
quauhtitlan yuh nel/4/tic yuh mochiuh · auh yn iquac ỹ quauhtitlan yn
tlàtohuani catca /5/ yn teçoçomoc tlatilolco hualla · auh ypanti ypan mo-
/6/chiuh yn huel cazique altepetl quauhtitlan yn tepa/7/neca · yquac ye-
quene conçacamocco yn intianquiz qua/8/uhtitlancalque yhuan conmete-
caco yhuan qui/9/tlecahuico yn inteocal · auh yn ye ỳquac ỹ caçique /10/
yn altepetl yn tepaneca yn quauhtitlan yhuã /11/ huel miequintin yn ma-
maltin àxihuaque hui/12/coque yn azcapotzalco · auh ca miequin yn mic-
/13/tilloque yn quauhtitlancalque · auh yequene /14/ miyeque yn malquix-
tiltin mochiuhque yn àmo /15/ micque · ye yquac ỹ yn oaxihuac altepetl
quauh/16/titlan nappohualilhuitl yn tetlayecoltique qua/17/uhtitlancalque
yn ompa tepanohuayan · auh ỹ /18/ yntlacalaquil mochiuh çan oppa yn
quicahuato /19/ yc ceppa yn iquac axihuac ~~yn~~ altepetl yc oppa ỹ ỳquac /20/
nappohualtique · auh yn quicallaquiaya çan ye/21/huatl yn ayaçeçençoton-
tin çeçemolicpitl tetehuitl /22/ ypan pohuia · etª auh yn iquac ynyn axihuac

40. León y Gama and Lehmann read *iquac.*

alte/23/petl quauhtitlan yquac yn tlàtohuani teçoçomoc/24/tli ompa momaquixtito yn ompa çincoc huehueto/25/can · auh yn iquac ỹ ompa pehualloc altepetl nimã /26/ quinonotzato quicaquiltito yn quauhtitlancalque /27/ auh yn oquicac yn ca opoliuh yn oaxihuac altepetl qua/28/uhtitla amo çenca pachihuia yn iyollo yquac ytlan /29/ nenca ytoca cohuatequitl yhuan tehuillacatzin nimã /30/ quinhualtitlan ynic pachihuiquiuh yn inyollo ỹ que/31/nin omochiuh ompa huallehuaque yn çincoc niman tla/32/chiaco ca omicohuac yhuan miec yn ohuicoque ỹ mamal/33/tin yhuan yehuantin nemi yn tepaneca yn toltitlan/34/calque yn oncan tecpan huexocalco · auh çanniman /35/ huel yquac quicaquiltito yn tlatohuani teçoçomoctli /36/ yn ititlanhuan yn ca nelli oaxihuac altepetl quauhtitlã /37/ auh yn iquac oquicac yn tlàtohuani teçoçomoctli niman /38/ chocac tlaocox quinhuallihua yn itlan onoca quauh/39/titlancalque ye ypan ynyn ey tochtli niman yn teçoço/40/moctli yn quauhtitlan tlatohuani ompeuh niman /41/ yc ya quihuicaque yn itetlannencahuan cohuatequitl /42/ tehuillacatzin çan otlica quihualtitlan yn coatequitl yn /43/ quito ytlatzin notech monequi yc tetech nonaçiz yn Me/44/xico xiquimilhui yn tocolhuan yn tachcahuan yc qui/45/hualnahualyhua · auh yn ye onaçitiuh atzompan qui/46/nahuati yn tehuillacatzin quilhui xiqualmonamiquilli /47/ yn tocol cohuatequitl nican atzompan · nopan amaciqui/48/hui hualpeuh yn tehuillacatzin ça içel concauh yn tlato/49/huani teçoçomoctli ·

Side 42

/1/ Ye oncan in ypan in xihuitl oncan yn atzompan mono/2/matcamicti mopayti yn tlatohuani teçocomoctli /3/ yn quauhtitlan tlatohuani catca ypampa momicti /4/ yn ipan onmantia quauhtitlancalcayotl · auh ynic /5/ çenca huel momauhti ynic monomatcamicti ca /6/ huel mochi quitlatique quitlecahuique yn inteocal /7/ yn içacatzonyo catca · ayc ceppa yuh mochihuaya · ca /8/ quin iyopa çenca huel quiçentlatalhuique ynic quiya/9/oyahualloque yn altepetl quauhtitlan ca yn yehuã/10/tin yn tepaneca yn quauhtlaapan tlaca oncan mo/11/huitico yn chianquac auh tlatlecahuico çacacal/12/titlan · auh yn yehuantin tepotzoteca oncan tlatleca/13/huico yn tlacocouhcan huel quixinique yn altepetl yn /14/ momatia teçoçomoctli ca çanniman aoquic çeppa yez /15/ yn quauhtitlan ca oquiyayahuallo yn iyaouh yn yzqui /16/ altepetl · omoteneuh: tlacpac yehuatl ypãpa ynyn mono/17/matcamicti yn teçocomoctli ·

/18/ Auh yn çatepan yn oachitzin ynyollo motlalli quauhti/19/tlancalque niman ye oncan onmotlatocatique çen/20/ca huey nèmachiliztica quitlatocatlallique yn itoca te/21/cocohuatzin[41] chichimecapilli oncan yn hue-

41. Marginal gloss: tecocoatzin

xocalco tec/22/pan yn quitlatocapixque oncan motlatocaçauh /23/ auh yequene amo quimachiltique yn azcapotzal/24/co tlatohuani yn ytoca maxtlaton çan yehuantin /25/ quimatque yn Mexica tenochca yhuan yehuan/26/tin quinnamiquia · auh yn oc motlatocaçahua/27/ya mohuexotzincachichiuhtinenca ynic moça/28/huaya · yhuan yquauhquetzal contlaliaya y/29/huan cuetlaxtlayllacatzolli ynic moquaylpia/30/ya yhuan yamapatlachnacoch yhuan yquauh/31/tenteuh yn quimama ytençacahuicol yquappa/32/yahualolcozqui yztac canahuac yhuan yztac maxtlatl /33/ yn itech quitlaliaya · auh ycoyoltecuecuexcuetlax/34/mecayo yhuan ytzapotopil · auh yn ipillohuan yn /35/ ytiacahuan çeçeyaca yuh mochichihuaya mochin/36/tin chichiquiltopilli maquauhtopilli yn quitquiti/37/nemia huexotzinca ypã moquixtitinenca yn oncan tec/38/pan yc nenca mohuexotzincanotzaya · /39/ auh ynic yuh mochihuin ca ypãpa ye oncatca yn teuctlatolli /40/ yn teucnenonotzalli yn quenin monequi yaochihualoz yn te/41/panecatl: aocmo çannen yn iuhqui ypã moquixtiaya ỹ /42/ chichimeca quauhtitlancalque yn mohuexotzincachi/43/chiuhtinenca yuh catca ynyollo yn Mexica yhuan yn çe/44/quintin acolhuaque quimatia · auh yequene ca çenca /45/ otlaellelaxitique yn tepaneca ca çenca miec/46/can yn otetlà[to]camictique[42] yn oc yehuatl teçoçomoctli /47/ yhuan yn itelpoch yn maxtlaton quintlatzontequilli/48/que miequintin tlatoque ynic micque = ca ytencopa /49/ ynic colhuacan tlatohuani nauhyotzin quimicti /50/ yn teçoçomoctli = yhuan no quimicti yn tetzcoco tla

Side 43

/1/toani huehue yxtlilxochitzin = yhuan yehuatl qui/2/micti Pichacatzin teuctli cuitlahuac tiçic tlàtohuani /3/ yhuan yehuatl quimicti yn tlatilolco tlatohuani tlaca/4/teotzin = yhuan yehuatl quimicti yn quauhtitlan /5/ tlatohuani huehue xaltemoctzin = yhuan yehuatl /6/ quimicti yn tenochtitlan tlatohuani catca yn itoca chi/7/malpopocatzin · tlatzontec yn maxtlaton = yhuã /8/ quimicti yn tlatilolco quauhtlatohuatzin tlatzon/9/tec yn maxtlaton = auh quichololti yn tetzcoco tla/10/tohuani neçahualcoyotzin yhuan miyeque yn i/11/pillohuan yntlatocayohuan yn inhuan tlanamic/12/que yn iuh omito yn ipan çeçencamatl xiuhtlapohua/13/lli = auh yn iquac ynyn ye tlatocattinemi yao/14/titlan yn tlatohuani tecocohuatzin no yuh yaotitlã /15/ tlatocati yn tenochtitlan ytzcohuatzin · auh yn ye/16/huantin inyn tlatohuanime niman yn oquitzõ/17/tecque ynic yaochihualozque yn tepaneca nimã /18/ tlayhuaque tlatitlanque yn huexotzinco ynic qui/19/toto yn ĩtecanecacayahualiz tepanecatl · etª yhuã /20/ quitoto ynic çetzin acatzintli

42. Reconstruction follows Lehmann.

çentetl tetzintli ypan qui/21/chihuaquihui yn incotoncahuan yn inhuiltecca/22/yohuan yn Mexica yn quauhtitlancalque /23/ yhuan yn acolhuaque · etª—auh yn iquac yn /24/ tlatohuani catca yn ompa huexotzinco tenoçe/25/llotzin yquac chiauhtzinco tlatolloyan catca · ca /26/ yuh mitoa yn ompa yc tlamanca huexotzinco mi/27/quanitinenca yn tlatocayotl excan quiçaya yn/28/yc miquaniaya = auh yn ye yquac yn achtopa /29/ tlayhua yn maxtlaton yn azcapotzalco tlatohuani /30/ catca quitoto yn huexotzinco ynic palehuilozque /31/ yaoyotica · quitquique chalchiuhcozcatl miec /32/ yhuan chimalli tlahuiztli etª—no quitoto yn chalco /33/ yhuan chiappan nohuian quicacahuato yn chal/34/chiuhcozcatl etª—auh mitoa motenehua yn ye/35/huatl tlatohuani huexotzinco quipaccaçeli yn in/36/tlaytlaniliz yhuan niman ompa quintlallique /37/ quinchiazque yn huexotzinca ynic quinhualya/38/canazque · auh ynin titlantin yehuantin ytitlan/39/huan maxtlaton yn quinyacan ytoca chalchiuh · /40/ Auh yn quauhtitlan tlatohuani tecocohuatzin niman no /41/ yc tlayhua yn huexotzinco yn quitlatlauhtito yn tlato/42/huani tenoçellotzin · auh yn ititlanhuan mochiuhq̃ /43/ yn iachcahuan y quauhtitlancalque yn quimihua /44/ huexotzinco—ynic çe teuctlamacazqui tequixquina/45/huac chane chichanitzin · ~~tziuh~~ ynic ome tziuhcohua/46/tzin nepantla—ynic ~~ye~~y cohuatzin chalmecapan cha/47/ne—ynic nahui tlacochcalcatl callaxochitl atempã /48/ huauhtlan chane · auh ynin yehuantin inyn ititlahuã /49/ tlàtohuani quauhtitlan yn oaçito huexotzinco · yn omo

Side 44

/1/moteneuhque motocayotique · auh yequene choquiztica[43] /2/ tlatlatlauhtique: auh àmo çenca tle ma ytla tlaçotli yn intla/3/tlapalohuaya yc amo tle ypan yttoque auh yequene ompa /4/ ylpilloque miquizquia etª—Auh yn iquac ỹyn ye nemi /5/ yn ye mitoa yaotlatolli niman tlanahuati yn tlatohuani /6/ tecocohuatzin ynic mochi tlacatl yn tehuayolque quimilhui/7/tihui yn malquixtiltin yn ompa nemi azcapotzalco: yn/8/yc mochintin nematca quiçazque: pacca quimilhuizq̃ /9/ yn tlacahuaque yn oc onaçiquihui yn inchachan · yuh /10/ mochiuh yuh neltic · mochintin anoto yn mamaltin /11/ catca · auh yequene yn çenca çaçen catca mochintin çen/12/cholloque yn amo macahualloya · auh niman yn çatepã /13/ huallayhua yn Maxtlaton ynic quimanazque mamal/14/tin tlatlacotin auh yn titlantin oncan yn huexocalco /15/ tecpan mochintin çeçenme quintzinquauhtetzo-

43. Both Lehmann and Velázquez see *choquizpã*; León y Gama has *choquizpan*. My reading is *choquiztia*, where the 't' and the following 'i' are onnected by a distended subscript loop, and an unwritten 'c' has been collapsed into the 'i'; hence *choquiztica*.

tzo/16/naya yn teccalco huitzoctli yn ipan quimõtzitzinaquia/17/ya ypan cacate tlayahuallotoque yzquitlamanti/18/que yn titlantin mochintin yuh mictilloque: yn quin/19/tzinquauhtetzotzonque: yehuatli yn çenca yequene yc /20/ motequipachoque yn tepaneca etª auh yn çatepan /21/ niman ontlayhuaque yn tlatilolca yn ompa hue/22/xotzinco ynic quitlatlauhtito yn tlatohuani teno/23/celotzin · auh yeehuantin inyn Mexica tlatilolca /24/ quitoto quinextito yn quenin çenca oteca mahuil/25/tique yn tepaneca yhuan ynic çenca omoyehuato/26/caque ynic miyeque oquinmictique tlatohuanime /27/ auh yequene no çenca tlaçotli ynchalchiuh ỹma/28/quiz quitquique yhuan chimalli tlahuiztli yn inte/29/tlapallohuaya mochiuh · etª—auh yn iquac yn huel /30/ quimatia yn ca ompa nemi yn neçahualcoyotzin yn /31/ quichololti maxtlaton ytatzin yn itoca teçoçomoctli /32/ yc niman quinotzque ynic yhuan tlàtoz yn imix/33/pan huexotzinca · auh yn neçahualcoyotzin oc çenca /34/ mellahuac ynic tlanonotz: ytzinecan quipehualti ỹ /35/ yuh teca omocayauhtinen teçoçomoctli: auh ye no /36/ cuel no yuh nemiznequi yn itelpoch yn itoca maxtla/37/ton etª niman ye oncan in çenca huel mottac yn in/38/tlatlacol tepaneca · yc niman notzalloque yn quauhti/39/tlancalque yn omotocateneuhque no yehuantin tla/40/neltilique yhuan tlatlatlauhtique yn ica tlacameca/41/yotica miximati yn quauhtitlancalque · yhuan /42/ yca yn mitl yhuan yn inteuh yn itoca · mixcohuatl, /43/ mochi oncan quitoque yhuan yuh quitoque ca yn te/44/paneca amo ynhuanpohuan ca tematlatl yn intlat/45/qui · auh yequene quitoque ca amo quimiximati ca çe /46/ yn inteouh yn itoca cuecuex · àmo ynneneuhcahuã /47/ ye oncanin tzontec ynic oppa mictilloque: yn tepaneca, /48/ teyxpan yhuan oncan yn icxitlan yn inteouh huexotzin/49/ca yn oncan ycac Camaxtle oncan ym ixpan quauhcax/50/tica conmamanaco yn ytztli ynic oncan yc tetecoque

Side 45

/1/ Auh yn yehuantin yn tlatilolcatitlantin yn ompa hui/2/ya huexotzinco ça mochitin amaxaccalque = ynic çe cua/3/chayatzin yhuan atepocatzin · tecatlatohuatzin · callatlax/4/caltzin · ỹ yehuantin in quiçennotz yn neçahualcoyotzin /5/ yhuan quimilhui ynic no ompa yazque tlanonotzatihui /6/ yn tliliuhquitepec yn atlancatepec yhuan yn tlaxcallan · /7/ mochiuh quinextitihui yn innepohualiz tepaneca yuh /8/ neltic yuh mochiuh quinyacantinen yn neçahualco/9/yotzin · auh yc niman nenonotzalloc ynic huallazque /10/ yaoquiçaquihui yn huexotzinca yn tlaxcalteca yn tli/11/liuhquitepeca ca yn yehuatl yn neçahualcoyotzin huel /12/ quiximatia yn tliliuhquitepeca yn atlancatepec tla/13/ca yn tlaxcalteca yn huexotzinca yc çenca huel nelto/14/coc yn itlatol ynic yehuantin yaochihualozque tepa-

/15/neca ypampa yn motlalli nenonotzalli yuh mito ca /16/ monequi ytla yc momachiotizque yn quauhtitlancal/17/que yhuan yn acolhuaque yhuan yn Mexica ypampa /18/ ynic àmo çequintin tlanehuilozque mictillozque · yc /19/ mito ca monequi mitzoquiliazque yhuan çacamecatica /20/ moquaylpiazque ynic yttozque yhuan quimiximatizque /21/ ca ynicnihuan ca quinpallehuico—auh yn iquac /22/ otzontec ynic huallazque huexotzinca tlaxcalteca · etª ach/23/topa huallihualloque yn tlatilolca yn quauhtitlancal/24/que omito ca ompa mictilloque yn tepaneca tetecoque ·—

/25/ Auh yn çatepan quiçato yn ititlanhuan ytzcohuatzin ça /26/ ytotocaca mochiuh yn yaotlatolli ca ye yquac otzon/27/tec omito ynic pehualozque tepaneca ·

/28/ yn ipan 3 tochtli ypantic yn iquac quiçaco yn neçahual/29/coyotzin yn quihualhuicaque huexotzinca tlaxcalte/30/ca yhuan chalca ye yquac ynyn neçahualcoyotzin hue/31/l ompa quinmattia yn ompa yzquican tlatlocatia /32/ yn ipilhuan teçoçomoctli yzquican tepehualloco ·

/33/ ynic hualla ynic quiçaco yn neçahualcoyotzin ompa /34/ hualquiz yn chalco niman achtopa hualteyacantia /35/ yn tetzcoco · cohuatlychan yancuican achtopa oncan te/36/pehualoc ỳquac oncan tlatocatia quetzalmaquiztli ỹ /37/ oonmic · yc occan huexotla yquac oncan tlatocatia quap/38/piyõ yn onmictilloc niman yc excan tepehualloc on/39/can yn acolman yquac oncan tlatocatia teyolcoco/40/huatzin · auh ynic nauhcan tepehualloc toltitlan /41/ yquac oncan tlatocatia epcohuatl ypanin yn oncan /42/ açico neçahualcoyotzin yhuan huexotzinca tlaxcalte/43/ca chalca ypan çemilhuitonalli çe tecpatl yn ollinque /44/ toltitlancalque · auh ye oncanin yn tlàtohuani te/45/cocohuatzin cetica yychpochtzin axihuac malli mo/46/chiuh ompa yn toltitlan çihuapiltiticatca ycihua/47/uh catca yn tlàtohuani epcohuatl · auh yn yehuatl /48/ çihuapilli achtopa yn iquac opeuh yaoyotl ca ye yuh /49/ catca yyollo in omoçemito pollihuizque tepaneca yhuã /50/ no yehuatl huel yneltica quihualytohuaya yn tleyn

Side 46

/1/ quitohuaya toltitlancalque yn mochipa yquac yao/2/tlatohuaya quihualcaquiltiaya yn tlatohuani tecoco/3/huatzin: auh ypãpa yn opeuh yaoyotl ỹ ye quenin tlachi/4/aya ca ycpac tlecoc yn tlacatecollocalli toltitlan · niman /5/ yehuatl yn çihualpilli ynomatca quitlati quitlecahui /6/ yn yçacatzonyo tlacatecollocalli etª auh ynyc na/7/moyallo yn ye axihua mamaltin no tehuan ma/8/lli mochiuh axihuac · caçique chalca · auh niman yc /9/ quihuicaya auh quimilhui yn tlamani ac yehuatzin /10/ yn nican micatilticac quetzalpatzactli yn onaqui/11/a ylhuiloc ca yehuatzin yn tlatohuani tenoçelotzin /12/ quimilhui maoc nicnotlapalhui niman quitlapa/13/llo auh ye ỹin quilhui totecuyo ca nehuatl ca nimo/14/hueltihuatzin ca notatzin yn tlacatl yn tlatohuani /15/ tecocohuatzin quauhtitlan nican nechhualmoca/16/huilli otonehuac ochichinacac yn iyollo yn inacayo etª /17/ tlanahuati yn tlatohuani tenocelotl huexotzinco ynic /18/ cahualoz yuh mochiuh ·

/19/ Auh niman ye yauh yn altepetl toltitlan quinquixtito /20/ cuitlachtepec temacpalco: yquac tlatocatia tellitl yn te/21/nayocan quimololòtihui yn quintoca · auh niman qui/22/maxitito yn azcapotzalco yquac oncan tlatocatiaya Max/23/tlaton · auh yn ye yc chiquaceccan tlalpoliuh coyohua/24/can yc chicoccan tlalpoliuh xochimilco yquac ompa tla/25/tocatia tepanquizque · auh yn izquican in tlalpoliuh no/26/huian yehuantin tlatocatia yn ipilhuan teçoçomoc/27/tli yn tlatohuani catca azcapotzalco · auh huel quimatia /28/ yn tlatohuani catca neçahualcoyotzin ynic ynca mo/29/tzoncuic ca quimicti yn itatzin teçoçomoctli yn itoca cat/30/ca huehue yxtlilxochitl ·

/31/ ynin mochiuh yaoyotl yehuantin tlatohuanime quitoque /32/ quichiuhque · ytzcohuatzin tecocohuatzin quauhtitlã /33/ neçahualcoyotzin tetzcoco tenocellotzin huexotzinco y/34/quac y oncan yaomic yn colhuacan tlàtohuani Acol/35/tzin quimictique yn tepaneca · auh ye yquac ynyn xochi/36/milco çehuito yaoyotl çan çemilhuitl yn quitocaque ỹ te/37/paneca ynic ompa quimaxitito tonanyxillan yhuan atl/38/tepachiuhcan quauhximalpan ompa nauhxiuhtito /39/ yn tepaneca yn toltitlan tenayocan azcapotzalco tlaco/40/pan coyohuacan auh çequi xochimilca · etª auh no yca /41/ peuh yn yaoyotl yn tetzcoca cohuatlychan huexotla a/42/colman çan quexquichtin yn micque ·

/43/ Auh ye yquac ynyn quauhtitlan cocoton ynic nauhcan cat/44/ca altepetl yn ihuihuical mochiuhticatca · oncan in xitin /45/ yn itlatecpan catca huehue xaltemoctzin yn quitlatlalitia · /46/ tequixquinahuacan yhuical catca tepoxacco tzompanco—chal/47/mecapan yhuical catca quauhtlaapan çitlaltepec—nepantla /48/ yhuical catca tepotzotlan huehuetocan—atempan yhuical /49/ catca coyotepec òtlazpan · oye oncanin yn õquiz yaoyotl quil

Side 47

/1/namic yn quauhtitlan tlatohuani catca ye ypan ỹ yquac /2/ tlatocat ayactlacatzin oyuh onmomiquilli yn tecocohua/3/tzin quilnamic · auh quichiuh yn tlatohuani yn ipã/4/pa yquallan yhuan ynic motzoncuic ynic oyaoya/5/hualoloca altepetl quauhtitlan niman quixexe/6/llo yn tlalli quitemacac quitetlauhti yn iquac /7/ tlaltechtlaliloco altepetl quauhtitlancalca/8/yotl yn ipampa yaoyotl ynic tlatlauhtiloco etª /9/ auh yn quixexello tlalli tzom-

panco çitlaltepec /10/ ça yyo conmotonalti yn ipan ỳcaca ynteocal çitlal-/11/tepeca conmotechti yn tlalli huel ynomatca ỹ tla/12/tohuani catca ayac-tlacatzin yhuan titlantin ỹ /13/ tlalxotlaco tenochca tlatilolca · auh niman onmo/14/xotlac yn òtlazpan—auh çatepan moxotlac ỹ te/15/poxacco yn tehuilloyocan ye oncan peuh ynic co/16/huatlalli mochiuh yn yzquican omopeuh tlaxotlaloc /17/ auh yn huehuetocan amo no tlaxotlaloc ypāpa yn /18/ yehuantin huehuetocameca çenca quintlaço/19/tlaya yn quauhti-tlancalque yn iquac ompa mo/20/maquixtiaya yn ipan yc manca yaoyotl çenca quin/21/palehuiaya ca huel ycallitic ypan quimatia yn quauh/22/ti-tlancalque—yz catqui ycacoca cuicatl ynic poliuhq̃ tepa/23/neca ·
/24/ Yn ipan ey tochtli ycc oppa quimixnamicti yn tepanecatl /25/ yn Me-xicatl achtopa matlacxihuitl omome ynic o/26/tetlayecoltique tepaneca yn õpa tenochtitlan ypan /27/ çe acatl quinpeuhca yquac çan oc achiton yn iquauh/28/tlal contlallica mexitin auh ypanin yn ey tochtli yn /29/ hueyx yn iquauhtlal mexiti yn oncan tepanohuayan /30/ yehuantin yc tlaneltilia yn yn colhuaque ynin /31/ tlatolli—auh yhuan quitoa yn colhuaque ca ypan /32/ nahui tochtli pehualloque yn xochimilca quin/33/peuh neça-hualcoyotzin yquac yn motlatoca/34/tlalli ·
/35/ auh yn omìto yn omopouh ey tochtli xihuitl yn ipan pehuallo/36/que tepaneca no ỳquac pehualoque quauhnahuaca yhuan xaltoca/37/meca quin-peuhque neçahualcoyotzin yhuan ytzcohuatzin yhuan teco/38/cohuatzin quauhtitlan ·
/39/ 4 acatl yn ipan in xihuitl ypan motlàtocatlalli yn neçahualcoyotzin /40/ oncan in mexico ·
/41/ Auh çan no ypan ynin xihuitl ypan yzcalli yn ỳquac huey ylhuitl qui-/42/chihuaya quauhtitlancalque yn nohuian hualhuilohuaya al/43/tepepan · yquac yn yehuantin toltitlancalque niman ompa /44/ yaque yn quahuacan quitlatlauhtito yn quahuacan tlàtohua/45/ni xochitl coçauhqui quilhuito ynic pehualozque quauhtitlan/46/calque ypampa ca àmo ynnemachpan · ca ymilhuiuh quiça · a/47/auh quintlahuelcaquilli yn quahuacan tlatohuani niman ya/48/otlato ynic pehualozquè quauhtitlancalquè: auh niman hual-lehua/49/que ỹ yaotico quauhtitlan—auh çan no yehuantin yn toltitlan-/50/calque ahuacatitlan chaneque: quicaquiltico quinonotzaco /51/ yn quauhtitlan tlatohuani tecocohuatzin niman yquac qui/52/montepialti yn toltitlancalque àmo yazque yntlacamo neltiz ỹ

Side 48

/1/ yntlàtol miquizque · auh çanniman huel ỳquac neltic huallaq̃ /2/ yn yaoquiçaco quahuaque tepaneca · auh çenca huel nèmachi/3/liztica quin-tlachichihuilique ynic mochintin nican axihuaq̃ /4/ mamaltin mochiuhque:

yn yaotizquia auh niman mochintin /5/ mocacalque yn ipan ylhuitl ynca ylhuitl quiz · auh niman yn yehua/6/tin ahuacatitlan chaneque · quintlaltechtlalli yn tlatohuani /7/ quauhtitlan quinmacac yn inchan ynic oncan nemizque etª—/8/ yhuan nahuatilloque ynic aocmo ỳca ceppa quimixnamictiznequiz/9/que yn altepetl quauhtitlan ·
/10/ yn ipan xihuitl 4 acatl · ypan yaotlato yn tlatohuani ytzcohua/11/tzin tenochtitlan ypan ayamo[44] huel onyxneçi · yn iquac ca yaotitlã /12/ yn motlàtocatlalli · auh yn quĩyaotlàtalhui yehuantin yn cuitla/13/huaca ynic quinpehuaz · çan oc quinmixcahuiyaya yn tenochcatl /14/ ye xihuitl yn quinyaotlac amo huel quichiuh çan onmoxiuhtlati
/15/ Auh çan no ypan inỹ xihuitl · 4 · acatl yn ipan altepetl quauhtitlan mone/16/cuillo mìquani yn atoyatl ynic ompa callaqui temilco huexocaltitlã /17/ altepeyolloco yn quiçaya: auh ynic miquani miecpa mochiuh /18/ ynic atocohuac yhuan miecpa yc xixitiniya yn calli yn iquac ten/19/tihuia atl · auh yn yequene ỳquac ynyn miquani atoyatl yquac /20/ yn ye oncan toltitlan macuiltecpantli yn xitin calli yn calcahua/21/lli yn aocac ocatca mochi atococ yn calli yca yntlanequiliz yn qua/22/uhtitlancalque · yquac quauhximalpan onoca yn tepaneca /23/ yn toltitlancalque · auh niman yn çatepan yn oyelel quiz yn /24/ tlatohuani tecocohuatzin niman tlanahuati ynic atatacoc ỹ om/25/pa monecuilo atoyatl yn axcan oncan ycac onxihuitl yn ata/26/tacoc çatepan motzauc yn atl ·
/27/ 5 · tecpatl ypan inỹ xihuitl huel hualyxnez yn tenochtitlan tla/28/tohuani ytzcohuatzin ynic nohuian tlatocat yn ĩpã ahuacã /29/ tepehuacan tlatohuanime oncan in çemmanca ompeuh /30/ ỹ ymahuizyo mexicatl tenochcatl etª
/31/ 6 · calli ypan inyn xihuitl yn omotlallito tetzcoco yn tlatohua/32/ni neçahualcoyotzin oncan onehuac yn tenochtitlan cõ/33/tlatocatlalli yn ytzcohuatzin màçoyhui yaotitlan motla/34/tocatlallique oncan tenochtitlan quin ipan in xihuitl con/35/pachoto yn altepetl tetzcoco ·
/36/ yn ipan in xihuitl 6 · calli · ypan hualtotocoque yn tepaneca ỹ om/37/pa tonanytlan yhuan quauhximalpan · yhuan atltepa/38/chiuhcan ynic ompa onoca nauhxiuhtito · achto mocno/39/matico yxpan quitlatlauhtico yn tlatohuani tecoçohuatzin /40/ yhuan yn tlàtoque pipiltin quauhtitlancalque · auh yn /41/ çatepan quinçelique ynic huallazque ynic oncan motlaliz/42/que toltitlan yn ymaltepepan—yhuan çemixnahuatillo/43/que yntla occeppa yxco ehuazque altepetl quauhtitlan · /44/ niman aocmo tlaocolilozque etª yc ontlaliloto toltitlan /45/ Auh niman yn tlàtohuani tecocohuatzin quintequimacac ỹ toltitlan/46/calque ynic yehuantin quitzaquato yn atoyatl yn õpa quitocayotiaya te/47/polnexco: yca huepantli ỹ

44. The manuscript seems to have *ypañ · ayamo*. Lehmann, following León y Gama, reads *ypan ĩ ayamo*.

quitzaquato amo yxtlapal çan e/48/ehua temi yn apanco ỹ quahuitl çan quitotoca temi yn apantli /49/ ynic huel çenmayan ca motzauc ynic miquani atl yn monecuillo /50/ ynic axcan ompa callaqui atoyatl yn ompa çitlaltepec ·
/51/ ypan inyn xihuitl 6 calli · momiquilli · yn quauhtitlan tlatohua/52/ni catca tecocohuatzin çan nauhxihuitl yn tlatocat oncan ỹ /53/ quauhtla huexocalco tlatocat · ayactlacatzin
/54/ 7 · tochtli ypan ynyn xihuitl nechicontochhuilloc mayanalloc ·

Side 49

/1/ no ỳquac motlatocatlalli yn tlatohuani quauhtitlan yn ytoca /2/ ayactlacatzin xaquinteuctli oncan yn quauhtla huexocalco /3/ tlatocat ca omito yn iuhca ytlacatiliz ynic ytoca ayactlacatl /4/ yn ipan in xihuitl 7 · tochtli ypã occeppa yaotlato yn ytzcohuatzin /5/ tenochtitlan ynic quinpehuaz cuitlahuaca quimonnotz ỹ tetzcoca /6/ auh yn oxihuitl çan quihuallatztoca amo hualmoquetzaya /7/ yn tetzcocatl · auh yn iquac yn ye miec miqui mexicatl yn i/8/quac huallollin yn tetzcocatl · ye ompa huallicatia yn Mexico /9/ ypan in tlatocatia teçoçomoctzin yn cuitlahuac çan nene/10/uhqui yn intlahuiz ananacaztli çan mananacaznamicq̃ /11/ yn cuitlahuaca yhuan tetzcoca ·
/12/ 8 · acatl ypan inyn xihuitl hualcallacque yn cuitlahua/13/ca ynic momexicapouhcatoca · atl ·
/14/ yn ipan in 8 · acatl xihuitl yequene ypan cemmaya omotza/15/uc yn atoyatl ynic ye çitlaltepecpa callaqui omoçenyec/16/tillin yn apantli yn acallotli chiconxihuitl ỹ huel qualtix /17/ acallotli yhuan yn huel huac calla ỳcaca acallotli yn axcã /18/ motocayotia aytictli ye miltitoc
/19/ yn ipan xihuitl viij acatl ypanin yn motlallique ỹ axcan ỹ mo/20/xaltocamecaỳtoa · acolman tlaca colhuaque tenochca yhuã /21/ otomi çan tlacanechicoltin · auh ayc tlatocayotl omotlalli ỹ /22/ yxquich yca ynic ytech huallaçi ynic huallaque españoles · ỳquac /23/ cenmanyan poliuh yn tlatocayotl ynic xitinque xaltoca/24/meca · yn quinpeuhque quauhtitlancalque · ynic callacq̃ /25/ metztitlan yhuan tlaxcallan · auh yn oyuh xitinque xaltoca/26/meca çempohualxihuitl onmatlactli ozçe yn cactimãca ỹ /27/ ayac onoca xaltocan · auh yequene ça tecamman miqua/28/ni ca yn xaltocameca ye ompa yn xitinque et[a]
/29/ yn ipan in xihuitl 8 acatl çan no ypan yn quimachiotico me/30/xicatlalli yn tenochca yhuan yn tlatilolca · yn oncan tolte/31/pec tepeyacac yhuan quimachiotique yn omitoaya tlatilolca /32/ atl yehuatl yn quachilco yn quiquaxochnamiqui tlachcui/33/calco yhuan tozquen ytlal ·
/34/ ypan in xihuitl xochilhuitica chicome xochitl moquetza netotilo/35/ya · (*7 dias*) · yaoyotl quitlanilito yn ytzcohuatzin yn ècatepeca quitoto /36/

ca omochimalti quinnequi yn quauhtitlancalque · quihuelcac yn /37/ ytzcoatzin lxxx ytlapepēhuã quinhuallihua tlapiaco etª tenex/38/otlica quinmopachihuico yn quauhtitlancalque etª
/39/ 9 · tecpatl = 10 calli ypan inyn xihuitl yn momanato yaoyotl /40/ yn ompa açito chalco atenco tlacochcalco ynyaoyouh Mexica /41/ xliij ~~omey~~ xiuhtica yn ompa açito chalcayaoyotl · /42/ 11 tochtli = 12 acatl = 13 tecpatl ypan inyn xihuitl yn momi/43/quilli yn tenochtitlan tlatohuani ytzcohuatzin · auh niman onmo/44/tlàtocatlalli yn tenochtitlan tlatohuani huehue Moteucçoma/45/tzin ylhuicaminatzin ·
/46/ auh çan no ypan inyn xihuitl yn motlatocatlalli yn colhuacan /47/ tlàtohuani xillomantzin ye yuh matlacxihuitl oçe yn omic /48/ yn tlatohuani catca colhuacan yn itoca acoltzin yn iquac mo/49/tlatocatlalli ye ytlamian ỹ 13 tecpatl xihuitl ·
/50/ çe calli—ypan in xihuitl mixnamicque moyaochiuhque yn cui/51/tlahuaca çan monetechhuique monamicque · atenchicalque /52/ ỳquac oncan tlàtocatia acolmiztli · ypan yn mochiuh çemil/53/huitonalli · 4 · ytzcuintli · yn iquac yn yaoyotl mani yn chalco /54/ ompa yaotito yn tiçica cuitlahuaca yquac tlatocati teçoço/55/moctli yça contlachialli yn atenchicalcatl quito ca yaotito ỹ chal/56/co yn tiçicatl yn huallaz onoconpollo yn çihuatl yn piltontli nimã

Side 50

/1/ quipehualti yn iyaoyouh acolmiztli niman ye micalli quĩ/2/namiqui yn tiçica ca yyoque pipiltotontin yhuan huehuẽ/3/toton auh yn huallaque tiçica yn oyaotito chalco · ocalacque /4/ yn inchan yn atenchicalque omotlallito niman yc otlayhua /5/ yn teçoçomoctli yn ompa atenchicalcan quito xoconilhuitin /6/ yn acolmiztli tleyca yucan nechychtacapolloznequi · auh ỹ/7/yn quin macuilli huel titomana ma huell onmochichihua /8/ ca ye huel nonnochihua yn nitiçacatl · auh quincaquiltito ỹ /9/ atenchicalque · auh niman yn ihuiptlayoc mochiuh çan /10/ moyohualpollo yn atenchicalqui · yquac huallathuic ypan /11/ vj malinalli tonalli · ompa miquanique yn ytztapallapã /12/ yn yllamatoton yn huehuentoton yn pipiltotontin yn tla/13/pallihui ypan yc omilhuitique vij acatl tonalli · auh niman /14/ yaque quinonotzato yn moteucçomatzin huehue yuh quil/15/huito ca oquicauhque yn ymaltepeuh yn tlanonotzato y/16/toca quauhtlatohua quilhuito nopiltzintzine tlàtohuanie /17/ ca otechhualpeuh yn nocotonca yn tiçicatl ca axcan ye /18/ cuel yc omilhuitl yn oncan monoltito ytztapallapã yn mo/19/maçehualtzin nopiltzintzine yn axcan caoctley yn quimo/20/qualtiyani ca çan mochi quihualmocahuillitiquiz yn için/21/tzin · auh yn axcan aço titechmocahuilitiuh · ca yz catqui /22/ timitztomaquiliya totepetzin yn tatenchicalque · auh ni/23/man quinnotz yn ipilhuan yn moteucçomatzin ynic çe çi/24/tlalcohuatzin tlacochcalcatl yhuan ỳquehuacatzin tlacatec/25/-catl · quimilhui xihualhuian yn anteteuctin yn anpipiltin /26/ ca yz catqui yn techmaca yn itepeuh yn atenchicalqui · auh /27/ ynin yntla toconnotzacan yn acollihuacan mach achi yn tic/28/tomacazque · auh ynin maçan tehuantin yn timexica · y/29/huan tlatilolca yhuan tonauhteuc · Mexicatzincatl colhua/30/catl ytztapallapanecatl maçan tiyoque toconcallaquitin /31/ yn ichan atenchicalqui: ypan yn nenonotzalloc · 8 · oçellotl /32/ tonalli · auh yn ipan 9 · quauhtli tonalli · ypan yn callaqui/33/to ychan yn atenchicalqui yquac quitlatito yn inteocal /34/ cuitlahuaca yn ical mixcoatl diablo · yquac mexicatzinco /35/ yaocuixtli yn achto tlecotihuetz yn icpac mixcoatl yn qui/36/cuito ytzpapalotl ynexyo yn mitoaya tlaquimilolli etª o/37/me yn quetzallotlatl yc temiya: auh niman ye quilhuiya ỹ /38/ teçoçomoctli yn çitlalcohuatzin tenochtitlan yhuan yn /39/ yquehuacatzin yhuan axicyotzin yhuan tenamaztzin · /40/ quilhuique teçoçomoctze: ca otlatlac yn mixcoatl yn xoco/41/yotl · ca nel aocmo toconcuic yn mitl yn chimalli · auh ynin /42/ can otictecac yn mixcoatl tichuicazque xitechmaca · /43/ auh niman quito yn teçoçomoctli tiçic tlatohuani · a/44/uh yn ye nictemaca yn mixcoatl quenin quinchihuazq̃ /45/ yn nopilhuan yn huecauh yez · auh ynic çan yehuatl /46/ quinhualtehuicaltique yn ixiptla diablo teuhcatl tiçic /47/ teotl catca ompa pialloya yn itocayocan tepixtloco · ỳye/48/huatli yn quihualhuicaque mexica yehuatl yn onoca /49/ tenochtitlan yn oncan mitoaya mixcoatepec · amo ne/50/lli yehuatl yxiptla yn mitoaya camaxtle mixcohuatl ca çan /51/ yehuatl yn itoca teohcatl · can no yuhqui yn inechichihual /52/ yn mixcohuatl çan no yuh ypan quittaque yn Mexica yn /53/ momatque aço nelli yehuatl ca çan yc ynca necayahualloc /54/ yn mexica yn mochiuh yn ye · ciiij xihuitl ·

Side 51

/1/ yn ypan çe calli ypan poliuhque oztoticpac tlaca yquac /2/ oncan tlatocati cuetzpalli quinpolloque huexotzinca · ỳ/3/quac huexotzinco tlatocati tenoçelotl yhuan no yehuã/4/tin tepeyacahuaque yquac ompa tlatocati chiauhcohuatl /5/ yn tepeyacac ·

/6/ 2 · tochtli = 3 acatl ypani mic yn chalco tlatohuani caltzin /7/ teuctli temiztzin niman onmotlatocatlalli tlaltzinteuc/8/tli yn tlatocat · 24 xihuitl = ypan inyn xaltocameca /9/ huallaque motlalico yn ixpan yn ayactlacatzin ynic te/10/quimacoque Mexica tequitizque etª

/11/ 4 tecpatl = 5 calli = 6 tochtli ypan in tlatlali yn xomotzin /12/ colhuacan yn ipampa yntlal = 7 · acatl[45] = 8 tecpatl /13/ 9 · calli =

45. Marginal gloss: 7 acatl a 2 de henero se gano granada y por sagũ salierõ de castilla los judios.

10 tochtli = 11 acatl · ypan inyn xihuitl huetz /14/ çepayahuitl çentla~~tl~~anquatl macuilylhuitl yn huetz · /15/ 12 tecpatl[46] = 13 calli = 1 · tochtli ypan inyn neçetoch/16/huiloc yn yquac yn quauhtenampan manca yn /17/ chalcayaoyotl yc mocauh ca aocmo neyaochihualloya /18/ auh exihuitl yn mayanalloc aoctle mochihuaya yn to/19/nacayotl ·

/20/ auh yn ipan in xihuitl çe tochtli no yquac ypan tlamachiyo/21/ti yn neçahualcoyotzin yn canin ỳcaz yteocal tetzcotzinco /22/ hualmotlaliaya ynic quinemiliyaya auh yn ohuel /23/ quittac quipehualti yn iteocal xiij xihuitl ỹ yecahuito /24/ ypan · 1 · acatl xihuitl yn panuetzito ompa mocaquiz/25/tiliz yn itolloca

/26/ 2 · acatl · yn ipan in oncan yancuican quitetzontlalli ne/27/çahualcoyotzin yteocal no ypan in toximmolpilli ỹquac /28/ yc oxihuitl mayanalloc çenca hueyx yn mayanalliztli · /29/ 3 · tecpatl · ypan mochiuh huauhtli çan moche yn qua/30/lloya yc micohuaya oncan in yc exihuitl yn mayana/31/lloc yn ycuilliuhticate yuhquin tlaca yn quinqua tzo/32/pillome yhuan cocoyo ·

/33/ 4 · calli = 5 tochtli · ypan inyn xihuitl yaotlàto yn hue/34/hue moteucçomatzin ynic yaoquixohuato tepehuallo/35/to · cohuayxtlahuacan yn iquac yn oncan tlatocatia /36/ huey tlatohuani ytoca Atonal · oncan quiçemitaya ỹ /37/ nohuiyan anahuac tlacallaquilli · auh ynin atonal /38/ yuh mitoa ca oc ynpiltzin yn tolteca catca oncan /39/ chane catca yn toltitlan tamaçolac · oncan ehuac ỹ/40/yc quizque tolteca yn ỹquac xitinque · auh mitoa ỹ ỳ/41/quac omic atonal niman anoc yn içihuauh catca · cen/42/ca huey · hualhuicoc yn Mexico tenochtitlan · auh yn /43/ tlàtohuani moteucçoma ytlan yaznequia ytech àçiz/44/nequia çan çotlahuac auh àmo ytech açic · auh mitoa /45/ ynic çihuatl yn imaxac chalchihuitl tlacanahualli yn /46/ ytepillixquac onoc etª auh niman occeppa quihua /47/ yn tlàtohuani huehue moteucçoma ynic yehuatl /48/ ompa quinechicohuaya yn çen nohuiyan tlacallaqui/49/lli · yuhqui yn çihuacalpixqui mochihuaya · ye yquac /50/ ynyn axihuac altepetl cohuayxtlahuacan oncan /51/ yancuican ompeuh yn hualcallaquia teocuitlatl quetza/52/lli olli cacahuatl yhuan occequi necuiltonolli etª oncan pe/53/uh yn ineyollaliliz mexicayotl yn ica tlacallaquilli · etª

Side 52

/1/ yn ipan in xihuitl v tochtli yquac callacque matla/2/tzinco yn tepeyacac tlaca quinpeuhque yquac tlato/3/cati yn tepeyacac chiauhcohuatl · quauhtinchan tlato/4/cati xochicozcatl tlaçolteotl · tecanmecatl yaopan ·

46. Marginal gloss: 12 tecpatl el grã turco maometo tomo a constantinopla y murio el empºʳ federico.

/5/ 6 · acatl = 7 tecpatl ypan inyn xihuitl yancuican contlalli /6/ yn õpa tepotzotlan ytoca quinatzin yn Mexico tlàtohuani /7/ huehue moteucçomatzin ynic ontzintic tepotzotlan tlatoca/8/yotl ỳquac aynnetlatocanonotzal yn quauhtitlan tla/9/tohuani ayactlacatzin

/10/ 8 calli ypan in yaoquixohuato tepehualloto atezca/11/huacan no ypan in momiquilli huitzilteuhca/12/tzin yn colhuacan ·

/13/ 9 · tochtli ypan in ytzonquizyan yn xihuitl çan oc ychtaca mi/14/toco yn chalca ynic hualcallaquizque Mexico ·

/15/ 10 · acatl ypan inyn xihuitl huallaque yn chalca yn /16/ yxpan yn mexico tlatohuani huehue moteucçomatzin /17/ quinonotzaco quicaquiltico ynic hualcallaquizque ỹ /18/ oncan mexico yn huallaque ynic çe nequametl yn/19/yc ome huehue tepoztli yhuan yc occan yaque ỹ yx/20/pan tetzcoco tlatohuani neçahualcoyotzin yc occan /21/ tlanonotzato yn yehuantin in çan yuhqui yn qui/22/tzintlanhuito quiyahualloque yn ymaltepeuh ỹ /23/ ompa yn chalco quimilhuico yn tlatohuanime ỹ /24/ moteucçomatzin yn neçahualcoyotzin · nopiltzintzi/25/ne totecoè tlatohuanie ca yn axcan ye yuhqui ca /26/ ye onnalquiça yn chalco yn yaoyotl xitechmoma/27/quilli yn tlatocayotl quen quinequi yn moyollotzin /28/ ca yc onnalquiça yn yaoyotl yhuan yn tlalli qui/29/nanquilli yn moteucçomatzin ca çan cocotitlan yn /30/ ycazquia quaxochtli · yhuan nepopohualco yhuã /31/ oztoticpac auh yn axcan cuix quin oanmoz/32/callito ca õnalquiz yn tlalli · can oc antlaanazque /33/ auh yn neçahualcoyotzin quimilhui ca qualli yn /34/ anquitoa yn axcan xihuiyan xitètzaquati ma mo/35/teca yn maçehualli macamo ompa callaqui yn hue/36/xotzinco niman quintlatlani quimilhui cuix pilli /37/ yn huehue tepoz quinanquilli yn huehue tepoz quil/38/hui ca àmo nipilli ca ye pilli yn nequametl nimã /39/ ytencopa yn moteucçomatzin quito ma ye motitla/40/ni yn nequametl · auh yn oyuh quinnahuati moteuc/41/çomatzin çatepan quito yn neçahualcoyotzin ca ye /42/ yhui yn oamechylhui yn tlacatl cuix quin oãmoz/43/callito ca onalquiz auh ynin xitetzaquati yn maçe/44/hualti · auh yn moteucçomatzin yn quintlauhti /45/ yn quintlauhti quetzallalpiloni çecen tozcatl chal/46/chiuhcozcatl ceçen quauhquetzalli çecentlamãtli teo/47/cuitlamatemecatl çeçen teocuitlaehuacozcatl yhuan /48/ çeçentlamantli teocuitlacotzehuatl cequimilli tilma

Side 53

/1/tli · auh yn tetzcoco tlatohuani neçahualcoyotzin yn /2/ quinmacac · çeçentlamantli teocuitlanacochtli çeçẽ/3/tlamantli teocuitlamatemecatl çeçentlamantli teo/4/cuitlaehuacozcatl onquimilli tilmatli · auh nimã /5/ yc yaque yn nequametl yhuan huehue tepoztli ỹ /6/ ompa chalco ·

/7/ 11 · tecpatl ypan tlacat neçahualcoyotzin tetzcoco ypil/8/tzin ytoca neçahualpiltzintli = no ypan in ecato/9/coc toctli ypan motzineuh quahuitl · /10/ 12 · calli ypan inyn xihuitl yn huel hualcallacque /11/ chalca ypan mochiuh ynic mic yn chalco tlatoa/12/ni catca ytoca tlaltzin teuctli yn yquac oonmic /13/ ayac motlalli tlatohuani yn oyuh mic niman yc çe/14/uh yn yaoyotl yc moman yn mitl chimalli ompa /15/ çehuito yn yaoyotl · amaquemecan · oncan ompeuh /16/ ynic quauhtlatolloc chalco çenpohualxihuitl ozçe /17/ yn quauhtlatolloya · auh yn intequiuh ompa con/18/-caquia yn itocayocan tlaltecahuacan xocue/19/tzin yn onhuia tlayllotlacan ychan yhuan quauh/20/tzipitl yehuantin macoque yn maçehualti etª /21/ yn ipan in onmiquani momanato yn yaoyotl hue/22/xotzinco = çequintin quitoa quin ipan yn tlacat ne/23/çahualpilli tetzcoco = yn ipan yn 12 calli xihuitl ypã/24/tic yn tepehualloc huehuetlan = auh can no y/25/pan in xihuitl ypan yn yancuican ompeuh coa/26/tequitl yn ompa tenochtitlan mexico ytech ompe/27/uh ynic moquetz aotli chapoltepec yn hualcallaqui /28/ tenochtitlan auh yehuatl ypan tlatocatia yn tenoch/29/titlan yn huehue moteucçomatzin auh yehuatl /30/ ypan tlàto yn aotli yn tetzcoco tlatohuani neça/31/hualcoyotzin ·

/32/ 13 tochtli ypan inyn xihuitl quiyacanato yn atl yn /33/ neçahualcoyotzin ynic yancuican callaquico te/34/nochtitlan · auh tepeyacahuaque yn inca quihual/35/yzcaltitiaque yn hualmictiaque yxpan atl = yn /36/ yquac yn çan oc ompa onatlacuihuaya ỹ chapoltepec /37/ auh yn iquac yn yn ipan xihuitl ypan pehualloque ỹ /38/ tepeyacahuaque yquac tlatocatia chiauhcohuatl yn /39/ tepeyacac · auh yehuatl quinpeuh yn axayacatzin /40/ ayamo yuh tlatocati—coatepec quetzaltototl · qua/41/uhtlatohua · tecalco tlatohuani moçauhqui · quauh/42/tinchan xochicozcatl tlatocati yn yquac yn pehualloq̃ /43/ tepeyacac yhuan yn yzquican omito ·

/44/ 1 acatl yn ipan inyn xihuitl çe acatl panhuetz yn iteocal ne/45/çahualcoyotzin · auh yn iquac opanhuetz niman quitla/46/tlauhtito yn huehue moteucçomatzin ynic quinmacahuaz /47/ quimitlanito tzompanca xillotzinca çitlaltepeca yn yca tla

Side 54

/1/mamalliz · auh niman çiz yn tlatohuani tenochtitlan /2/ quinmacauh etª auh niman ylhuilloco yn quauhti/3/tlan tlatohuani huallayhua yn moteucçomatzin y/4/huan yuh caquitilloc yn piallotihui tzompanca ỹte/5/quippan mochiuh yn quauhtitlancalque toltitlã /6/ cuitlachtepec etª ynic yuh mochiuh yteycnelilizti/7/ca yn tenochtitlan tlatohuani = auh niman yuh /8/ neltic pialloto yn tzompanca ỳquac ompa tlapacho/9/huaya teyahuallohuatzin · auh yn xillotzinco yquac /10/ tlatocatia pantli · auh yn ye yquac yaotlato neçahual/11/coyotzin yn quiçaco tetzcoca acolhuaque yn yaotizq̃

/12/ oc uelle quiz yn piltzintli yn çihuatzintli otlecoc çitlal/13/tepetl ycpac auh omotlalli yn quauhtli yn oçellotl /14/ yn yaotiz ynic mochiuh yn yxquich yn nopalli ỹ metl /15/ mochi ypan quimamaltique tlahuiztli conaquique /16/ ynchimal yquauh ytech quilpique nemachiliztica /17/ motlamauhtillique etª auh quintlayohualcui/18/llique yn tzompanca yn xillotzinca yn tlathuic omix/19/cuepque yn acolhuaque çitlaltepec atlan yn nemi /20/ quinhualtocaque niman quinçemehuitique · a/21/uh yn tzompanca yn xillotzinca quimonnamicq̃ /22/ niman ye quintoca quimaxitito yn ipan tochatla/23/uhtli oncanin yn miec yc motetzahuique yn quitta/24/ya acolhuaque ca tlatlatoc yn atlauhtli yn tlemiya/25/huatl ynhuicpa moquetza ye oncan yn huel yxpoliuh/26/que acolhuaque yn micque yc tenque yn tochatlauh/27/tli auh huel quintlamito yntiacahuan yn oquich/28/tin acolhuaque ye yquac ynyn mochintin huitza /29/ yn totonaque yn cuexteca yn amo tle ỹ maxtli ỹ ma/30/xauhtinemi mochintin oncan yaotico yn tzompanco · /31/ auh yancuican oncan quinextico ymaztapan yn quin/32/hualyacan yn innezca hualmochiuhtia · ye oncanin /33/ yn quintocaque · ompa çehuito yn yaoyotl yn õpa otompã /34/ yhuan ompa papahuacan · ye yquac yn yn moman /35/ quauhtlalli yn ompa tiçayocan moxoxotlac yn tlalli /36/ ca yn oncan tiçayocan quauhtlalpan · axcan acolhua/37/can tlalli · ypan yaotlalpan catca ca axcan ompa ma/38/ni xoxotititimani[47] · quauhtitlan toltitlan · cuitlach/39/tepec yn quauhtlalli quicuique etª

/40/ yn ipan in xihuitl ypan quimamalque yn inteocal chal/41/ca quicaquiltico yn moteucçomatzin quilhuico nopil/42/tzintzine ma quimamalliqui yn oquicauhtiquizque yn/43/tzaqual yn yehuantin tlacochcalca quito yn hue/44/hue moteucçomatzin ma yhui ca ye qualli ma yuh mochi/45/hua ·

/46/ 2 tecpatl = 3 calli ypan in xihuitl momiquilli yn hue/47/hue moteucçomatzin ye ytlamian yn omoteneuh 2 · tec

Side 55

/1/patl xihuitl yn tlatocat 29 xihuitl niman onmotlatoca/2/tlalli Axayacatzin ypantic auh yehuatl quinpeuh ỹ /3/ tlatlauhquitepeca = no ypan inyn xihuitl tlacat /4/ teopancalcan tlatocat ytoca quappotonqui ompa ỹ /5/ cuitlahuac ·

/6/ 4 tochtli ypan yaoquixohuato quaxoxocan = 5 acatl /7/ ypan inyn xihuitl yn moxòxotlato quauhtlalli /8/ matlatzinco yn tehuicaya yn tlapiato quauhti/9/tlancalque = tequixquinahuac = chalmecapan /10/ nepantla tziuhcoacatl = atempan tepecomecatl /11/ 6 · tecpatl yc onxihuitl ypanin yn tlalxotlaloc matla/12/tzinco = no ypan inyn momiquilli tetzcoco neçahual/13/coyotzin niman onmotlatocatlalli neçahualpiltzin/14/tli yn tetzcoco

47. The first 'i' is undotted. León y Gama and Velázquez read *xoxototimani.*

tlatocat = auh can no ypan inyn xihuitl /15/ motlatocatlalli cuitlahuac teopancalcan quappotonqui · /16/ 7 · calli ypan inyn xihuitl mixnamicque yn tenochca y/17/huan tlatilolca ypan yn tlatohuani axayacatzin auh /18/ no yquac yn tlatocatia tlatilolco moquihuixtli yz cat/19/qui ycacoca mochihua ca yn iquac yn amo mochihua /20/ yaoyotl miectlamantli yn amo qualli quichihuaya /21/ moquihuixtli yn çihuatica ca yn iquac ynyn ichpoch /22/ axayacatzin yn tenochtitlan tlatohuani yçihuauh cat/23/ca yn moquihuixtli auh yehuatl yn çihuapilli mochi /24/ conitoaya yn tenochtitlan yn quexquich yn ychtaca /25/ yyaotlatol moquihuix concaquiltiaya yn axayacatzin /26/ auh yn iquac yn miectlamantli ynic quitetzahui al/27/tepetl yn moquihuixtli yn içihuahuan catca mochin/28/tin quinpochohuiaya ynic çenca huehueyntin mo/29/chiuhque · auh yn çihuapilli axayacatzin yychpoch /30/ ymaxac caquilliaya yn imatzotzopaz · auh tlamatoca/31/ya yn ynacayo yitic auh mitoa quinotz yn itepil /32/ çihuapilli quilhui tleyn yc tinentlamati moquihuix /33/ yc otoconcahuilli yn altepetl · ayc yez ayc tlathuiz · a/34/uh niman omochiuh quitlalli ytetepeuh yn tecpan /35/ callitic · auh ynic mahuiltiaya nopalalactli yc calti/36/yaya yn itetepeuh · auh quinpepetlahuaya yn içi/37/huahuan ynic oncan hualmooxtlacallahuaya ỹ /38/ çihua çeçeme quimitzticaca etª yn oquiz miectlamã/39/tli tetzahuitl niman huallayhuan yn moquihuixtli /40/ yn nican quauhtitlan ynic pallehuilozque quitlatla/41/uhtico yn tlatohuani ayactlacatzin amo quinhuelcac · /42/ auh niman no huallayhua yn axayacatzin yn tenoch/43/titlan tlatohuani quihuallalauhti yn tlatohuani a/44/yactlacatzin ynic pallehuilozque · niman quintlahuel/45/caquilli quimilhui macamo motequipacho yn tlacatl /46/ yuh neltiz yn yuh mochihuaz yn iuh tlaytlani yn tlacatl /47/ yn quinhuallalauhtia yn toteohuan yhuan yn iteo/48/tzitzihuan · auh niman yn tlatilolco tlatohuani mo/49/quihuix tlanahuati quito yntlacamo huel nipehualloz ni/50/tlatilolcatl niman anquinnamoyazque yn quauhtitlan/51/calque · quihuallalli ytlatol yn tollan yn apazco yn xillo/52/tepec yn chiyappan yn quahuacan quito namechmaca

Side 56

/1/ yn altepetl quauhtitlan yn iquac ticpehualtizque toya/2/ouh yn tenochcatl çan huell anconyahuallotiezque /3/ auh yn onoconpollo tenochcatl niman ye yc anqui/4/monnamoya yn quauhtitlancalque yuh mochiuh /5/ yn otomi oncan yn macuexhuacan tlacpac moçen/6/tlallique moçennonotzque ynic quinamoyazque altepetl /7/ quauhtitlan conpixtimotlallico yn altepetl yzqui /8/ altepeme yn omoteneuhque tlacpac et—auh nimã /9/ yn yehuatl yn tlacatl yn tlatohuani axayacatzin ni/10/man tlanahuati tlayxquetz ynic pallehuiloz alte/11/petl tenochtitlan niman netlalhuiloc ynic nauhcã /12/ catqui altepetl quauhtitlan oontecpantli yn maya/13/huini yn huehuey tlaminque yn chicahuaque tiya/14/cahuan yazque yn tenochtitlan quipallehuizque yn alte/15/petl yuh neltic yuh mochiuh · ynic netlalhuiloc çen /16/ mito atatacoz yohualtica yn callacoac · ompa hual/17/callacohuato chapoltepec atlixyocan · çan petlaticaya/18/ya yn inmiuh yn intlahuitol chichimeca etª yn a/19/çito ye necallihua oquimaxitito teçòcaltitlan /20/ yn tenochca huallato yc peuh yn yaoyotl yttoque /21/ yn quauhtitlancalque amo yyollo pachihuiya yn /22/ axayacatzin yuh momatia ca amo nelli yehuantin /23/ yn tiacahuan yn oquimittac nentlama etª ça/24/tepan quinchichiuhque yn quauhtitlancalque /25/ quintlahuizmacaque yuh quinmixcoachichiuh/26/que yhuan quintlaqualtique quimatlitique · a/27/petlac tlacatecollo ythualco etª auh nimã pe/28/uh yn yaoyotl ypan yn mochiuh teucylhuiton/29/tli ypan macuilli quiyahuitl tonalli yn ipan po/30/lliuhque tlatilolca · ye oncan in ye pehua yaoyotl /31/ niman oomentin acalco quimonmamanque /32/ yn quauhtitlancalque quintlanelhuitihui /33/ yhuan çequintin òtlipan tlayecotihui yn mi/34/caltihuiya çan nènentihuiya amo moquetza/35/ya atle quimeleltiaya ynic ompeuhque achto/36/pa tlaminque acopa niman tlalchipa ompa /37/ mocauh tonatiuh yyxcopa etª onnalquiz yn /38/ yaoyotl çan huallamellauhque yn çequin/39/tin quauhtitlancalque yc hualquizque yn tle/40/yn caçique aço tilmatli anoço quahuitl etª a/41/uh no yuh mochiuh ȳ miec tlacatl oncan in /42/ motlahuelpollo · aocmo quinmiximatcanec /43/ yn inhuan yolque yn onquiz yaoyotl etª

/44/ auh mitoa yn ye mochihua yaoyotl mexico tenoch/45/titlan tlatilolco niman yn otomi yn quiyahuallo/46/ticatca altepetl quauhtitlan ynca mocayauh yn Dia/47/blo yn mitl yntzallan ynnepantla onhuetzia y/48/huan quicaquia yn chimalli comoni yhuan motenhuite/49/quia yc niman oncanin çenmanque yn otomi etª

Side 57

/1/ yn ypan yn 7 calli xihuitl can no ypan yn mic colhuacan /2/ tlatohuani xillomantzin ytech tlatlami yn Axayacatzin /3/ yn onmic niman yc onmotlàtocatlalli Maxihuitzin /4/ mallihuitzin ypiltzin yn chimalpopocatzin ompa tlàtoca/5/tito yn colhuacan · auh yn iquac oyuh mic xillomãtzin /6/ oncatca calpixque ontecpantli niman yc quimon/7/an yn axayacatzin · auh yn mallihuitzin · yn tlatocat /8/ can epohuallilhuitl ypan nahuilhuitl · nimã on/9/motlatocatlalli tlàtolcaltzin yn colhuacan tlàtocat · /10/ 8 · tochtli ypan in yaoyotl mochihuazquia huexotla · /11/ auh çan no ypan inyn tepeuhque matlatzinca

/12/ 9 acatl = 10 tecpatl · nican tepehualloc ocuillan quimpo/13/lloque quauhnahuaca—no ypan in qualloc tonatiuh · /14/ 11 · calli · nican poliuhque Poctepeca—çan no ypan inyn /15/ hualcallacque huexotzinca · yquac chiyauhtzinco tlàto/16/catia toltecatzin · auh yxpan hualla yn tenochtitlan /17/ tlàtohuani axayacatzin · yn quinhualhuicac ycihuahuã /18/ toltecatzin omentin · auh yn ipãpa hualcallacca Me/19/xico yaoyotl collinica yn huexotzinco ypampa õpa qui/20/quaniznequiya yn chiauhtzinco yn ixiptla mixcohuatl · auh /21/ yn ompa atle yteocal çan calpolli yn quipiyaya · ypãpa /22/ ỹ yn hualcalacca mexico · auh yn oncan mexico yn ye /23/ nemi çihuapan quincallaquique yn içihuahuan auh /24/ yn ye yquezquiyoc ytencopa yn tlàtohuani axayacatzin /25/ ça quiqualtique quitlemolhuique ynn içihuahuã etª

/26/ 12 tochtli ypan inyn tlalpolliuh matlatzinco ynic moçe/27/mitoa xiquipilco quinpeuh yn tlàtohuani axayacatzin /28/ yquac ompa tlama yn axayacatzin ·

/29/ 13 · acatl ypan inyn miquito tliliuhquitepec yn cuitla/30/huaca no yhuan yn mic yxtotomahuatzin teopãcal/31/can omotlalli camaxtle ytelpoch ytoca Calisto ynin çã /32/ lxxx ylhuitl yn ontlatocat niman onmotlalli Don Mateo /33/ yxtliltzin ·

/34/ 1 · çe tecpatl ypan inyn mic tlahçolyaotzin huexotla nimã /35/ onmotlatocatlalli cuitlahuatzin ·

/36/ 2 · calli ypan inyn mic yn tlatohuani axayacatzin niman /37/ onmotlatocatlalli tiçoçicatzin yn tlatocat tenochtitlan /38/ no ypan qualloc yn tonatiuh ·

/39/ 3 · tochtli ypan inyn momiquilli yn colhuacan tlatohua/40/ni yn itoca tlatolcaltzin niman onmotlatocatlalli y/41/piltzin ytoca teçoçomoctli yn tlatocat colhuacan

/42/ 4 · acatl ypan inyn motetzontlalli yn tenochtitlan hui/43/tzillopochtli diablo ycal quipehualti yn tlatohuani tiçoçica/44/tzin = çan no ypan inyn micque quauhnahuaca quin/45/polozquia yn huexotzinca oncan quiçencahuato yn atl/46/yxco = çan no ypan inyn mic yn tlatohuani cuitlahuac /47/ teçoçomoctli niman onmotlalli xochiolloltzin yn tla/48/tocat cuitlahuac tiçic ·

/49/ 5 · tecpatl · ypan inyn hualmotzauc chiyappan ·

/50/ 6 · calli ypan inyn mic cohuatlychan quappopocatzin niman /51/ onmotlatocatlalli xaquintzin ·

/52/ 7 · tochtli · yn ipan in xihuitl ypan yn momiquilli tiçoçicatzin /53/ niman onmotlalli ahuitzotzin yn tlatocat tenochtitlan ·

Side 58

/1/ ypan inyn xihuitl yn poliuhque cozcaquauhtenanca · /2/ yhuan no yquac poliuhque tlappaneca yhua tziuhcohua/3/ca yhuan mictlanquauhtla tlaca = auh çan no ypan in/4/yn xihuitl ompeuh ontzintic yn tlatocayotl chalco tlacochcalco /5/ contzinti yn ytzcahuatzin ypan moteuctlalli yn ·

oncan in quica/6/uhque ynic aocmo mopillitoque · yn tlalmaçehualleque tlalte/7/cayohuaque chalca ·= Auh in san juº yn contlan yn tlayllotla/8/can ça yyoque yn mopillitohuaya · auh yn iquac ynyn ye mo/9/pillitotinemi niman ye chachallaca yn conteca yn mihua/10/que yn tlayllotlaque yn ipampa ynic ye tlatocati yn ytzcahuatzin /11/ niman yxpan huallaque yn ahuitzotzin yn Mexico tlatoa/12/ni yn huitza mihuaque tlacochtzin pilli · auh yn tlilhuacã /13/ chichicuepotl pilli · auh yn tlaltecahuacan ayac huitza /14/ ye yuh miecpa mictillo ·—auh oquitlatlauhtique yn a/15/huitzotzin oquilhuique ca ye ontimalihui yn techinantitlã etª /16/ ~~ca ye~~ auh ca ye techcuilia yn tomil yn ytzcahua ca ye onti/17/malihui yn tlachpanaliztli ye tletlaliliztli · auh niman /18/ quinnahuati yn ahuitzotzin quimilhui xiccuican yn a/19/motlal · auh yn oconcac yn ytzcahua canniman quallan /20/ quito ma nic ytta yn tlatohuani niman yc yxpã hualla /21/ yn ahuitzotzin quilhui tzone otiquinmonahuatilli oti/22/quinmomaquilli yn intlal yn mihuaque yn tlilhuaque /23/ yn tlayllotlaque ca otinechmoteuctlalili catlin onicno/24/maçehui ca yuhqui yn ye teuchuetzi · auh tla xiquinmot/25/tilli ye no cuel ye yuhqui yn mopilnequi yn mohueyllia /26/ yn mihuaque yn tlilhuaque yn tlayllotlaque etª auh ỹ /27/ huiya mexico ye yuh matlacxihuitl onnahui tlatoca/28/ti yn ytzcohuatzin · auh niman quinahuati yn tlatohua/29/ni ahuitzotzin quilhui · ca oniccac yn motlatol nimitzna/30/huatia momac niquincahua ye tehuatl ticmati xiquin/31/huihuitequi xiquinquechmecani yn aquique mopilytoti/32/nemi · auh niman yuh quichiuh yn ytzcahua quinmic/33/ti yn mopilytohuaya yquac mic yçeltzin mopillitoaya etª /34/ miec yn yytolloca yn ·

/35/ 8 · acatl ypan inyn momamal yn tenochtitlan huitzillo/36/pochtli ycal · nauhxihuitl yn panhuetz ·= auh yn inca moma/37/mal yn mamaltin catca yn micque nican mopohua yn yzqui /38/ altepeme = tzapoteca micque onxiquipilli = tlappaneca /39/ micque exiquipilli = huexotzinca micque onxiquipilli · /40/ tziuhcohuaca micque exiquipilli ypan çentzontli yc moçen/41/pohua yn cozcaquauhtenanca yn mictlanquauhtla tla/42/ca catca = ynic moçenpohua yn ye mochintin mamaltin /43/ matlacxiquipilli ypan çentzontli ·

/44/ 9 · tecpatl ypan inyn poliuhque chiappaneca oc no yhuã yc /45/ onxihuitl yca momamal yn teocalli tenochtitlan no y/46/huan polliuhque cozcaquauhtenanca yhuan tzicoac

/47/ 10 · calli ypan inyn quauhnahuac quiztiquiz yn tzintemaçatl /48/ ynmac huetzito yn xochimilca ompa quimictique

/49/ 11 · tochtli ypan inyn xihuitl ỹ tlama neçahualpilli ompa hue/50/xotzinco yhuan tlamaque totollapaneca—ça no ypan inyn /51/ tlatohuani ahuitzotzin quintemacac ontecpantin mamal/52/tin ompa yn quauhnahuac yc momamal ynteocal qua/53/uhnahuaca no ypan in qualloc yn tonatiuh nezque yn çi/54/çitlaltin = 12 acatl = 13 tecpatl ypan inyn poliuhque /55/ xicochimalca = no ypan in qualloc yn tonatiuh—

Side 59

/1/ 1 çe calli ypan inyn polliuhque ayotochcuitlatlan yhuan xalte/2/pec—no ypan qualloc yn tonatiuh nezqui yn çiçitlaltin · no ypã ỹ/3/yn xihuitl tepeuh Santo Domingo yhuan granada yhuã totocaq̃ ỹ judiosme /4/ 2 tochtli = 3 acatl yn ypan in xihuitl yn momiquilli quauhtitlan /5/ tlatohuani yn itoca catca ayactlacatzin yn iqua oyuh onmomi/6/quilli ayac motlalli tlatohuani yn quauhtitlan çan quauhtlato/7/lloya yehuatl tlatocatia yn tlacateccatl tehuitzin chane catca yn õpa te/8/petlapan = ça no ypan in xihuitl yaotihuac tliltepec miye/9/quintin yn õpa miquito tetzcoca = çan no ypan inỹ xihuitl ỹ mi/10/quito huexotzinco yn tlacahuepantzin ·

/11/ 4 · tecpatl · yn ipan in xihuitl ypan xochtlã tlalpoliuh no y/12/pan qualoc yn tonatiuh ·

/13/ 5 · calli · ypan in tequantepec tlalpoliuh yhuã amaxtlã tlalpoliuh /14/ 6 · tochtli · ypan inỹ xihuitl yxpollihuico huexotzinca yn oncan /15/ coatepec ypan çepayauh · auh no yquac yaotlapiazquia ỹ /16/ cuitlahuaca yn ompa huexotzinco ompa micque no ỹpan /17/ çepayauh = çan no ypan in xihuitl micque chiyauhcoatl /18/ yhuan huitzilyhuitl yhuã maxtla quitlaxinq̃ yn neçahualpi/19/lli tetzcoco—

/20/ 7 · acatl ypan inyn xihuitl yn hualmoquetz acuecuexatl ỹ /21/ mollon yn ompa coyohuacan ypan çemilhuitonalli nahui /22/ ocelotl · yn hualléhuac yn callaquico tenochtitlan · auh çan /23/ no ypan inyn çemilhuitl nappa tlallolin = auh mitoa ca quin /24/ ypan inyn hualcallacca huexotzinco tlatohua toltecatzin chiya/25/uhtzinco omito tlacpac · 23 a°s ypan omoteneuh

/26/ 8 · tecpatl · ypan inyn yequene huel poliuhque xaltepeca = auh ça no /27/ ypan inyn yequene huel momanaco y acuecuexatl ynic nohuian açito /28/ cuitlahuac · mizquic ayotzinco xochimilco yhuan huel yquac tentimo-/29/manato yn tepetzinco yn tetzcoco atenco · auh açico yn xalmimilolco /30/ yn maçatzintamalco huel tentimoman yn atl in mexico ·

/31/ 9 · calli = 10 tochtli ypan inyn xihuitl moyahuaque yn cuitla/32/huaca apachihuiliztica yhuan mayanaliztica yquac ỹ ohuel tetẽ/33/timomanato yn acuecuexatl yn incalla = çan no ypan inỹ mo/34/tlatocatlalli yn cuitlahuac atenchicalcan mayehuatzin = çan no /35/ ypan inyn peuh yn ye cuel aocmo quiyahui ynic taçique çe toch/36/tli ytech ynic mayanalloc—

/37/ 11 · acatl[48] ypan inyn xihuitl yn mic ahuitzotzin tenochtitlan tlatohua-/38/ni niman onmotlalli yn tlatohuani Moteucçomatzin = çan no y/39/-pan inyn motlatocatlalli quauhtitlan tlatohuani aztatzontzin /40/ quixello yn xihuitl ompa hualtemoc yn tepotzotlan ynic onmotla/41/tocatlallico

48. Marginal gloss: aqui [ ] m[ ] s[ ] a[ ]y[ ] el turco Seli. fue coronado el dia de la vatala de ravena. [Lehmann sees: aqui se mu(rio) Se(ñor) axayacatl el turco Seli. fue coronado el dia de la vatalla de ravenna; Velázquez (p. viii) sees: aquí comensó a reynar el turco seli fue coronado el dia de la batalla ( )].

ytelpoch yn quinatzin etª = çan no ypan inyn panhuetz /42/ ynic moquetz yn tlacatecollocalli tlalmanalco

/43/ 12 · tecpatl ypan inyn xihuitl tepeuhque ỹ españoles yn õpa cuba = çã /44/ no ypan ynyn xihuitl yn mic tehuehueltzin quauhnahuac nimã /45/ onmotlatocatlalli ytzcoatzin ytatzin yn Don hernando quauhnahuac /46/ çan no ypan inyn xihuitl quihueyllique yn inteocal mixcoatl ỹ cui/47/tlahuaca ypan çemilhuitl tonalli xiij miquiztli ypan qualoc yn to/48/natiuh ·= auh ça no ypan inyn cuitlahuac teopancalcan /49/ mic yn tlatohuani catca ytoca quappotonqui nimã onmotlalli yx/50/totomahuatzin yn tlatocat teopancalcan ytatzin yn Don Mateo yx/51/tliltzin ypan 13 miquiztli tonalli

/52/ 13 calli ypan inyn xihuitl quicxitocac quinemilli yn tlalli yn qua/53/uhtitlan tlatohuani aztatzontzin yehuatl yn tlaxoxiuhco yhuã /54/ huexocalco calpixcatlalli yhuan yn calpollalli ynic quitequiyo/55/ti yquac quicallalli yn tlacateuctzin tzincopintzin chane tollan/56/tzinco quitzotzonilliaya yn itlatol yn quilhui ma mitzmotlahue/57/lilitin yn moteotzitzinhuan ma yuhtia yn tiquinmocuililia tla/58/lli etª auh no ypan inyn xihuitl yn netotonacahuilloc ompa õ/59/tlaolmamaloya yn totonacapan ynic çenca mayanalloya ·

/60/ çe tochtli ypan inyn xihuitl çoçollan tlalpoliuh ypã çemilhuito

Side 60

/1/tonalli[49] 13 acatl = çan no ypan inỹ huell omixtonac ynic tlàto/2/huani mochiuh yn omoteneuh cuitlahuac teopancalcan · yxto/3/tomahuatzin = çan no ypan ynyn xihuitl ye cuel ypã patihuac /4/ yn mayanaliztli çan exihuitl yn tlatollini mayanaliztli ·

/5/ 2 · acatl ypan in toxiuh molpia[50] ypan çemillhuitonalli 8 acatl tona/6/lli ye ypanin yn huixachtlan tlequahuitl huetz · no ypan inỹ mic /7/ huexotla cuitlahuatzin = auh yn ipan altepetl quauhtitlan /8/ yquac moman yn temallacatl · yn ipan tlahuahuanalloya auh y/9/n iquac moman ynca momamal mamaltin quauhtitlan /10/ çan omentin · auh chicomentin atotonilca ynmalhuan metz/11/titlancalque yn mamaltin yc mocaqui yn tlamamalque /12/ ypan temallacatl quauhtitlancalque yc çe ticoc yahuacatl /13/ maxtlatzin ompa tlama yn ècatepec · yc ome ytztoltzin tequihua /14/ quauhtli chane tollantzinco anahuac tlama piltzintli yn ca/15/çic · auh ytencopa yn tlàtohuani tepexic yc tequixtilloto om/16/pa yc tlapatlalloto · tlapallihui yn manato malli ypan mã/17/tia çentetl chimalli yhuan çenquimilli quachtli = yc mocaqui ỹ /18/ ticoctzin tequihua yn iquac tlama ecatepec çan içel

49. The copyist should have written *nalli*, since the *to* appears on the previous side.
50. Marginal gloss: xiuhmolpia

yquac om/19/pa yaomic yohualpayntzin = yn yquac yn ompa yn ècatepec /20/ nappohualylhuitl yn tzauctimanca achcacauhtin y achca/21/uhpan yn tlama yquac teuctitlantin mochiuhtinenca ỹ /22/ yquac yn caltzaqualloque ècatepec ompa tlapachotoca te/23/nochtitlan tolnahuacatzintli · auh yn quauhtitlan tlapa/24/chotoca màcuextzin tlacateccatl = yn omito ticoc yahuacatl /25/ maxtlatzin yn iquac tlama ècatepec oyuh achtopa ompa tza/26/uctimanca ym achcauhpan yn ompa ytocayocan nahuica/27/llocan yhuan macuillocotlan · auh yequene ceppa ym achca/28/uhpan tetlatocamictito xiuhtlan = yn omextin tlamaq̃ /29/ tzonmolcatl tequixquinahuac ça nehuan yn quimictique /30/ tlatohuani ypampa yohualtica ye quauhtla yn canato cho/31/llohuaya yn tlatohuani cololhuitihuia yn ipillohuan · y/32/huan yn çihuapipiltin ye yuh çemilhuitl yhuan çenyohual /33/ nenemi yn itech açito · aocmo çeme yn mexica yn tepaneca yn /34/ acolhuaque etª auh açito yn mexico quinonotzque yn tlato/35/huani moteucçomatzin nemactilloque y nexĩtli y nacoch/36/tli yhuan yn neoçalli yn mochi mexicayotl yn iuh neztine/37/mi mexica tiacahuan oquichtin etª auh àmo quinec yn /38/ tlatohuani quauhtitlan quito ma yuhtia ma yc ticocolilo/39/tin etª çan yyo quinmacac yn intlacuiyaya nochpalli etª /40/ yn ipan in xihuitl 2· acatl · teuctepec tlalpoliuh yhuan yz/41/titlan tlalpoliuh · no ypan qualloc yn tonatiuh = çan no y/42/pan inyn xihuitl omito yn tlamato Aztatzontzin yn ompa hue/43/xotzinco oncan yn tlamaque atlixco àtzomiatenanco yn ca/44/tzic aztatzontzin ytoca macuilxochitl · auh yn iteycauh ca/45/çic yn itoca totec yyauhteuh çan no nehuan ehuaya ỹ ma/46/cuilxochitl çan no yteycauh ytoca tepetl yn yehuantin in /47/ ypilhuan chichimecateuctli atlyxco pipiltin etª

/48/ 3 · tecpatl ypan inyn xihuitl yancuican neçico mixpamitl /49/ tlahuizcalli yn ompa yquiçayampa tonatiuh ye tlathuinahuac /50/ yn mottaya = çan no ypan inyn xihuitl motlatocatlalli ỹ tzon/51/temoctzin huexotla = çan no ypan inyn xihuitl amillpan tla/52/malloto yn ompa huexotzinco mochintin çihua yn anoto ypã /53/ 13 oçellotl çemilhuitonalli = ye no yquac ynyn ipan xihuitl mo/54/tlalmacaque yn mexica pipiltin tenochtitlan tlatilolco yn /55/ ompa tehuilloyocan ynic axcan mamani cohuatlalli xexeli/56/uh yn tlalli ypan yn tlatohuani tenochtitlan moteucçomatzin · /57/ quauhtitlan tlatohuani aztatzontzin ynic tetlalmacoc ynmac /58/ yn acxotlan calpixqui àmo ỹmachiz mochiuh yn pipiltin yn

Side 61

/1/ tlatoque quauhtitlan yn motlalmacaque tlatilolco tzihuacpopo/2/catzin ynemac yn tepetl tehuilloyocan axcan motocayotia tla/3/tilolcatlalli = yc 2 · techotlallatzin ynnemac amilli yn mitoa a/4/tzaqualpan ytztapallapan teuctli etª = yc 3 · mexicatzinco /5/ tochihuitzin ynemac amilli yn çan no oncan atzaqualpan ỹ/6/yc onçò mani ypan onoque cohuatzincatl ·= auh niman ma/7/cuiltzinco tlalli tlatocan pouhqui teçoncaltitlan ypan onoque /8/ tehuilocan tlacochteuctli ypilhuan atzaqualpan yn oncã /9/ quauhacaltitlan yhuinin yn motlalmacaque pipiltin yn o/10/motocateneuhque—

/11/ 4 calli[51] · ypan inyn xihuitl yn huel ypan peuh yn mixpamitl /12/ hualmoquetzaya tonatiuh yquiçayampa = auh çan no ypa/13/n inyn xihuitl occeppa tlalxotlalloto yn ompa chalco chi/14/ucnauhxihuitl yn ompa otlalchihualloc yn ompa otlaqua/15/loc yc matlacxihuitl ça mocauh—

/16/ 5 · tochtli · ypan inyn tlacat ypiltzin aztatzontzin quitlacatilli /17/ Doña maria xochimilco çihuapilli yn quitlacatilli ytoca Don /18/ Pedro macuilxochitl çatepan tlàtocat yn tepotzotlan = oc no /19/ ypan inyn çenca yequene netetzahuilloya y mixpanitl hual/20/moquetzaya tonatiuh yquiçayampa · yuhquin tletl nèçia çen/21/ca netetzahuilloya = çan no ypan inyn xihuitl huillohuaya ya/22/oquixohuato ycpatepec yhuan yzquixochitepec ypan çemilhui/23/tonalli · 2 · maçatl yn poliohuac oncan tlama yxtotomahuatzin /24/ cuitlahuac[52]—

/25/ 6 · acatl ypan inyn xihuitl yn poliuhque tlachquiyauhca = çã /26/ no ypan inyn mocchotito ỹ ychpoch moteucçomatzin yn ompa /27/ colhuacan—

/28/ 7 · tecpatl · ypan inyn quimichtlan huillohuaya yaoquixohuato /29/ no ypan inyn xihuitl hualla yn tenochtitlan tlatohuani moteuc/30/çomatzin ỹ ychpoch ynic mocchotito quauhtitlan quihualma/31/cac yn aztatzontzin tlàtohuani = çan no ypan inyn mic ytzco/32/huatzin quauhnahuac tlatohuani oxihuitl yn ayac tlatocat /33/ compatlac yaocuixtli tlatocat—

/34/ 8 · calli · ypan inyn motlatocatlalli cuitlahuac tecpan tlàtoa/35/ni teçòtlaltzin = no ypan inyn miquito cuitlahuaca yn ompa hue/36/xotzinco yn miquito ytoca miztliyma yhuan mexayacatl yteycahuã /37/ teopancalcan tlatohuani yxtotomahuatzin = no ypan in mopilhua/38/ti yn ichpoch moteucçomatzin yn ompa colhuacan—

/39/ 9 · tochtli[53] ypan inyn xihuitl yztactlallocan huilohuaya yhuan ma/40/cuilloctlan huillohuaya · yztactlalocan tlamato yxtotomahuatzin /41/ cuitlahuac—

/42/ 10 acatl · ypan inyn momiquilli neçahualpiltzintli tetzcoco = no /43/ ypan inyn quauhnahuac motlatocatlalli yaocuixtli = çan no ypã /44/ ynin xihuitl poliuhque çentzontepeca ypan çemilhuitl tonalli · 7 coz/45/caquauhtli · oncan moxin yxtotomahuatzin = çan no ypan in/46/yn xihuitl yn hualcallacque huexotzinca yn mexico tenochtitlan /47/ xayacamachan

51. Marginal gloss: la guerra de oran
52. Marginal gloss: tãbien se gano granada
53. Marginal gloss: a 24 de ag° bensio el turco seli [ ] sop[ ]. [Lehmann sees: a 24 de agosto bensio el turco Seli al soplar].

yxtehueyo · miztliyma · tetzcatlpopoca · yya/48/uhpolonqui · yhuan çe ynhueltiuh et? = ça no ypan inỹ xihuitl /49/ tlacat yn Don Diego tiçaatzin colhuacan—

/50/ 11 · tecpatl · ypan inyn xihuitl yn motlàtocatlalli cacamatzin tetzcoco /51/ tlatoani—

/52/ 12 · calli ypan inyn xihuitl quinmicti yn moteuczoma yn cuitla/53/-huac tzompanteuctli yhuan mochintin yn ipilhuan yn mictilo/54/que çan yehuantin yn cuitlahuaca temictique ytencopa ỹ /55/ mexico tlatohuani moteucçoma ypampa yn mic tzompan/56/teuctli quinanquilli yn moteucçoma ypampa quitlatlanica /57/ yn quenin monequi mochihuaz quilhui ca onicquallittac ca mo/58/nequi motquitoz teocuitlatl coztic yn ical huitzillopochtli auh chal/59/chihuitl yez yn callitic yhuan yn quetzalli et? cã noço monequiz ỹ çe

Side 62

/1/manahuac tlacallaquilli ca oncan monequiz yn ytech to/2/teouh: o quen tiquitohua oncan quinanquilli y tzompãte/3/uctli quilhui totecuyoe tlatohuanie ca àmo ma xicmo/4/caquilti ca yc tiquiçihuitiz yn ipolihuiliz maltepeuh · y/5/huan ca titlayollitlacoz yn topan yn ylhuicac ca tihual/6/ytztotoque ma xicmocuilli ma xicmocaquilti · ca à/7/mo yehuatl yez yn toteouh ca oc oncatqui yn axcahua /8/ yn tlatquihua yn tlachihualle ca huitz ca quiçaquiuh et? /9/ yn oquicac moteucçoma çenca quallan quilhui ỹ tzon/10/panteuctli xiyauh xiqualchia yn notlatol · yhuin inỹ mic/11/que tzompanteuctli mochintin ypilhuan—yc mocaqui ỹ /12/ tzonpanteuctin · qn · nahualteuctin · nican motenehua /13/ yn ymitoloca yn quenin tzintique tzompanteteuctin oyaco o/14/nemico = ym miec ymitolloca yc otlaztlacahuico · tlatlaca/15/tecollo Diablome oncan onmana ytech ỹ mitoa mixcohuatl /16/ yn quimotocayotia yztac mixcohuatl mixcohuaxocoyotl /17/ onca ytolloca yn iuhca ompa temoque yn canin colhua/18/can et? auh chiucnappa yn quiyahuallo anahuatl ỹ /19/ acan mohuelmati niman occeppa ycuitlahuic hualla /20/ ye ompa hualitztia ỹ ya òtenco onallac niman quiçaco /21/ tecoac · quiçaco çacatzontitlan quiçaco quauhyacac /22/ quiçaco tetzcoco · quiçaco coatlychan · quiçaco chiquallo/23/apan · quiçaco aticpac cuexomatl ytepotzco · quiçaco tepo/24/tonilloyan quiçaco teyayahualco quiçaco omeacac · qui/25/çaco ytzcalpan · auh niman yc açico atempã ỹpan quiçaco /26/ yn comalteca · maquizteca · yquac tlatocati tecoma yhuan /27/ maquiztli · comaltecatl chilpan · auh yn iquac ocallaqui/28/co nican niman ye yc hualcallaqui yn atl yytic ỹ tolla ỹ cui/29/tlahuac · auh yn oaçic niman mìçoc · ypan yn iyacapèpech /30/ oncan yol tlacatl maçehualli · auh niman yn nohuiyan /31/ yc hualla ynic quiçaco quihualyacantia yta hualmochi/32/uhtiya ytoca tetzauh quihuicatinenca · auh yn inèçol /33/ mixcoatl ytech yoltlacatl mochiuh · yancuican quitoca/34/yoti · poloc · auh yn ohueyx niman moçihuahuati auh /35/ niman oncan tlacat ytoca · mapach · auh yn ohueyx ni/36/man moçihuahuati oncan tlacat teotlahuica ynin /37/ yehuantin in eyntin ypilhuan yn mixcohuatl diablo /38/ yyezço yntech yolque ytech tlacatque yn iquac ayamo /39/ cenca tlacatl aoc yohuayan · auh niman yn çatepan tla/40/catque yn ye tlaca niman tlacat ytoca çonelteuctli · ni/41/man tlacat calli teuctli niman tlacat pilli teuctli · ni/42/man tlacat mallintzin çihuatl no tzompanteuctic · auh ni/43/man tlacat atzinteuctli auh niman tlacat quetzalteuc/44/tli—auh ynin yehuatl quetzalteuctli quin yehuatl qui/45/monnauhcantlalli yn nahualteteuctin · contlalli /46/ tiçic teopancalcan tecpan atenchicalcan niman ye/47/huatl quinteuctlatalhui yn quetzalteuctli · auh yn on/48/mic hualmotlalli malpantzinteuctli · yn onmic hualmo/49/tlalli quetzalmaçatzin quin yehuatl quimiximat yn tenoch/50/ca yquac ypan tlatocatia ytzcoatzin · niman onmic yn quetzal/51/maçatzin niman hualmotlalli yn tlaçolteotzin niman conan ỹ

Side 63

/1/ ychpoch huehue moteucçomatzin ytoca yohuãtzin · auh ỹ /2/ omic tlaçolteotzin nimã hualmotlalli yn yxhuiuh moteucçoma/3/tzin · ytoca maquizpantzin · auh yn onmic hualmotlalli que/4/tzalmaçatzin yehuatl yn contlamico nahualteteuctin ỹ/5/mecayo—ynin yehuatl ynyn quetzalmaçatl ym omextin /6/ ypilhuan yn yohuatzin ye teach yn maquizpantzin · auh yn /7/ mictillo quetzalmaçatzin ytoca ·═ ynin yehuantin in · ỹ /8/ nican omopouh yntoca mochintin tzompanteuctin mochiuh/9/tihui yn cuitlahuac chaneque catca ·═ yn yancuican yc /10/ açico mixcoatl yn quimotocayotia mixcoaxocoyotl yztac /11/ mixcoatl ynic moquaxochti quiyahuallo yn quimotlalti · cõ/12/pehualti techichco · niman chalchiuhtamaçollin yyeyan · ni/13/man pantitlan · niman aticpac · niman xochiquilazyo ytech /14/ niman ocoyo ytech · niman yntech yn xiuhteteuctin · niman /15/ techimalco · niman tzitzintepec · niman texcalyacac · ni/16/man ayauhcontitlan · niman amoxpan · niman nahua/17/lli yapan · niman yztaccoatl yonocan · niman mizquic · ni/18/man xictlan · niman aquaqualachco niman quatiçatepec · ni/19/man texopeco · niman quacuicuilco · niman tetl potzteccã · /20/ niman tlaltetelpan · niman moyotepec · niman techquauh/21/titlan · niman tennecuilco niman teoztoc · oncan quihual/22/namiqui yn techichco ·═ yn ipan[54] xihuitl 12 calli no y/23/quac canque · texoquauhtli · totec ypan quiçaya ỹ tlacateco/24/lotl caxitito yn mexico—

54. Immediately following *ipan* a blot obscures what is probably *in* (confirmed by the León y Gama copy).

/25/ 13 tochtli ypan inyn xihuitl ỹ ye mocuepque ynchan yn hue/26/xotzinca yn hualcallacca mexico yn omoteneuhque xayacama/27/chan · miztli yma · yxtehueyo yauhqueme potonqui tezcatlpopo/28/ca · auh yn inhueltiuh conanca yn moteucçomatzin conmo/29/mecati · auh yn mexico exiuhtico yn ye yazque mononotzque /30/ yn oquitoque niman çan no yehuantin çetica mitoque y/31/toca yxtehueyo quito ca ye cholozque yn tocnihuan moztla yo/32/huan yn yazque niman quicac yn tlatohuani etª tlana/33/huati yn tlatohuani ynic pialozque yn quenman quiçaz/34/que niman chialloto amaquemecan auh ynic niman /35/ quimonpixtiaque ompa mictiloto yn quauhtechcac etª

/36/ Tlatolloyan catca achto = tollan = quauhchinanco = quauh/37/nahuac huaxtepec = quahuacan yn onquiz oc ye ontlatoloc /38/ Azcapotzalco = colhuacan = cohuatlychan yn onquiz nimã /39/ tlatolloc tenochtitlan mexico = tetzcoco acolhuacan = tla/40/copan tepanohuayan = niman onaçico yn españoles—/41/ 1 · acatl · yn ipan xihuitl çe acatl yn altepetl ypan tlàtohua/42/nime catca yn inpan açico españoles ynic yan decuican hua/43/llaque yn ipan año de mill y quinientos y dies y nuebe · de 1519 as[55] /44/ tecamachalco acuechetzin tlatocati = tepeyacac yxcoça/45/uhqui tlatocati = quauhquechollan calcoçametl = ytzyocã /46/ nahui acatl = tenanco tlàcayaotzin = amaquemecan /47/ cacamatzin = chalco ytzcahuatzin = huaxtepec tiçapapalo/48/tzin = quauhnahuac yaomahuitzin = mizquic chalcayao/49/tzin = xochimilco tlatolcaltzin = cuitlahuac aten mayehuatzin /50/ tiçic atlpopocatzin = teopãcalcan yxtotomahuatzin = tecpã çẽpoalxochitzin /51/ ytztapalapan cuitlahuatzin = mexicatzinco tochihuitzin = col/52/huacan teçoçomoctzin = huitzillopochco huitzillatzin = coyohua/53/can quappopocatzin = tlacopan totoquihuatzin = azcapotzalco /54/ teuhtlehuacatzin = tenayocan moteucçomatzin = ecatepec /55/ panitzin = matlatzinco maçacoyotzin = çempohuallan /56/ Don juº tlacochcalcatl = nauhtlan cohuatlpopoca = tlaxcallan /57/ xicotencatl = chollollan temetzin = huexotzinco queçehuatl

Side 64

/1/ calpan teohua = chiucnauhtlan tlaltecatl = acolman /2/ coyoctzin = teotihuacan mamallitzin = otompã cuechimal/3/tzin = huexotla tzontemoctzin = cohuatlychan xaquinteuc/4/tli = toltitlan çitlalcohuatl = tepexic ayoquan = tepo/5/tzotlan quinatzin = apazco matlillihuitzin = xippacoyã /6/ tollan xochitzetzeltzin = xillotepec ymexayac = chiyappã /7/ acxoyatl = xocotitlan oçellotzin = quauhtitlan azta/8/tzontzin = ynauh-

55. The *as* is doubtful. León y Gama omits it; Velázquez sees *as.*; Lehmann sees *aºs*.

teuc tzompanco · çitlaltepec · huehueto/9/can · otlazpan = ytlahuillanalpan Toltitlan tepexic /10/ tepotzotlan = yhueytlal ytlahuillanal ytlatoc · Apazco 20 · /11/ altepetl quiyacana · tollan 20 altepetl quiyacana · /12/ Apazco quitzinti tlàtocayotl = atlapopocatzin · Don ju° ma/13/tlallihuitzi · yn ihueltiuh tezcacoac catca aztatzontzin yçi/14/huauh catca · yn ychpoch ynamic catca Pablo yaotlamin · /15/ tollan tlàtoque yztauhyatly yxtlilcuechahuac · Don Pe/16/dro tlacahuepantzin—

/17/ Tetzcoco tlàtohuanime oyzqui xiuhtique · neçahualcoyo/18/tzin xlij anos · neçahualpiltzintli xlvj años—

/19/ yz catqui tetzcoco pohuiya · 1 quauhnahuac · 2 atlpoyecan · 3 /20/ miyacatla 4 maçatepec · 5 tlaquiltenanco · 6 çacatepec /21/ 7 ollintepec · 8 ocopetlatlan · 9 huehuetlytzallan · /22/ nombres de meses ·

/23/ tlacaxipehualiztli · CCCC · ytzmicohuatilmatli · CCCC · tlilpapatla-/24/huac · CCCC · tlamachcohuatilmatli · CCCC · canahuac tene

/25/ yetzalqualiztli · CC · yxtecuicuiliuhqui cacamoliuhqui cueyitl

/26/ tecuilhuitl · C · tilmatli tlateoaỳcuilolli · C · maxtlatl ·

/27/ ochpaniztli · CCCC · ytzmicoatilmatli · CCCC · tlilpapatlahuac /28/ CCCC · ytzmicoatilmatli · CCCC · teoatica tliltzotehuilacachiuhqui · /29/ quecholli · C · tilmatli tlateoaycuilolli · C · maxtlatl ·

/30/ panquetzalliztli CC · cacamoliuhqui cueytl huipilli ytzatzacca /31/ CC · tilmatli cacamoliuhqui ·

/32/ tetzcoco mochi y tlatocayotl netzahualcoyotzin neçahual/33/piltzintli = huexotla = cohuatlychan = chimalhuacan = o/34/tompan = teotihuacan = tepetlaoztoc = acolmã = tepechpan /35/ teçoyocan tetzcoco · chiauhtla tetzcoco = chiucnauhtlan = tollantzin/36/co = quauhchinanco xicotepec = pantlan ·

/37/ nican hualtequitia coatepec = ytztapallocan · papallotla /38/ tetzcoco—xaltocan—ahuatepec—oztoticpac—axapochco—azta/39/quemecan tiçayocan tlallan apã—tepepulco—coyohuac /40/ oztotl tlatlauhyan · achichillacachyocan · tetlyztacan · /41/ tliltzapoapan = tecpan mollanco = tanchol = xococapan · /42/ tamacollan = teoquauhtla = chamollan = chicontepec = teo/43/nochtlan = tecçizapan = çocotetlan[56] = xochimilco = ahuatlan · /44/ cozcatecotlan = ayacachtepec = tecatlan = xicallanco = palço/45/quitla = quachicol = tonallan = tamaoc = coçoquentlan = tla/46/palychcatla = çihuatlan = tlacotepec = tziuhcohuac = macuextlã · /47/ tlapacoyan = tlatlauhquitepec—

/48/ yn nohuian altepetl ytlacallaquil excan xellihuia Mexico tetz/49/coco tlacopan · tlacallaquilli

/50/ chicuetzontli yn tochpanecayotl chichicueèmatl tilmatli = çen/51/-tzontli tlatlapaltilmatli motenehua çentzontilmatli yhuan ychcatil/52/matli

56. Lehmann sees *çoçotetlan*.

yhuan tlaxochyo yhuan tlilpapatlahuac · mamacuilqui/53/milca yc çentzontli = çentzontli yn çan oc no yuhqui omotoca/54/yoti yc oppa tlacalaquilli yc ontzontli = nauhtzontli cueytl huipi/55/lli yçaçacca yn tlamachyo = etzontli tlalpilli tlatlapalli canahuac çeçẽ

Side 65

/1/tzonca yn = ~~çen~~etzontli tlacuillolli · oçellotzontecomayo · ollin/2/tecçizyo = macuilxiquipilli yhuitl = macuilxiquipilli axin · /3/ cen tecpantli cuexteca tlatlacotin—

/4/ yn Mexica quintlayecoltique—

¶ /5/ atecpan = yxicayan = tlapallitlan[57] = tozpantlan = yeyytzcuintlan /6/ atlxoxouhcan = ytzmatla = çemacac = ometlan = tecolotlan = maça/7/apan = quaxipetztenantlan = tepetlapan = coaapan = çihuateotitlan ·

¶ /8/ teteltitlan = quauhtzapotitlan = chinamecan = çitlalpollan = pantzon/9/tlan = tlacoxochitla = ytzmatla = teotitlan = chiucnauhuac = ollan = tiçapã ·

¶ /10/ tlatolloyan = amatzcallapan = ychcapetlacotla = quauhtlaacapan /11/ chiconcoac = xochiquentlan = yyactecuiçotlan = maçatlan = tlaço/12/huallan = tochmilco = cozcaquauhtlan = tochpan ·

¶ /13/ ahuitzilco = moyotlan = quaxipetztecomatlan = tetlpozteccan = micquetlã ·

¶ /14/ apachiquauhtla = tecomaapan = tetlmopaccan = miyahuaapan ·

¶ /15/ totollocan = miztontlan = patoltetitlan = ayotepec = quauhcallapã = ocellotepec ·

¶ /16/ eztecallan = pollotlan = coyochimalco = xochimilco = quauhtzapotla = tollapã /17/ quetzalcoatonco = cohuatlachco = quauhcalco = huiloc = omacatlan · /18/ tozpotonco = pohuaçanco = papatlan ·

¶ /19/ tlamacaztlan = xochititlan = mollanco = xollan[58] = teuctonallan · /20/ ytz catqui yc xexelihuia yn tlacallaquilli nohuian altepetl ·

·/. /21/ tenochtitlan Mexico yz ca ytech pohuia · C · chichicueematl /22/ C · nanamatl · CC · cohuatilmatli · CC · ychcatilmatli · CCCC · cueytl huipi/23/lli concahuia ytzatzacca · CCCC · yllacatziuhqui tlateçotl concahuia CCCC · /24/ tlaxochyo tentlapalli concahuia · CCCC · maxtlatl canahuac concahuia /25/ CCCC · ezpetlatl · coyoehuatl concahuia · C · xomotl · C · chiltecpin tlama/26/malli · C · tlamamalli ychcatl · C · totollin · XL ·

57. Velázquez sees *tlapollitlan*.
58. Follows León y Gama and Velázquez. Lehmann sees *xõtlan*.

tlamamalli tochin maçatl cõ/27/cahuia · XX · tlamamalli yztaxalli · XX = X · tlacatl çihuatlacotin ·

/28/ neçahualpilli tetzcoco ytech pohuia ·

·/. /29/ · V · quimilli chicuematl · C · V · quimilli nanamatl · C · X · quimilli coatilma/30/tli · CC · X · quimilli canahuac · CC · CCCC · cueytl huipilli concahuia ytzatzac/31/ca · CCCC · yllacatziuhqui tlatençotl concahuia · CCCC · tlaxochyo tentla/32/palli concahuia · CCCC · maxtlatl canahuac concahuia · CCCC · ezpetlatl /33/ ehuatl concahuia · C · xomotl · C · tlamamalli chiltecpin · C · tlama/34/malli ychcatl · C · totollin XL · tlamamalli tochin maçatl concahuia · /35/ XX · tlamamalli yztaxalli · XX · X çihuatlacotli ·

·/. /36/ totoquihuaztzin tlacopan ytech pohui ·

/37/ L · chicuematl · L · nanamatl · CC · coatilmacanahuac · CC · cueytl /38/ huipilli · CC · coyoychcatl canahuac · CC · tlatlapalli ychcatilmatli /39/ X · canahuac maxtlatl · V · ehuatl macuillipilli · V ezpetlatl · C · LX · to/40/cuilcoyotl · LX chiltecpin cargas · LX · ychcatl cargas · LX · totollin · /41/ XX · yztaxalli cargas · XX · tochin macatl · X · personas çihuatlacoti

/42/ tenochtitlan moteucçomatzin · tetzcoco neçahualpilli · tlacopan to/43/toquihuaztli ·

/44/ quechollan = tlacoapan = chiltepec = poctlan = oxitlan = ychcatlã /45/ tlequauhtla = çoyatepec = tzinacaoztoc = xallapan = otlatitlan = tochtepec · /46/ cacahuatl çentecpantlamamalli ypan matlac tlamamalli ozçe · /47/ achiyotl CCCC · olli cs V ·

/48/ yntlatocauh yntepachocauh ytoca catca Acamapich · auh yn/49/yn yn acamapich · ompohualxihuitl onmatlactli onnahui xihuitl /50/ yn tlatocattiticatca · auh yn çan tepan conmotechti · conyaocuic na/51/uhtetl altepetl · ynic çecni ytocayocan Mizquic = xochimilco = qua/52/uhnahuac = cuitlahuac · auh yn iquac yn ayamo mopiaya yn /53/ ychihualloca yn imachoca yn qualli tilmatli çan oc yehuatl nẽ/54/ca neololoya yn motenehua axcan ayatl ·

/55/ yn onmomiquilli yn acamapichtzin ye no ye ypan onmotlatocate/56/cac yn huitzillihuitzin · auh yn tlatocat matlacxihuitl auh yn yehuatl /57/ yn quimonmocniuhti commotechti yntech quimonpouh chicuetetl

Side 66

/1/ altepetl yc çecni ytocayocan = tollan = quauhtitlan = azcapotzalco /2/ chalco = otompan = acolhuacan = tollantzinco = acolman

/3/ Auh yn onmomiquilli huitzillihuitzin oc ye conpatlac yn chimal/4/popocatzin yn tlatocat matlacxihuitl omey · auh yn ye yquac yn /5/ yn tlatilolco tlatohuani yn itoca catca tlacateotzin quilnamic /6/ quiyocox quito ynic yaochihualozque yn Mexica yn tenochca /7/ auh yn ipampa yn mictilloc yn yehuatl tlacateotzin tlatzon/8/tec yn azcapotzalco tlatohuani catca ytoca catca Maxtlaton · /9/ auh çan no yehuatl tlatocati yn iquac macuiltin mexica mic/10/tilloque yn ompa tlacochcalco yn temictique yehuantin ỹ /11/ chalca yhuan etetl acalli quitlatlapanque yc quinezca/12/yotique ca quinyaochihuazque yn mexica · auh amo quin/13/tlayecoltiznequi amo yntlan iyoc yaznequi auh yc momauhti /14/ yn chimalpopoca · auh yequene mononotzca yn ipiltzin teço/15/çomoctli yn itoca quetzallayatzin quimolhuica ynic quimictiz/16/que maxtlaton yn azcapotzalco tlatohuani · auh caquitilloc ỹ /17/ maxtlaton niman tlatzontec ynic mictilloc chimalpopoca/18/tzin nohuian caltzallan quihuihuillanque yn tepaneca /19/ yc momauhtique yn tenochca · yn momatiya ca ye pehua/20/lozque · auh yn ipanpa yn yn Mexica yc mononotzque yc mo/21/centlallique quiçemitoque quitzontecque quitoque yn in/22/pilhuan yn imachuan ynixhuihuan · amo çeme tlato/23/catizque · çan intech pohuizque yn maçehualtin · auh yuh /24/ mochiuh · ca ynixhuihuan maçihui çenca huel yaoqui/25/caya huel micaltinenca ayac çeme otlatocatque oma/26/huiztique · /27/ Auh yn oyuh onmomiquilli chimalpopocatzin quihualtoqui/28/lli ytzcohuatzin yn tlatocat matlacxihuitl omome · auh ỹ ye/29/huatl yn ytzcohuatzin ocçepa ytech conpouh yn altepetl /30/ chalco: auh quimicti yn tlatilolco tlatohuani yn ytoca /31/ catca quauhtlatohuatzin çan ye no yehuatl ypãpa ỹ ya/32/oyotl quitoca ynic mictilloc tlatateotzin yn quinequia /33/ yn ma pehuallocan yn mexica yn tenochca · auh nimã /34/ occeppa ye quimonmotechti quinmaçeuh yn yzquitetl /35/ altepetl yn nican motenehua ynic çecni = azcapotzalco /36/ acolhuacan = tlacopan = atlacuihuayan = teocalhui/37/yacan = mizquic = cuitlahuac = xochimilco = coyohua/38/can = mixcohuac = tetzcoco = quauhnahuac = xiuhtepec /39/ cueçallan = yohuallan = tepequacuilco = tollan = qua/40/uhtitlan = tecpan = huitzitzillapan ·

/41/ Auh yn oyuh onmic yn ytzcoatzin niman tlatocat yn huehue /42/ moteucçomatzin · auh motocayotiaya ytoca catca ylhuicamina · /43/ concuic yn teucyotl yn tlatocayotl · auh yn tlatocat çempohualxi/44/huitl onchiucnahui · auh yehuatl y acachto quiquetz acachto /45/ quichiuh yn aòtli yn chapoltepec huallaticac · auh çe tlacatl /46/ quimicti tlàtohuani cohuayxtlahuacan ytoca catca atonal /47/ yn iquac yn oquito yn quipoloz · altepetl · coayxtlahuacan · ni/48/man peuh nauhxihuitl yn iuh moxintinenca yn iuh mo/49/xima tenime mixteca yn ipampa quinmicti tlatohuani co/50/huayxtlahuacan ypampa yn amo quitlayecoltiznequi me/51/xicatl · auh ynin tlatohuani ytech conpouh yn ocçequi al/52/tepetl yn nican motenehua yhuan yn chalco altepetl con/53/maxcati conmotechti · chalco = chiconquiyauhco = mamal/54/huazyocan = totollapan = atl tlatlauhyan = cuetlaxtlan = qua

Side 67

/1/uhtochco = cohuayxtlahuacan = xiuhtepec = quauh/2/nahuac = quiyauhtepec = huaxtepec = ytzyocan = yohual/3/tepec = tlachco = tepequacuilco = tlalcoçauhtitlan = quiya/4/uhteopan = xillotepec = ytzcuincuitlapilco = tlapacoyan · /5/ chapolycxitla = tlatlauhquitepec = yacapichtlan ·

/6/ Auh yn iquac yn oyuh onmic yn moteucçoma yc ontlato/7/cat yn Axayacatzin · auh chiucnauhxihuitl yn tlatocat · /8/ auh yehuatl quinpeuh yn tlatilolca et^a^ yhuan yn occe/9/qui altepetl nican mopohuaz yn tlatilolco yquac tlatoca/10/tia moquihuix yn pehualloc altepetl = tlatilolco = xiqui/11/pilco = tollocan = tzinacantepec = tlacotepec = callimayan /12/ teotenanco = tenantzinco = xochiyacan = ocuillan = mete/13/pec = oztoman = capolloac = atlappolco = tlaximalloyan /14/ xallatlauhco = quappanohuayan = ocoyacac = tepeyacac · /15/ tecalco = cuezcomayxtlahuacan = matlatlan = oztoticpac /16/ tlaollan = ahuilizapan = tozcauhtlan = tototlan = cuetlaxtlan · /17/ cuetzaloztoc = mixtlan = tzapotitlan = micquetlan = tochpan /18/ tenexticpac = tapatel = tamomox · /19/ Auh yn iquac yn oyuh onmic yn axayacatzin niman on/20/motlatocatlalli tiçocicatzin · auh yn tlatocattiticatca çan /21/ macuilli xihuitl · auh ytech quipouh yn altepetl yn yz/22/quitetl yn nican ycuiliuhtoc tecaxic = tonalli ymo/23/quetzayan = toxico = ecatepec = çillan = matlatzinco /24/ maçatepec = ecatl yquappanco = tamapachco = micque/25/tlan = tlappan = yancuitlan = xochiyetlan = atezcahuacan ·

/26/ Auh yn iquac omic tiçocicatzin yehuatl ontlatocat /27/ yn ahuitzotzin · auh yn tlatocattiticatca matlacxi/28/huitl onnahui · auh yehuatl càçitia yn altepetl /29/ yn nican motenehua ytech conpouh yn itlatocayo /30/ ynic çecni ytocayocan = tlappan = tziuhcohuac = /31/ mollanco = tzapotlan = xaltepec = tototepec = xochtlã · /32/ amaxtlan = chiyappan = cozcaquauhtenanco = xo/33/llochiyuhyan = coçohuipillan = coyocac = apan ca/34/llecan = xiuhtlan = acatlyyacac = acapolco = toto/35/llan = tecpantepec = nexpan = yztactlallocan = teocui/36/tlatlan = teopochtlan = xicochimalco cuauhxaya/37/catitlan = coyolapan = quauhnacaztitlan = cuetzal/38/cuitlapillan = yzhuatlan = çihuatlan = huehuetlã /39/ huitztlan = xolotlan = maçatlan = huipillan = tequã/40/tepec = ayotochcuitlatlan = quauhtlan = mizquitlan /41/ tlacotepec = cuappilollan · /42/ Auh yn onomic yn ahuitzotzin niman ypan omotlatocate/43/cac ynic ome moteucçomatzin · auh yn tlatocattiticat/44/ca caxtolxihuitl ypan exihuitl · ypan tlaco · auh yn ca/45/çic yn quinpeuh altepeme nican motocayotia yc on/46/pehua ytocayocan = achiyotlan = çoçollan = teuh/47/tepec = nocheztlan = tototepec = tlanitztlan = çoltepec /48/ ycpatepec = yzquixochitepec = quiyauhtepec = chichi/49/hualtatacallan = texotlan = piyaztlan = ollan = huitztlã

Side 68

/1/ tzinacatlan = tlatlayan = yancuitlan = xicotepec = toz/2/tepec = micquetlan = huexollotlan = tliltepec = nopa/3/llan = tlalcoçauhtitlan = texopan = ytzyoyocan = cal/4/tepec = panco = teochiyauhtzinco = teochiyappa = tlach/5/quiyauhco = malinaltepec = quimichtepec = çentzon/6/tepec = quetzaltepec = cuezcomayxtlahuacan = çaca/7/tepec = xallapan = xaltianquizco = yolloxonecuillan /8/ ytzcuintepec = yztitlan · /9/ Auh yn iquac tlatocattiticatca yn moteucçomatzin /10/ ypan yn yancuican huallaque nican yn españo/11/les · yancuican oncan quiçaco yn oncan açico yn y/12/tocayocan chalchiuhcueyecan · auh yn yquac ỹ /13/ oquimatque yn huell oquittaque yn itlamocui/14/tlahuicahuan yn moteucçomatzin yn cuetlax/15/tlan tlaca yn inteyacancauh catca ytoca cue/16/tlaxtecatl Pinotl · niman onpeuhque yn qui/17/mittato yn xp̃ianotin yn yquac quimittaque /18/ ypan quinmatia teteo · auh çatepan quin/19/tocayotique xp̃itianotin · ynic quitohuaya /20/ teteo · ca tlatlacatecollo yc quintocayotiaya · /21/ nauhecatl tonatiuh · quetzalcohuatl etª

/22/ Auh yn iquac oquimatque yn oquicacque ỹ xp̃i/23/anotin ca yehuatl huey tlatohuani yn /24/ moteucçoma · yn oncan Mexico · auh nimã /25/ quihuallihuallique yntetlapaloaya yn xp̃i/26/anotin yc quihuallapalloque yn moteucçoma/27/tzin yehuantin quihualytquique yn om/28/pa tlamocuitlahuiyaya yn quimocui/29/tlahuiyaya tlacallaquilli · ynic çe yehuatl /30/ yn oticteneuhque yn itoca cuetlaxtecatl Pi/31/notl · ynic ome tentlil · ynic ey cuitlalpitoc · /32/ auh yz catqui yn intetlapallohuaya xpia/33/notin yehuatl yn yn quimacaco moteuc/34/çomatzin = çentetl xayo xoxoctic · auh /35/ ontetl capatli = çentetl tliltic = çentetl /36/ chichiltic = auh ontlamantli cactli çapa/37/tos = çe cuchillo = centetl sombrero · yhuã /38/ çentetl gorra = yhuan çentetl paño = y/39/huan çentetl taça = yhuan çequi cozcatl

Legend of the Suns

Side 75

/1/ In nican ca tlamachilliztlàtolçaçanilli ye huecauh mochiuh inic /2/ mamaca tlalli, çeçentetl in itla mamaca inic peuh i çan iuh macho /3/ iniqui tzintic in izquitetl in omaca tonatiuh chiquacentzonxi/4/huitl ipan macuilpohualxihuitl ipan matlacxihuitl omei ax/5/can ipan mayo, ic 22 ilhuitia de 1558 años = inin tonatiuh na/6/hui ocelotl ocatca—676 años · inique in iz çepan onoca ocello/7/qualloque ipan nahui oçellotl in tonatiuh · auh in quiquaya /8/ chicome malinalli in itonacayouh catca · auh inic nenque /9/ centzonxihuitl ipan matlacpohualxihuitl ipan yepohual /10/ xihuitl, ypan ye no caxtolxihuitl oze · auh inic tequanquallo/11/que matlacxihuitl ipan ye xihuitl inic popoliuhque in/12/ic tlamito · auh iquac polliuh in tonatiuh · auh in in/13/xiuh catca çe acatl · auh inic peuhque in qualloque in ce/14/milhuitonalli nahui oçelotl, çan no ye inic tlamito inic po/15/poliuhque ——

/16/ Inin tonatiuh nauhuecatl ytoca · inique in inic oppa ono/17/ca · yecatocoque ipan nahuecatl in tonatiuh catca · auh inic /18/ poliuhque yecatocoque, oçomatin mocuepque in incal no /19/ inquauh moch ecatococ, auh inin tonatiuh çan no yeca/20/tococ · auh in quiquaya matlactlomome cohuatl, in intona/21/cayouh catca · auh inic nenca · caxtolpohualxihuitl ipan ye/22/pohualxihuitl ye no ipan nahui xihuitl inic popolliuhq̃ /23/ çan çemilhuitl in ecatocoque · nauhecatl ipan çemil/24/huitonalli inic polliuhque · auh in inxiuh catca çe tecpatl · /25/ Inin tonatiuh nahui quiyahuitl · inic ei in ic etlamanti nenca na/26/hui quiyahuitl in tonatiuh ipan · auh inic polliuhque tlequiahui/27/lloque totolme mocuepque · auh no tlatlac in tonatiuh moch /28/ tlatlac in incal · auh inic nenca caxtolpohualxihuitl ipan /29/ matlacxihuitl omome · auh inic popolliuhque ça çemilhuitl /30/ in tlequiyauh · auh in quiquaya chicome tecpatl in intona/31/cayouh catca · auh in inxiuh çe tecpatl · auh i cemilhui/32/tonalli nahui quiahuitl inic polliuhque pipiltin catca yei/33/ca in axcan ic monotza coconepipilpipil ——

/34/ Inin tonatiuh nahui atl itoca · auh inic manca atl ompo/35/hualxihuitl on matlactli omome inique i in ic nauhtlaman/36/ti nenca ipan nahui atl in tonatiuh catca, auh inic nenca · /37/ centzonxihuitl ipan matlacpohualxihuitl ipan epohual/38/xihuitl ye no ipan caxtol~~pohual~~xihuitl oçe · auh inic popoli/39/uhque apachiuhque mocuepque mimichtin · hualpachi/40/uh in ilhuicatl ça cemilhuitl in polliuhque · auh in qui/41/quaya nahui xochitl in intonacayouh catca · auh in inxi/42/uh catca çe calli auh i çemilhuitonalli nahui atl inic po/43/lliuhque, moch polliuh in tepetl auh inic manca atl om/44/pohualxihuitl on matlactli omome ·= auh inic tzonquiça /45/ in inxiuh nima ye quinahuatia in titlahuan intoca na/46/ta, auh in içihuauh itoca nene · quimilhui macaoc tle xictla/47/çotlaca xiccoyonican in çenca huei in ahuehuetl · auh /48/ ompa ancallaquizque in iquac in toçoztli in huahual/49/pachihuiz in ilhuicatl, auh oncan callacque niman ye quin/50/pepechoa, quimilhui çan çentetl in ticcuaz in tlaolli no çen/51/-tetl in mocihuauh · auh in oquitlamique oxalquizque onca/52/co ye huactiuh in atl aocmo molinia in quahuitl niman ye mo

Side 76

/1/tlapoa niman ye quitta in michin niman ye tlequauhtlaça /2/ auh nima ye quimoxquia in mimichtin · nima ye hualla/3/chia in teteo in çitlallinicue in çitlallatonac quitoque te/4/teoye · aquin ye tlatlatia aquin ye quipochehua in ilhui/5/catl · auh niman ic hualtemoc in titlacahuan in tezca/6/tlipoca niman ye quimahua quilhui tle tai tataye tle amai /7/ niman quimonquequechcoton intzintlan quimontlatla/8/llili in intzontecon ic chime mocuepque = auh inic poche/9/uh in ilhuicatl om acatl xihuitl · iz catqui i ye tehuantin /10/ inic ye tonoque = inic huetz in tlequahuitl = inic mo/11/man in ilhuicatl çe tochtli xihuitl ·= izcatqui ini huetz tle/12/quahuitl icuac nez in tletl auh inic tlayohuatimanca /13/ cempohualxihuitl ipan macuilxihuitl ——

/14/ auh inic moman in ilhuicatl ce tochtli xihuitl auh in omo/15/man auh niman ye quipochehua in chichime in yuh omito in /16/ nipa · auh ca çatepan in huetz in tlequahuitl in tlequauhtlaz /17/ in tezcatlipoca in ye no cepa ic quipocheuh in ilhuicatl ipan xi/18/huitl om acatl · auh niman ye mononotza in teteo quitoque aqui /19/ in onoz ca omoman in ilhuicatl ca omoman in tlalteuctli aqui /20/ onoz teteoye ye nentlamati in çitlallinicue in çitlallatonac in /21/ apanteuctli · tepanquizqui · tlallamanqui · huictlollinqui · /22/ quetzalcohuatl · titlacahuan · auh niman ye yauh in quetzal/23/cohuatl in mictlan itech açito in mictlanteuctli in mictlan/24/çihuatl niman quilhui ca yehuatl ic nihualla in chalchiuh/25/omitl in ticmopiellia · ca niccuico · auh niman quilhui, tle tic/26/chihuaz quetzalcohuatle · auh ye no çepa quilhui ca yehuatl ic nen/27/tlamati in teteo aquin onoz in tlalticpac · auh ye no cepa quito in /28/ mictlanteuctli ca ye qualli tla xoconpitza in noteccçiz, auh na/29/uhpa xictlayahualochti in nochalchiuhteyahualco · auh /30/ amo ma coyonqui in itecçiz niman ye quinnotza in ocuilme /31/ quicocoyonique nima ye ic ompa callaqui in xicoti in pipiol-

Side 77

/32/me nima ye quipitza quihualcac in mictlanteuctli ·= auh ye no /33/ çepa quilhuia in mictlanteuctli ca ye qualli xoconcui · auh ni/34/ma ye quimilhuia in ititlahuan in mictlanteuctli in micteca /35/ xoconilhuitin teteoe çan quicahuaquiuh · auh in quetzalco/36/huatl niman quihuallito · camo ca ye ic çen nic itqui · auh nimã /37/ quilhuia in inahual ça xiquimonilhui çan niccahuaquiuh /38/ niman quihualilhui in quitzatzilitiuh ca çan niccahuaquiuh · /39/ auh i cuel ontlecoc niman ye ic ye concui in chalchiuhomitl çec/40/ni temi in oquichtli in iyomio no çecni temi in çihuatl iyomio /41/ niman ic concuic nima ye ic quiquimilloa in quetzalcohuatl /42/ nima ye ic quitquitz ·= auh ye no cepa quimilhui in mictlanteuc/43/tli in ititlahuan teteoye ye nelli quitqui in quetzalcohuatl in chalchiuh/44/omitl · teteoye xiquallalilitin tlaxapochtli · niman contlallilito in/45/ic oncan motlaxapochui motlahuitec · ihuan quimauhtique çoçol/46/tin mictihuetz · auh in chalchiuhomitl niman ic quiçenmantihuetz /47/ niman quiquaquaque in çoçoltin quiteteitzque · auh niman ic hual/48/mozcalli in quetzalcohuatl, niman ye ic choca niman ye quilhuia /49/ in inahual · nonahuale que yez i? auh niman ye quilhuia quenin /50/ yez ca nel otlatlacauh maçonel yuhqui yauh · auh niman ye con/51/nechicoa conpepen conquimillo niman ic quitquic in tamoanchan · /52/ auh in oconaxiti niman ye quiteci itoca quilachtli yehuatl iz çihua/53/cohuatl nima ye ic quitema in chalchiuhapazco · auh niman ye ipan /54/ motepoliço in quetzalcoatl niman mochintin tlamaçehua in teteo /55/ in nipa omoteneuhque in apanteuctli · in huictlollinqui · tepan

Side 77

/1/quizqui · tlallamanac · tzontemoc · techiquaçe ca in quetzalcohuatl · /2/ auh niman quitoque otlacatque in teteo in maçehualtin, ye/3/ica in otopan tlamaçeuhque · ye no çepa quitoque tlein quicuaz/4/que teteoye? ye tla temohua in tonacayotl · auh niman quicuito /5/ in azcatl in tlaolli in itic tonacatepetl · auh niman ye quinamiqui /6/ in azcatl in quetzalcohuatl quilhui can oticcuito xinechilhui · auh /7/ amo quilhuiznequi çenca quitequitlatlania · niman ic quil/8/huia ca nechca niman ye quihuica auh niman ic tlilazcatl mo/9/cuep in quetzalcohuatl niman ye quihuica niman ye ic calla/10/qui niman ye ic quiçaçaca nehuan · in tlatlauhqui azcatl in /11/ mach oquihuicac in quetzalcohuatl tlatempan quihuallalalia /12/ in tlaolli niman ye quitqui in tamoanchan, auh niman ye qui/13/cuacua in teteo niman ye ic totenco quitlalia inic tihuapahuaque · /14/ auh niman ye quitohua quen ticchihuazque in tonacatepetl /15/ auh niman çan ya quimamaznequi in quetzalcohuatl quime/16/cayoti auh amo queuh · auh niman ye quitlapohuia in oxo/17/moco · auh niman no ye quitonalpohuia in çipactonal in ici/18/huauh oxomoco · ca çihuatl in çipactonal · auh niman qui/19/toque in oxomoco in çipactonal ca çan quihuitequiz in nana/20/-huatl in tonacatepetl ca oquitlapohuique · auh nima ye /21/ netlalhuilo in tlaloque in xoxouhqui tlaloque iztac tlaloque /22/ coçauhqui tlaloque tlatlauhqui tlaloque niman ye quihui/23/tequi in nanahuatl · auh niman ye namoyello in tlalloque /24/ in tonacayotl in iztac in yahuitl in coztic in xiuhtoctli in /25/ etl in huauhtli in chian in michihuauhtli ixquich namo-/26/yaloc in tonacayotl ——

/27/ Inin tonatiuh itoca naollin = inin ye tehuanti totonatiuh /28/ in tonneimi axcan auh inin inezca in nican ca inic tlepan /29/ huetz in tonatiuh in teotexcalco in oncan in teotihuacan · /30/ ye no ye itonatiuh catca in topiltzin in tollã in quetzalco/31/huatl · auh inin in ayamo tonatiuh itoca catca nanahuatl /32/ onpa ichan catca in tamoanchan = quauhtli ✿ oçelotl = tlotli · /33/ cuitlachtli · in chicuacen necatl in chiquacen xochitl iyonteixti in ito/34/ca in tonatiuh · auh in nican catqui motenehua teotexcalli nauh/35/xihuitl in tlatlac · auh in tonacateuctli ihuan in xiuhteuctli nimã /36/ ye quinahuatia in nanahuatl quilhuique · oc tehuatl ticpiaz in il-/37/huicatl in tlalli, auh niman çentlaocox quito tlein quitoa ca nemi /38/ in teteo ca nicocoxcatzintli, auh no nipa quinahuatia in nahui tec/39/patl yehuatl in metztli, yehuatl in quinahuati tlalocanteuc/40/tli ihuan napateuctli · auh in nanahuatl niman ye moçahua /41/ concuic in ihuitz in iacxoyauh nima ye conitzyotia in metztli qui/42/maçehua nima ye maltia in nanahuatl in yacato, auh çatepan /43/ in maltia in metztli quetzalli in iacxoyauh chalchihuitl in ihuitz /44/ chalchihuitl in quitlenamaca · auh in oquiz in nahuilhuitl · /45/ nima ye quipotonia ye quitiçahuia in nanahuatl · niman ye /46/ ic yauh in tleco huetziz · auh in nahui tecpatl · oc quiçihuapan/47/cuicatia · niman ic huetzito in nanahuatl in tleco · auh in metztli ni/48/man ye ic yauh ça nexpan in huetzito · auh in ye yauh · auh /49/ in quauhtli huel quimotzollo huel quihuicac · auh in oçelotl /50/ amo huel quihuicac çan quicholhui itech moquetz in tletl in/51/ic cuicuiliuh quin oncan pochehuac in tlotli quin oncan chi/52/chinauh in cuetlachtli amo huel quihuicaque inim eixtin · /53/ auh in oaçic in ilhuicac niman ye ic caltia in tonacateuctli in /54/ tonacaçihuatl nima ye ic quitlallia quecholicpalpan niman /55/ tentlapaltica quiquaquimilloque niman ye mocahua in na/56/huilhuitl in ilhuicac auh niman ic ipan momanaco naollin

Side 78

/1/ auh nahuilhuiti in amo ollin in çan mani niman ye quito/2/a in teteo tleica in amo ollini · nima ye conihua in itztlotli quil/3/huito in tonatiuh quitlatlanito quilhuia quihuallitoa in teteo /4/ tla xocontlatlani tleica in amo ollini, niman quito in tona/5/tiuh · auh tleica ca noconitlani in imeço in intlapallo in in/6/tlacoca · niman ye mononotza in teteo · auh niman ye qualla/7/ni in tlahuizcalpanteuctli ye quitoa auh tleica ma nicmina /8/ macaçe niman momanani nima ye quimina amo huel qui/9/min yc ye quimina in tlahuizcalpanteuctli yeic quimina in cue/10/çalmamazço in imiuh tonatiuh auh niman ic quihuallixtla/11/pacho in chiucnauhnepaniuhqui ca yehuatl in tlahuizcal/12/panteuctli in çetl, auh nima ye nepantillo in teteo in titla/13/cahuan in huitzillopochtli auh in çihua in xochiquetzal /14/ yapalli icue nochpalli icue niman ye ic teomicohua in ye /15/ ye oncan in teotihuacan = auh in iquac in i ya in ilhuicac /16/ in tonatiuh niman ye yauh in metztli çan nexpan in hue/17/tzito auh in oonaçic in ilhuicatenco niman tochtecoma/18/tica conixamanico in papaztac · auh niman connami/19/quico omaxac in tzitzimime in colelletin · auh conilhui/20/que ca ye nipa in timohuicaz oc ompa quihuecahua/21/to ça tzotzomatli in coniilpillito · auh in iquac in hual/22/moman tonatiuh in nauhollin çan no iquac in /23/ conmanaco ye teotlac ·

/24/ auh inic nenca mixcoatl çempohualxihuitl ypan cax/25/tolxihuitl ye no ipan nauhxihuitl · auh in içihuauh ito/26/ca chimalman auh in topiltzin ompohualxiuhti /27/ on caxtolli ipan çe xihuitl çan no çe acatl inic ollin /28/ inic ya inic quicauh in ialtepeuh in tollan auh inic /29/ mic nahui tochtli in ompa tlapalan ——

/30/ çe tecpatl xihuitl in ipan tlacatque in mixcohuâ inic quichi/31/uhque ——

/32/ iztac chalchiuhtlicue ye quinchihua in mixcohua çen/33/tzontli niman ye callaqui in oztoc · auh in iquac in oca/34/lacque in oztoc · ye no çepa mopilhuati in innan niman ye /35/ tlacati macuiltin çan no mixcoa inic çe itoca · quauhtli ico/36/huauh inic ome itoca mixcohuatl inic ei çihuatl itoca cui/37/tlachçihuatl · inic nahui itoca tlotepe · inic macuilli itoca /38/ apanteuctli · auh in iquac otlacatque atlan callacque atlã /39/ motenque nahuilhuitique in atlan auh niman hualquizque /40/ niman ye quinchichiti in meçitli yehuatl in tlalteuctli in me

Side 79

/1/çitli · auh yeica in axcan timexica yeçe amo timexica ca timeçitin /2/ Auh nima ye quinnahuatia in tonatiuh in çentzontin mixcohua ye quin/3/maca in mitl quimilhui iz catqui inic annechatlitizque inic annechtlamacazque /4/ ihuan chimalli · auh in mitl tlaçomitl quetzalmamazço aztamamaço çaquanma/5/maço teoquecholmamaço tlauquecholmamaço xiuhtotomamazço · auh no ye/6/huatl in amonan ỹ tlalteuctli · auh amo quichiuhque in innahuatil ça /7/ ye ic totomimina ça ye ic mahuiltia quin oncan mito in totomitl · auh /8/ queman cana in oçelotl amo quimaca in tonatiuh niman ye mopoto/9/nia in ocaçique in oçelotl, niman ye çihuacochi mopotonitoque /10/ nima ye tzihuactlahuana çan çenxocomictinemi çan çenihuin/11/titinemi = auh niman ye no quinahuatia in tonatiuh in macuil/12/tin iz çatepan tlacatque niman ye quinmaca in tzihuacmitl quinma/13/ca in teuhchimalli quimilhui nopilhuane tle anquimati in /14/ axcan in çentzonmimixcoa anquinpopolozque amo quitoa in tonan /15/ in tota · niman mizquiticpac motenque nima ye oncan qui/16/mitta niman ye quitoa aquique in ca çan no tiuhque in yuhque /17/ niman ye oncan moyaochihua niman quahuitl itic callac in qua/18/uhtli icohuauh · auh in mixcohuatl tlallan calac · auh in tlotepe /19/ itic callac tepetl niman atlan moquetz in apanteuctli · auh inihuel/20/tiuh in cuetlachçihuatl tlachco moquetz · niman ye quiyahualloa /21/ aocaque in ompa tenca in mizquiticpac matlahualcalco in tenca /22/ nima ye ic nanatzca in quahuitl nima ye ic inpan matzayani ni/23/man ye hualquiça in quauhtli icohuauh in quahuitl itic · /24/ auh niman ye tlallollini niman ye hualquiça in mixcohuatl in /25/ tlallan calacca · auh niman ye xitini niman ye huitoni in tepetl /26/ niman ye hualquiça in tlotepetl · auh niman ye poçoni in atl ni/27/man ye hualquiça in apanteuctli auh niman ye ic quinpehua /28/ auh quinpoloque auh quin iquac quitlamacaque catlitique /29/ in tonatiuh · auh occequintin in mocauhque niman ye hui/30/tze quintlatlauhtizque ic quinyolçehuia niman quitoque /31/ otamechtoteopohuilique ma ximohuicacan in chicomoztoc /32/ ca ye amoztotzin ma ximocallaquican ca ye amochantzinco · /33/ auh cuix quin ye toztouh ca ye ipa toztotouh ca tochan ca oan/34/quitlacoque ca ça oztotempan titotlallizque ·= auh nimã /35/ ye temo in mamaça oontetl in intzontecon onteme auh no /36/ omentin inin mixcohua iz çe itoca xiuhnel auh inic ome /37/ itoca mimich àami teotlalli itic niman ye quintoca in /38/ mamaça in xiuhnel in mimich quiminaznequi çeyohual /39/ in quintocaque ye no ipan çemilhuitl ye teotlac in quinçi/40/auhcauhque · niman ye quimolhuia nica ompa xihualmo/41/xacalti on iz nonoxacaltia a ye huitze in tlahuellilloque, a/42/uh niman quiçato in mamaça catca ye çihua in omocuepque /43/ tzatzitihue quitohua xiuhneltzin mimichtzin canin anca/44/te ma xihualhuian ma xatliqui ma ximotlaqualtiqui · auh /45/ in oquicacque niman ye quimolhuia nica ma tiquinnotz? /46/ auh niman ça ye quinnotza in xiuhnel quimilhui xihualla/47/uh nohueltihue niman ye quilhuia xiuhneltzin ma xatli /48/ auh in xiuhnel nima ye coni in eztli niman ye ic itlan moteca /49/ auh in oquitecac niman ipan hualmixtlapachcuep niman ye /50/ quicua quelcoyonia · auh niman ye quitoa in mimich iyo ca ye qua/51/llo in nachcauh · auh in occe çihuatl nè çan quinotzticac quil/52/huia noquichpiltzin ma ximotlaqualti · auh in mimich amo qui/53/notza · auh niman ye tlequauhtlaça niman ye quitlallia in tletl /54/ auh in oquitlalli niman ompa motlalloticalac in mimich auh

Side 80

/1/ i çihuatl ompa quitocaticallac in tleco çe yohual in quitocac ipã /2/ ye no nepantla tonatiuh in quitocac auh ye oncan in nepantla /3/ temoc in teocomitl ipan in huetzito iz çihuatl yuhqui in tzac/4/pan ohuetz, auh in oquitac ye tzitzimitl in huetztoc niman ye qui/5/mimina çan oncan hualmocuep niman ye ic huitz tlamatza/6/yantihuitz tlatzonilpitihuiz tlamachiotitihuitz chocatihuitz /7/ in oqualloc in iyachcauh · auh niman ye concaqui in teteo in /8/ xiuhteteuctin niman ye hui canazque in çihuatl in itzpapa/9/lotl teyacantiya in mimich auh in ocanato niman ye qui/10/tlatiya niman ye cuecueponi in yancuica cuepon xoxouh/11/qui tecpatl inic opa cuepon iztac tecpatl auh niman conanque /12/ in iztac niman ye quiquimilohua · auh inic expa cuepon co/13/çauhqui tecpatl amo no conanque çan conitaque auh inic /14/ nauhpa cuepon tlatlauhqui tecpatl amo no canque inic /15/ macuilpa cuepon yayauhqui tecpatl amo no canque /16/ auh in iztac tecpatl niman ye quimoteotia in mixcohuatl /17/ niman quiquimiloque niman ye quimama niman ye yauh /18/ in tepehuaz itocayocan comallan quimamatiuh in tecpatl /19/ in iteouh in itzpapalotl · auh in oquimatque comalteca con/20/namiquico in mixcohuatl niman ye quitlaqualtequi/21/llia çan ic conyolçehuique, auh niman ye yauh in tecan/22/ma çan no conyolçehuique quitoque tle maillia in tlacatl /23/ ma nican mohuicatz · auh xiqualcuitin in itzihuactzin /24/ ma nican niquitzotilli, auh niman ye yauh in cocyamaa /25/ quin ompa hualtepeuh auh in ontepeuh in cocyama ni/26/man ye yauh in huehuetocan no hualtepeuh auh in /27/ ontepeuh in huehuetocan niman ye yauh in pochtlan /28/ no hualtepeuh ——

/29/ Auh niman ye yauh in mixcohuatl in tepehuaz in huitzna/30/huac quihualnamic in chimalmã çihuatl nima ye qui/31/mana in ichimal nima ye quitema in imiuh ihuan in iyatla/32/uh çan petlauhticac atle icue atle ihuipil auh in oquitac /33/ in mixcohuatl nima ye quimimina in çe quitlaxilli çan icpac/34/pa quiz çan mopacho, in ic opa quitlaxilli iyomatlan in quiz /35/ çan tlacuelo · auh in ic expa quitlaxilli çan quimacuic auh inic napa quitlaxilli in metzallan in quiquix/36/ti auh in ye yuhqui in onauhpa quimin nima ye ic mocuepa /37/ in mixcohuatl niman ye ic yauh · auh in çihuatl niman ic /38/ chollo motlatito oztotl tlatlauhcan in ya · auh ye no çepa mochi/39/chihuaco in mixcohuatl momitico · auh nima ye no çepa ya qui/40/temoto in aocac quita niman ye quinmimictia in huitznahua /41/ çihua · auh niman quitoque in huitznahua çihua ma titemocan /42/ canato quilhuique mitztemoa in mixcohuatl mopampa /43/ quinmimictia in michuan · niman ic canato hualla in /44/ huitznahuac · auh ye no cepa ya in mixcohuatl, ye no çepa quina/45/miqui çan no maxauhticac çan no quiman in chimalli in imi/46/uh auh ye no çepa quimimina çan no icpacpa quiz in mitl ihuan /47/ çe iyomotlan ihuan çe quimacuic ihuan çe imetzallan in quiz · /48/ auh niman in ye yuhqui nima ye ic cana itlan motecac in çi/49/-huatl in huitznahuac ca yehuatl in chimalmã, auh niman ye /50/ ic otzti, auh in iquac tlacat nahuilhuitl i çenca quitollini in i/51/nantzin in nima ye ic tlacati i çe acatl · auh in otlacat niman /52/ ye ic onmiqui in inantzin · auh in çe acatl niman ye quihuapa

Side 81

/1/hua in quillaztli in çihuacoatl, auh in ye qualton niman ye /2/ quihuica in itatzin in tepehua · auh inic moyaomamachti /3/ itocayocan xihuacan ompa tlama · auh i çe acatl oncate itla/4/huan in çentzon mixcohua nima ye quicocollia quimicti/5/que in itatzin · auh in oquimictique niman xaltitlan caqui/6/to · auh in çe acatl niman ye quitemohua in itatzin · ye quito/7/hua catli in notatzin auh niman ye quilhuia in cozcaqua/8/uhtli ca oquimictique in motatzin ca nechca in onoc in o/9/quitocato · auh niman canato itic quitlalli in iteocal in mix/10/coatepetl = auh in itlahuan in oquimictique in itatzin in/11/toca apanecatl ihuan çolton ihuan cuilton, niman ye /12/ quitoa tleinic quimamaliz in iteocal in iteocal intlaçan to/13/chin intlaçan cohuatl tiquallanizque ye qualli in oçelotl in /14/ quauhtli in cuetlachtli auh niman quilhuique quito /15/ ĩ çe acatl quimilhui ca ye qualli ca yehuatl yez niman ye qui/16/notza in oçelotl in quauhtli in cuitlachtli quimilhui xi/17/hualhuian notlahuane quil amoca nicmamaliz in no/18/teocatl ca amo anmiquizque ca ye antequazque yehuan/19/tin inca nicmamaliz in noteocal in notlahuan · auh çã/20/nempanca in tequech mecayotilloc ·═ auh in çe acatl nima /21/ ye quinnotza in totoçame quimilhui notlahuane /22/ xihualhuiyan ticoyonizque in toteocal · auh in totoça/23/-me niman ye tlatataca quiticoyonique inic ompa ca/24/llac in çe acatl icpacpa quiçato in iteocal · auh in quito/25/que in itlahuan in tehuantin titlequauhtlaçazque in /26/ icpac çenca papaqui in oquimittaque in oçelotl in qua/27/uhtli in cuitlachtli in nechoquillilo · auh in hualmoz/28/callique ye tlequauhtlaça in çe acatl, auh niman çen/29/ca ye qualani in itlahuan niman ye hui yacatiuh /30/ in apanecatl nima ye tlecotihuetzi · auh in çe acatl ni/31/ma ye hualmoquetz niman ye quixamania tetzcalte/32/comatica niman ye ic hualhuetzi in tlatzintlan ni/33/man ye quintzizquia in çolton in cuilton niman ye /34/ tlapitza in tequanime nima ye quimictia chilli quimon/35/temillitihui in achi contequi in innacayo auh in oquin/36/toneuhque nima ye ic quimeltequi ═

/37/ auh in çe acatl nima ye no çepa tepehua itocayocan ayotlan /38/ auh in oontepeuh niman ye yauh in chalco in xicco no /39/ ontepeuh · auh in oontepeuh niman ye yauh in cuixcoc no /40/ tepeuh · auh niman ye yauh in çacanco no tepeuh niman /41/ ye yauh in tzonmolco no tepeuh niman ye yauh in ma/42/çatzonco no hualtepeuh · niman ye yauh in tzapotlan no hual/43/tepeuh niman ye yauh in acallan in oncan ic panoa /44/ no no huel tepeuh inic açito tlapallan auh nima ye on/45/can mococoa macuililhuitl in mococo nima ye ic miqui /46/ auh in oonmomiquilli niman ic quitlatique tlat[lac][1] /47/ auh in tollan nima ye aoc tlatlaca mamani tla[tohuani]ti /48/ in huemac inic ome itoca nequametl inic ey tlal[tecatzin] /49/ [inic] nahui itoca huitzilpopoca nahuintin in [quincauhtia] /50/ [topiltzin · auh nono]hualco tlatohuani i[toca huetzin . . .][2] /51/ ni[ma ye motetzahuia ye quittac in tlacanexquimilli in tla]/52/cahueyac · a[uh niman ye yehuatl in aquin tequaya auh] /53/ nima ye quitoa in t[oltec]a toltecaye aquin ye tequa [niman] /54/ ye quipia niman canque auh in ocanque telpochton[tli] /55/ amotlanetentzotzoyotia · niman ye quimictia · auh in oqui

Side 82

/1/mictique niman ye ontlachia in itic atle iyollo atle icuitlax/2/col atle iyezo niman ye iyaya · auh in aquin quinecui ic mi/3/qui, auh in aca amo quinecui in itlan quiça · auh in ye çen/4/ca ic micohua niman ye quihuillana amo huell olini, auh /5/ in cotoni mecatl in quexquich huetzi oncan

1. Here through line 54 the manuscript is largely effaced by an ink spill. The reconstruction follows the León y Gama copy.

2. Blot in the manuscript, not to be confused with the vast ink spill (see preceding note).

miqui · auh /6/ in iquac ollini in quexquich ipan yauh ixquich miqui ix/7/-quich quiqua · auh in iquac ỹ huell oollin quiçencauhque /8/ ye ixquich in tlapallihui in huehuetzin in piltzintli in çi/9/huatzintli chicuei in mecatl ic quimecayotique nima ye ic /10/ quihuillana in ocaxitique in itzocan nima ye macocui auh /11/ in quihuillanaya amo quicauhque in mecatl çan itech pipil/12/catiaque auh in aca ça conpic in itech onmopillo in mecatl /13/ niman ic quihuicac in aco ——

/14/ auh nima ye ollama in huemac quimollami in tlaloque ni/15/man quilhuique in tlalloque tlein tictlani niman quito in hue/16/mac nochalchiuh noquetzal, auh ye no cepa quilhuique in /17/ huemac çan ye no yehuatl in tictlani tochalchiuh toquetzal /18/ auh niman ye ollama ontetlan in huemac niman ye hui /19/ in tlalloque in quipatlazque in huemac in quimacazque /20/ yehuatl in elotl auh in inquetzal tocquizhuatl ipan tenti/21/uh in ellotl · auh amo quicelli quito cuix yehuatl in onictlan /22/ cuix amo chalchihuitl cuix amo quetzalli? auh inin xic itqui/23/can · auh niman quitoque in tlalloque ca ye qualli xoconma/24/cacan in chalchihuitl in quetzalli auh xoconcuican in tochal/25/chiuh in toquetzal niman concuique niman ye hui · niman /26/ quitoque ca ye qualli ça oc tocontlatia in tochalchiuh oc /27/ tlaiiyohuiz in toltecatl çan tel nauhxihuitl · auh niman ye /28/ çehuetzi · auh inic huetz in çetl centlanquatl polliuh in to/29/nacayotl teucilhuitl in çehuetz · auh çaniyoca in tollan /30/ in tlatonalman moch huac in quahuitl in nopalli in /31/ metl · auh in tetl moch xixitin tlatlapan tonaltica · auh /32/ in ye tlaiiyohuia in tolteca in ye apizmiqui niman ye xo/33/chimiqui in açoc aca itlatzin quimopiellia niman ye qui-/34/mocohuia in totoltzin nima ye motamalhuia niman ye /35/ tlaqua · auh chapoltepecuitlapilco in motlalli in panna/36/maca illamaton nima ye conmocohuia in panitl niman /37/ ye yauh in ipan miquiz in techcatl · auh in oaçic in nauh/38/xihuitl in omayanque niman moteititique in tlalloque /39/ oncan in chapoltepec in oncan ca atl niman ye hualpan/40/huetzi in xillotl in tlaquaqualli · auh oncan ca çe tlacatl tol/41/tecatl quitztica niman ye concui in tlaquaqualli niman ye /42/ quiquaqua · auh niman oncan atlan hualquiz çe tlama/43/cazqui tlalloc niman ye quilhuia maçehualle tiquiximati i? /44/ niman quito in toltecatl ca quemaca totecoyo, ca ye huecauh /45/ in tictopolhuique auh niman quilhui ca ye qualli oc ximo/46/tlalli oc nic ilhui in tlacatl auh ye no çepa callac in atlan · auh /47/ amo huecahuato niman ye no çepa hualquiz in quihual/48/itquic y ellotl çen malcochtli niman ye quilhui maçehualle /49/ iz ca xicmaca in huemac · auh conitlani in teteo in tozcuecuex /50/ [ich]poch[3] in mexitin ca oc yehuantin in quicuazque ca achi/51/[tzin] in conquatiaz in toltecatl ca ye pollihuiz in toltecatl,

3. Here and in the next line a faded spot in the manuscript has been reconstructed following León y Gama.

ca ye o/52/noz in mexicatl = auh nechca in quimacatihui oncan in chalchi/53/uhcoliuhyan in pantitlan · auh niman ye quinonotzato in hue

Side 83

/1/mac · yuh quilhui in oyuh quinahuati in tlaloc, auh nima ye /2/ tlaocoya in huemac niman ye choca quitohua anca ye yuhqui /3/ anca ye yaz in toltecatl anca ye pollihuiz in tollan · auh niman /4/ quimonihua quimontitlan omentin ititlahuan in ompa /5/ xicococ itoca chiconcohuatl ihuan cuetlachcohuatl · quitlani/6/to in mexitin imichpoch itoca quetzalxoehtzin ayamo huei oc /7/ piltzintli · auh niman onyaque in ompa xicococ niman ye /8/ quimilhuia ca techallihua in huemac ca conitoa ca omote/9/ittitique in tlalloque quitlani in imichpoch in mexica · auh /10/ nima ye moçahua nauhilhuitl in quineçahuillique in me/11/xica · auh in otlan nauhuilhuitl niman ye quihuica in pan/12/titlan quihuicac in itatzin niman ye quimictia · auh ye no /13/ cepa oncan quimotitique in tlalloque quilhuique in toz/14/cuecuex tozcuecuexe maca xitlaocoya çan tichuica in /15/ mochpoch xictlapo in miyeteco oncan quihuallalique /16/ in iyollo in ichpoch ihuan in ixquich nepapan tonacayotl /17/ quilhuique nican ca in quicuazque in mexica ca ye polli/18/huiz in toltecatl · auh niman ye ic hualmixtemi o nima ye /19/ ic quiyahui çenca tillahua nahuilhuitl in quiyauh çeçemil/20/huitl çeçeyohual ipan atl quallo nima ye ixhua in nepapã /21/ quillitl in ye ixquich in xihuitl in çacatl · auh çannen moyocox /22/ in ixhuac in tonacayotl · auh niman ye toca in toltecatl in /23/ cempohualli in ompohualli taçique ye cuel yahuallihui /24/ çan cuel in mochiuh in tonacayotl · auh in iquac mochi/25/uh in tonacayotl ome acatl in ipan xiuhtonalli = auh /26/ ipan çe tecpatl in ye pollihui toltecatl ye icuac in callac /27/ in çincalco in huemac · auh niman çequiteme mocuep/28/que auh çequintin yaque inic nohuiyan çenmanque ·

/29/ auh niman ye huitze in mexica ic huallolini

/30/ 1 tezcacoatl huemac 2 chiconcohuatl

/31/ 3 cohuatlayauhqui 4 cuitlachcohuatl 13 xihuitl 1 acatl

/32/ auh yehuantin in in quincauhtiya in tlapiaya na/33/huintin intoca inic çe tlacatl itoca cohuatlayauhqui /34/ inic ome itoca cuitlachcohuatl auh inicqu ei itoca chi/35/concohuatl · auh inic nahui itoca tezcacohuatl yehuatl /36/ in huemac · auh inic tlapixque matlacxihuitl omei in/37/ic nenque ·

/38/ auh inic huallaque in colhuacan in aztlan inic huallehuaque /39/ in mexitin ompohualxihuitl on caxtolli ipan ye xihuitl · 1 tecpatl

/40/ auh iz catqui inic onoca in chapoltepec in oc imatian in hui/41/tzillihuitl ompohualxihuitl in oncan onoca · 13 tochtli

/42/ auh iz catqui inic onoca in colhuacan in tiçaapan çempohual/43/xihuitl on macuilli ·
/44/ Auh in oyaque in tolteca in ipan çe tecpatl çan no ipan in hua/45/-lollinque in mexica in ompa xicococ çenpohualxihuitl on cax/46/tolli om ome inic onaçico in chapoltepec auh in oncan /47/ chapoltepec ompohualxiuhtique niman ye quintetla/48/quehuia in colhua quintlaquehuato in xaltocamecatl on/49/can itla motecaco in mexica yuh quilhuia çan nican amo/50/tlantzinco nicochiz ca nechca niyauh niman ye oncan itlan /51/ cochi anca çan yuhqui inic quipiato, auh niman ye hualle/52/hua in colhua nima ye ic quinamiqui quito ca ticallac in ichã /53/ in colhua · auh in xaltocamecatl ihuan quauhtitlancalqui

Side 84

/1/ ihuan acolhua ihuan tenayo ihuan azcapotzalcatl ihuan /2/ quahuacan ihuan maçahuaca ihuan xiquipilcatl ihuan /3/ matlatzincatl ihuan ocuiltecatl ihuan cuitlahuacatl xoch/4/milcatl · auh occequintin oncan tlapiaya in colhuaque /5/ yehuantin in caçique in huitzillihuitl nima ye ic namoya/6/llo in mexica in çihuatl in piltzintli · auh in occequintin ma/7/quizque mexica tolla motecato in acocolco chiquaçemilhui/8/tique ·
/9/ Auh iz catqui inic tlaltech açico in nican tenochtitlan in çan oc to/10/lla in çan oc acatla in oncan tlaiyohuique ompohualxihuitl /11/ on matlactli in ayac intlatocauh catca in çan oc mixcahui/12/que in mexica 51 · 2 calli · colhuacan tenayocan · auh nican /13/ catqui in intepehual mochiuh in mexica colhuacan y/14/huan tenayocan çan ocan ——
/15/ [marginal numeral:] 1 Auh quin oncanin in motlatocatlalli in tlacatl in acamapich/16/tli çempohualxihuitl oçe in tlato — 20 · 1 tecpatl · xochmilco cuitlahuac /17/ quauhnahuac mizquic ·
/18/ auh iz catqui in itepehual in quipeuh xochmilco ihuan cuitlahuac /19/ ihuan mizquic ihuan quauhnahuac nauhcan in tepeuh in Acama-/20/pich ——
/21/ [marginal numeral:] 2 Auh iz catqui inic tlato in ipiltzin in acamapichtli itoca huitzillihuitl /22/ çempohualxihuitl oçe inic tlàto 21 · 9 calli · xaltocan · acolman otom/23/pan chalco tetzcoco tollantzinco · quauhtitlan · toltitlan · auh iz /24/ catqui in itepehual mochiuh chicueycan in altepetl in qui/25/peuh in huitzillihuitl ·
/26/ [marginal numeral:] 3 Auh iz catqui inic tlato in ipiltzin in huitzillihuitl itoca chimal/27/popocatzin inic catca matlacxihuitl inic tlatocat · chalco · te/28/quixquiac 10 xihuitl · 4 tochtli · auh iz catqui in itepehual occan /29/ in altepetl quipeuh chimalpopocatzin ·
/30/ [marginal numeral:] 4 Auh iz catqui inic tlatocat in ipiltzin acamapich-

tli itoca /31/ itzcohuatzin auh inic tlatocat matlacxihuitl ypan e xihuitl /32/ 13 · · 1 · tecpatl = auh izquican itepehual mochiuh in itzco/33/atzin · azcapotzalco tlacopan · atlacuihuayan · coyohuacan /34/ mixcohuac · quauhximalpan · quahuacan · teocalhuiyacan /35/ tecpan · huitzitzillapan · quauhnahuac · tetzcoco · quauhtitlan /36/ xochmilco · cuitlahuac · mizquic · tlatilolco · itztepec · xiuhtepec · /37/ tzaqualpan · chalco · yohuallan · tepequacuilco · cueçallan ·

/38/ [marginal numeral:] 5 auh iz catqui inic tlatocat in ipiltzin in huitzillihuitl ito/39/ca ilhuicaminatzin huehue moteucçomatzin · auh inic tla/40/tocat cempohualxihuitl on chiucnahui inic catca · 29 · 1 · calli /41/ auh iz catqui in itepehual mochiuh in huehue moteucçoma/42/tzin coaixtlahuacan · chalco · chiconquiyauhco · tepoztlan · iya/43/uhtepec · atlatlauhcan · totollapan · huaxtepec · tecpatepec · /44/ yohualtepec · xiuhtepec · quiyauhteopan · tlalcoçauhtitlan · /45/ tlachco · quauhnahuac · tepequacuilco · cohuatlan · xillote/46/pec · itzcuincuitlapilco · tlapacoyan · chapolicxitla · tlatlauhqui/47/tepec · yacapichtlan · quauhtochco · cuetlaxtlan ·

/48/ [marginal numeral:] 6 Auh iz catqui inic tlatocat in imixhuiuh in omentin tlatoque /49/ in huehue moteucçomatzin ihuan in itzcohuatzin itoca axa/50/yacatzin · matlacxihuitl omome inic tlato . 12 · 4 tochtli · auh in i/51/tepehual izquicanin in axayacatzin · tlatilolco · matlatzinco /52/ xiquipilco · tzinacantepec · tlacotepec · tenantzinco · xochiyacan /53/ teotenanco · calliimayan · metepec · ocoyacac · capolloac · atlapolco · [catchword:] qua

Side 121 of ms. FM 312[4]

/1/ Quapanohuayan , Xallatlauhco , Tecalco , Tepeyacac , Ozto/2/man , Tlaximalloyan , Ocuillan , Cuezcomatliyacac , Matla/3/tlan , Oztoticpac , Tlaollan , Ahuillizapan , Tetzapotitlan , Mix/4/tlan , Cuezaloztoc , Cuetlaxtlan , Poxcauhtlan , Miquetlan , Te/5/nexticpac , Tochpan , Tampatel , Quauhtlan , Tamooc ·

/6/ [marginal numeral:] 7. Auh izcatqui inic tlatocat in imixhuiuh in omentin tla/7/toque in huehue Moteuczomatzin , ihuan in Itzcoatzin ma/8/cuilxihuitl in tlatocat 5. 3 tochtli , auh inic tepeuh izqui/9/can inin Tizocicatzin , tonalli imoquetzayan , Yecatepec , /10/ Toxico , Matlatzinco , Mazahuacan , Atezcahuacan , Cillan , /11/ Tlapan , Yancuitlan , Tamapachco , Coatl iquauhpechco , /12/ Xochiyetla , Miquetlan ·

4. Ms. FM 312 is the León y Gama copy of the Codex Chimalpopoca. Its sides 121 and 122 supply the lost side 85 of the Codex.

/13/ [marginal numeral:] 8. Auh izcatqui inic tlatocat in imixhuiuh in omentin tla/14/toque in huehue Moteuczomatzin , ihuan in Itzcohuatzin /15/ caxtolxihuitl oce inic tlato 16. 8 acatl , auh izcatqui in itepehual mo-/16/chiuh , Tlapan , Tziuhcohuac , Molanco , Tzapotlan , Xalte/17/pec , Tototepec , Xallapan , Apancallecan , Xihuacan , Aca/18/polco , Xollochiuhcan , Cozohuipillecan , Acatepec , Cozca/19/quauhtenanco , Amaztlan , Xochtlan , Coyocac , Chiyapan , /20/ Tecpatepec , Huexollotlan , Teocuitlatlan , Xiuhteuczatlan , /21/ Xicochimalco , Tequantepec , Coyollapan , Huehuetlan , Hui/22/pillan , Cahuallan , Iztatlan , Nautzintlan[5] , Comitlan , Izhua/23/tlan , Quauhxayacatitlan , Iztactlallocan , Huitztlan , Xol/24/lotlan , Quauhnacaztlan , Mazatlan , Mapachtepec , Cuezal/25/cuitlapillan , Quauhtlan , Tlacotepec , Mizquitlan , Quauh/26/pilollan , Ayotochcuitlatlan ——

/27/ Auh izcatqui inic tlatocat in ipiltzin Axayacatzin ito/28/ca Moteuczomatzin inic tlato caxtolxihuitl oce 16. 11 acatl , /29/ auh in itepehual mochiuh izquican inin Moteuczomatzin. /30/ Achiotlan , Zozollan , Nocheztlan , Teuctepec , Huillotepec , Tlan/31/iztlan , Zollan , Tzinacatlan , Huitztlan , Oxitlan , Piaztlan , /32/ Texotlan , Chichihualtatacallan , Iztactlallocan , Icpatepec , /33/ Tlatlatepec , Amatlan , Pipioltepec , Zacuantepec , Nopallan , Te/34/cozauhtlan , Hueiapan , Quimichtepec , Malinaltepec , Tlachqui-

Side 122 of ms. FM 312

/1/auhco , Teochiapan , Teoatzinco , Pantepec , Caltepec , Tecpatlan , /2/ Centzontepec , Quezaltepec , Cuezcomaixtlahuacan , Zacate/3/pec , Xallapan , Xaltianquizco , Yolloxonecuilco , Comaltepec , /4/ Atepec , Huexollotlan , Tliltepec , Iztitlan , Miquiztlan , Itz/5/cuintepec ·

/6/ Ipan acico in Marques ce acatl xiuhtonalli ye axcan /7/ ompohualxihuitl omome ye tocomana ic omei in callaqui/8/co Mexico. 1 acatl 42. 11 acatl , 12 tecpatl , 13 calli. 1 toch/9/tli , 2 acatl , 3 tecpatl , 4 calli ·——

5. Should be Nantzintlan, as in the Codex Mendoza's conquest list for Ahuitzotl.

Glossary

The following annotated list of vocabulary items is meant primarily as an aid to translating the Codex Chimalpopoca. Any term about which there is doubt should be hunted here (except for proper nouns and titles of rank, which are entered in the Concordance in the companion volume). If the term is missing, this means that it is adequately defined in the Nahuatl-Spanish section of Alonso Molina's *Vocabulario*, or, in a few instances, in my own *Nahuatl-English Dictionary*. In addition, potentially troublesome usages have been included even if they are defined by Molina. Kinship terms, for example, have been carefully treated, as well as many of the commonest (and most semantically flexible) verbs, adverbs, and particles.

References to the Codex are by side and line number. Thus 45 : 12 refers to side 45, line 12. At least one location is given for each entered item—if it occurs in the Codex. All Codex locations are given only if the item is of particular interest.

It is hoped that the Glossary, in a general way, will prove useful as a supplement to Molina, Siméon, and the other lexicons currently available, with the understanding that its definitions are often tentative and must be used with caution.

So that the Glossary may be read critically, each definition has been accounted for in one of the following ways: if the definition is attested by an outside source, the source is indicated and without qualification; if the definition is not attested but merely supported by an outside source, the source is given, but with a qualifying "cf.," "see," or "per"; if the definition is based only on the internal evidence of the Codex Chimalpopoca, no source is given.

The asterisk (*) identifies a hypothetical or unattested form. Quotation marks enclose an attested but peculiar form (such as "TEUHCHIMALLI") that may have been misspelled or miscopied in the paleograph. The term "key word" applies to an English word or phrase substituted throughout the translation for a particular Nahuatl term, especially one that embodies a concept alien to speakers of English or that is otherwise difficult to define. Abbreviations used in the Glossary are as follows:

abbrev., abbreviation
adj., adjective
adv., adverb
apoc., apocopated
assoc., associated
cf., compare

comb. form, combining form
fig., figuratively
freq., frequentative
g.n., group name (e.g. Chichimecatl, Españoles, Mexicatl)
impers., impersonal, impersonal form
indef., indefinite form (sensu GRAM sec. 5.6)
lit., literally
obj., object
p.n., personal name (male unless "female" is specified)
pc.n., place name, geographical name
pl., plural
pos., possessive
pron., pronoun
reflex-pas., reflex verb used passively
rel. noun, relational noun
sing., singular
s.o., someone
s.th., something
Span., Spanish
Syn., synonym
v-A, class A verb (sensu Andrews, see AND)
v-B, class B verb
var., variant, variants

A

AC, see AC CE.

ACACHTO, first (MOL: primero o primeramente). 66:44 (acachto quichiuh yn aòtli = he was the first to build an aqueduct). Syn. YANCUICAN 1.

ACALLOCO, canal (FC 12:56:26, FC 12:65:15). 13:51.

ACALLOTLI

1. Canal (FC 12:57:15 to 12:105:32 passim).
2. Waterway. 25:41,43 (called stream or river at 25:38: atoyatl), 49:16,17. Syn. APANTLI 2.

ACAPECHTLI, raft made of reed (see MOL). 62:29 (yacapèpech = his rafts made of reed).

ACATZINTLI/TETZINTLI, little reed/little stone, i.e., s.th. contemptible or insignificant (?). 43:20.

AC CE, lit., who is one? (FC 6:75:11: ac ce moca = Is there anyone who cares about you?). 32:41 (acçin [i.e., ac ce in] itatzin quiyaochihuaznequi = Is there anyone who wants to make war on his own father?), 38:15 (ac çe nelli amo qualli yn onictemic = who is this truly bad one I have dreamed about?).

ACHCACAUHTIN, pl. of ACHCAUHTLI, q.v.

ACHCAUHPAN, place where executioners are held until their mission has been completed (see FC 8:43:7: achcauhcalli). Key word: executioners' barracks. 60:20,27.

ACHCAUHTLI, vars. teachcauh (MOL), TEACH (63:6), TIACHCAUH, TIACHCA.

1. Elder brother (MOL: tiachcauh, CAR 491:12: tāchcāuh). ytiachcauh = his elder brother, 33:35, 35:30; itiachcahuan = his elder brothers, 35:3; motiachcauh = your elder brother, 33:36,38.
2. Elder of two brothers (MOLS: primero de dos = teachcauh). 63:6 (teach).
3. = 2, above. 79:51 (nachcauh = my elder brother), 80:7 (iyachcauh = his elder brother)
4. Term of camaraderie. Key word: brother. 36:7 (notiachcauhtze), 36:9 (notiachcatze).
5. Chief, constable, warrior of a certain rank (usage varies, see NED). Key word: captain. Nachcahuan = my captains, 22:21; iachcauhtotōhuan = his little captains, 39:6; iachcahuan yn chichimeca, 18:51; itiachcauh = his captain, 35:12, cf. 42:35, 54:27.
6. Pl., elders (of the nation), high officials (FC 12:106:36: tachcavan). 43:43 (iachcahuan).
7. Term used in referring to authorities or superiors (?). 41:44 (yn tocolhuan yn tachcahuan = our granduncles, our elder brothers).
8. Achcacauhtin = captains (FC:59:16, OLM per SIM).
9. Achcacauhtin = captains (who are assigned to an ACHCAUHPAN), i.e., a party of executioners (FC 8:43:7, see also FC 2:100:18). 60:20.

ACHIHUA

1. To prepare a beverage (FC 6:135:4 and HG bk. 6, ch. 24, parag. 1). See ACHIUHQUI.
2. To make cocoa (MOL), to make a frothy cocoa (MOLS: echar cacao de una xical en otra para hazer espuma).

ACHIUHQUI, beverage maker (see ACHIHUA). 16:2. Cf. XOCOATOLCHIUHQUI.

ACHTOPA

1. First (MOL). Yancuican achtopa, see YANCUICAN 1.
2. Before, prior to (MOLS: antes). 45:48 (achtopa yn iquac opeuh = before it had begun), 47:25 (achtopa matlacxihuitl omome = 12 years before).

ACI, see ACI CE TOCHTLI ITECH, -TECH ACI, TLALTECH ACI.

ACI:TLA

1. To take or seize s.th. (FC 2:109:11: conaci). 41:6 (cazique altepetl = they captured the city), 41:19,22 (axihuac altepetl = the city was captured).

2. To reach, amount to, or add up to s.th. (FC 6 : 100 : 13: topallotl caci = it amounts to gaudiness). 20 : 42 (conaçi macuilpohual xihuitl = it amounts to 100 years).

ACI CE TOCHTLI ITECH, to come up against 1 Rabbit, i.e., to suffer famine (cf. CETOCHHUIA:MO). 59 : 35.

ACITLANI, var. axitlani (MOL, CAR 484 : 43). To want to arrive. 37 : 6 (honaçitlan = he wanted to arrive).

AHUACAN, town (?). Anahuatl ahuacon [*read* ahuacan] = island town (?), 12 : 5. See AHUACAN TEPEHUACAN, ZACACALTITLAN AHUACAN.

AHUACAN TEPEHUACAN (CAROC 18v: āhuàcān tepēhuàcan), from town to town, from country to country (CAROC). 3 : 3,39, 3 : 46 (in different towns), 11 : 9, 48 : 28 (nohuian tlatocat yn īpā ahuacā tepehuacan tlatohuanime = he ruled everywhere, over rulers from town to town).

AHUIANITILIA:TE, to make s.o. a whore, to cause s.o. to become a whore (cf. MOL: auianiti:n = ser puta). 27 : 22.

AHUILTIA:MO, see TECA AHUILTIA:MO.

AIC CEPPA, see CEPPA 4.

AIC YEZ AIC TLATHUIZ, lit., never will it be, never will it dawn (expression of despair) (cf. *aic yez* in CM, see NED [1]ye 9; cf. FC 12 : 34 : 2: aoqujc iez in Mexico = no longer will there be a Mexico). 55 : 33.

ALACTLI, s.th. slippery (cf. MOL: alactic). See NOPALALACTLI.

ALAHUA:MO, see OXTLACALAHUA:MO.

ALTEPETL, pl. ALTEPETL (33 : 14, 63 : 41) or ALTEPEME (12 : 9); var. ATL/TEPETL (38 : 6). NOTE: On the origin of the term, see FC 11 : 247 : 32–35.

1. Town, city (cf. MOL, MOLS: cibdad). 25 : 31,32, 25 : 36 (altepetl quauhtitlancalcayotl = town of Cuauhtitlan?), 26 : 11 (altepetl quauhtitlan), 27 : 32, 33 : 14, 42 : 16, 48 : 17 (altepeyolloco = the heart of the city).
2. Capital, seat. 3 : 48, 13 : 48, 18 : 50.
3. People, populace (MOL). 31 : 21, 55 : 26.
4. Pl., altepeme. Peoples, tribes, nations. 12 : 9, 56 : 8, 58 : 38.
5. Nation (CAR 516 : 27). 15 : 22, 21 : 12,33.
6. Country, homeland (see NED). 1 : 51 (altepetl quauhtitlan = country of Cuauhtitlan), 27 : 7, 31 : 25 (imaltepepan = their country), 34 : 29.

ALTEPETLALIA:MO, to become established as a nation (Molina's definition, "to rebel against the capital," seems overspecific). 2 : 11.

AMANTECATL

1. Featherworker (FC 10 : 25 : 3 and HG, FC 10 : 167 : 14). 5 : 54,55, 6 : 2,10.
2. Craftsman (MOL).

AMAPATLACHNACOCHTLI, amapatlachtli earplugs (from AMAPATLACHTLI and NACOCHTLI). 42 : 30.

AMAPATLACHTLI, lit., broad paper (see HG bk. 9, ch. 13: "unos papeles que se llaman amapatlachtli, en las cuales estaban injertos unos quetzales; estaban atados los papeles y quetzales con hilos colorados a las orejas"). See AMAPATLACHNACOCHTLI.

AMAYOTIA:MO, to be entered in a book, to be written on paper (cf. MOL: amatl = paper,CAR 433:32: āmatl = book). 10:3.

AMI, to go hunting (MOL). See ZOLAMI.

AMILLI, irrigated land (MOL). 61:3,5.

AMILPAN

1. Garden place (see NED: āmīlli).
2. Place of gardens, i.e., southland, the south. 1:2, 3:23 (amilpāpa).
3. Pc.n. (?, see CM fol. 9, line 1: totomihuacan y amilpan). 60:51 (amillpan).

AMO ICA, never (CAR 507:9). 17:35.

AMO MACH IUHQUI, not as much as (used in comparatives) (MOL, see AND 350–51). 32:25.

ANA:MO, see ITECH ANA:MO.

ANA:TE

1. To fetch s.o. (cf. MOL: onteanaliztli = acompañamiento o el acto de acompañar a otro desde su posada hasta otro lugar). 21:4, 30:13,16, 38:11,48, 39:46.
2. To take s.o. (of a man taking a woman in marriage). 35:10 (conan).
3. To disinter s.o. (cf. MOL: tlaantli = cosa desenterrada). 81:9.

ANA:TLA

1. With -tech, to pattern s.th. after, to model s.th. along the lines of (see MOL: tetech nicana = tomar exemplo de otro). 29:29 (yehuatl ytech conan = he patterned it after this). Cf. ITECH ANA:MO.
2. Indef., to fetch people (FC 12:83:25: tlaano). 52:32.

ANAHUAC

1. At the seashore, on the coast (CAR 419:45).
2. Lowlands to the east of Mexico, the Gulf coastlands (HG bk. 11, ch. 1, sec. 5; HG bk. 3, ch. 12).
3. Pacific coastlands (see Seler, "Ueber die Worte Anauac . . . ," 50–52). Syn. ANAHUACATLALLI 2.
4. Coastlands (unspecified). 51:37, 60:14.
5. The world (NED). See also CEMANAHUAC.

ANAHUACATLALLI

1. The world (sensu NED: ānāhuac 3), encompassing all the places where migrating Toltecs settled. Key word: Anahuac. 11:2. See also ANAHUATL 1, CEMANAHUAC.
2. The Pacific coastlands (CF bk. 11, ch. 12, sec. 4: "Aquellas proujncias, que estã a la parte del sur, cerca de la mar, en esta nueua españa: llamanlas anavacatlalli son tierra ricos, y de oro: y de plumas eta."). Syn ANAHUAC 3.

ANAHUATL

1. The world (NED, FC 3:12:22). Key word: Anahuac. 62:18. See also ANAHUAC 5, ANAHUACATLALLI 1.

2. Island (?, see NED: ānāhuac 1, cemānāhuac 3). Anahuatl ahuacon [*read* ahuacan] = island town, 12:4.

ANANACAZTLI (ATL + nanacaztli), ear streams (flowing plumagelike decorations worn at each ear) (Sullivan, "Arms and Insignia," 168 and fig. 23; TORQ bk. 14, ch. 5). 49:10,10.

ANCAZO (anca + zo, i.e., emphatic form of anca). 37:19,33.

ANENEZTLI, dragonfly nymph (FC 11:64:12). 2:25.

AÑO

1. Year. 16:22 (ypan año de 1536 años = in the year A.D. 1536).
2. Pl., years. 16:25 (CIII a^{o}s = 103 years).
3. Pl., A.D. 16:22 (ypan año de 1536 años = in the year A.D. 1536), 63:43. See also NED: año.

AOCAQUE, pl. of aocac (?), none of them. 79:21.

AOCMO

1. No longer (MOL). Aocmo ceppa, see CEPPA.
2. Not at all, by no means (?, cf. NED: ayoc). 58:6.

AOTLI, aqueduct (MOL: caño de agua). 53:27, 66:45.

APANECAYOTL, a featherwork emblem or insignia associated with the Toltecs (FC 10:167:17 and HG); head fan worn by Quetzalcoatl (FC 12:11:11 and HG: quetzalapanecaiotl = una corona alta y grande de plumas ricas). 6:3, 7:29.

APANTLI

1. Canal (MOL: acequia de agua).
2. Stream, watercourse, riverbed. 48:48 (apanco), 48:48 (apantli), 49:16 (apantli). Syn. ACALLOTLI 2.
3. Waters (i.e., stream?, pool?). 9:7 (xochiquetzal y yapan = the waters of Xochiquetzal).

APETLATL, water mat. See note to the translation at 56:26 (apetlac).

AQUIA:MO-TLA, to dress oneself in s.th., to wear s.th. (?, see GRAM sec. 5.5). 9:55 (quimaquiaya = they wore it).

AQUIA:TE-TLA, to cause s.o. to wear s.th., to dress s.o. in s.th. (?, see GRAM sec. 5.5). 9:54 (conaqui = he caused him to wear it).

AQUIA:TLA

1. To cause s.th. to enter (see MOL: aquia:nitla). 38:41. Syn. AQUILIA:TLA.
2. To put or emplace s.th. (see MOL, NED). 54:15 (tlahuiztli conaquique ynchimal = they put it on their shield as an insignia).

AQUILIA:TLA, to cause s.th. to enter. 38:34, 55:30. Syn. AQUIA:TLA.

ATATACA, to dig up or excavate a stream (cf. MOL: atatactli, tataca:nitla, tetatacac, tlaltatactli, etc.). 48:24,25 (atatacoc = people dug up the stream), 56:16 (atatacoz—see note to the translation).

ATEMOZTLI, sixteenth "month" of the year (DCAL, MAGL, FC 2), Dec. 26–Jan. 14 (DCAL, MAGL). 24:40.

ATL
1. Water (MOL).
2. Stream. 48:49. See ANANACAZTLI.

ATLACACEMELE (with a single 'L' per MOL and MOLS), var. AMO TLACACEMELLE (5:50).
1. A deformed entity (MOLS: disforme cosa), that which is monstrous. 5:50.
2. Reboltoso, desatinado, y loco (MOL).

ATLAN
1. From or out of the water (cf. MOL: in or into the water). 82:42.
2. Pc.n. (FC). 9:15 (izquitlan atla[n]).

*ATLAUHYOTL, gorge, ravine (?). See CONC: Tlacopantonco Xolotliatlauhyoc.

ATL/TEPETL, see AHUACAN TEPEHUACAN, ALTEPETL.

ATL/TLACUALLI, lit., water/food, i.e., sustenance or livelihood (cf. MOL: yauh ytlaqual yn tanima). 34:24.

ATOCO. Note: This nonactive verb has the impersonal form atocohua (48:18).
1. To be swept away by water (MOL). 25:40 (atocoque), 48:18 (atocohuac), 48:21 (atococ).
2. To be drowned (MOL).

ATONAHUIZTLI, fever, chills and fever (MOL). 23:30.

[1]AUH
1. Introductory conjunction. Note: The familiar translations "and" and "but" for this all-purpose introductory utterance have occasionally been replaced by "well" or even "well then" (e.g., see 22:5 and 39:43) without meaning to suggest that the usage must be [2]AUH. Passim.
2. Connects supplementary adverbial phrase. Yn tlahuizcalpan auh yn otlathuic cenca tlaocoxque = at dawn, when it was daybreak, they were very sad, 6:53.
3. Connects second of two complementary verbs. Ca ohualla telpochtli mitzmomaquilico auh mitzmottitilico yn monacayo = a young man has come to give you, come to show you, your flesh, 5:33; see also 5:18; cf. 13: 49–50 (?).

[2]AUH, now then, well now (CAROC 124v or CAR 528:48: -auh, NED). See [1]AUH 1.

AXCAHUA/TLATQUIHUA, see CONC.

AXCAN
1. Now, today (MOL). In juh noma axcan quichioaia = which they have been doing even today, FC 4:121:4 and HG (ahora hacen); axcan ca omitzmanili = now indeed he has received you, FC 3:39:26; ynteocal yn axcan oncan oycaca = their temple, which has been there to this day, 28:13.
2. Present, present-day (FC 8:11:1: axcan tlatoanj = the present ruler; FC 8:14:15: axcan xiuhtonalli = the present year-sign). 26:48 (chalco axcan = present-day Chalco).
3. See QUIN AXCAN.

AXIN, a yellow unguent (HG bk. 10, ch. 24), derived from the larvae (HERN 2:384–85) of *Coccus axin* (SANT: axe), transported in "balls" (HERN) or masses of up to 350 grams each (SANT: axi). Note: Do not confuse with Span. *aji* or *axi* (from Taino *axi*) = chili (as in MOLS: axi). 65:2 (but see note to the translation).

AXITIA:TE

1. To cause s.o. to arrive, to take or bring s.o. (NED: ahxītia:tē). 35:38,43, 39:47.
2. To arrive in company with s.o. (see GN sec. 2.3). 39:48.

AXITIA:TLA, to cause s.th. to arrive, to take or bring s.th. (cf. AXITIA:TE). 26:13.

AYAMOTLE, as yet nothing, not yet anything. 17:32.

AYATL

1. Cloth, blanket (MOL: manta delgada de algodon, o de maguei), carrying cloth (SANT: ayate). 14:34 (xiuhayatl = green cloth), 41:21 (ayaçeçençotontin = little widths of cloth).
2. Maguey cloth (as opposed to cotton) (SANT); maguey-fiber cloak (CF bk. 10, ch. 20). Key word: ayate. 65:54.
3. Cape or cloak (FC 2:79:39, CAR 519:24, FC 6:129:39).

AYOQUIC CEPPA, see CEPPA 5.

AZO

1. Perhaps (MOL). 23:31.
2. Whether. 20:20,21,22, 22:1.

AZTAPAMITL or AZTAPANITL (FC 2), white banner or egret-plume banner (see NED: aztatl, panitl; FC 2:50:34 and HG: aztapanitl = banderas de pluma blanca). Key word: egret banner. 3:35 (aztapanitl—used by early Chichimecs), 54:31 (imaztapan—used by Cuexteca).

C

[1]CA, indeed (see OLM 181); for, because (MOL). Passim. See CA NOZO.

[2]CA, the verb "to be." See [1]YE.

-CA, rel. noun.

1. With embedded noun of quantity and with the ligature -ti-. Cetica = one of (CAR 490:2). 31:10 (cetica ypilhuã).
2. With embedded noun of quantity but without the ligature -ti-. Nanauhmaca (nanauh- + -MATL + -ca) = four fathoms apiece (FC 8:87:24); mamacuilquimilca = a hundred of each, 64:52; çeçētonca yn = four hundred of each of these, 64:55.
3. By means of (i.e., at the expense of). 34:28 (inca), 48:5 (ynca).

4. With, in company with. 22:33 (ynca quiyaoquixtique = they were to [go] with them [and] accompany him into battle), 21:5 (ynmalhuan ynca = with their captives), 28:49 (with their captives).

CACALI:MO, reflex-pas., to be shot with arrows (SIM, NED, cf. MOL: tlacacalli = cosa flechada o asaetada). 48:5.

CACALI:TE, see TENANCACALI:TE.

CACAMOLIUHQUI

1. Bedspread, bed covering (MOL: colcha para cubrir la cama, o cosa semejante).
2. One of several kinds of tilma woven by Otomi women (whose weavings were of maguey fiber and "of little value") (FC 10:180:26–31); tilma fabric or style (?). 64:31.
3. One of several kinds of skirt worn by women (white with a wide border) (FC 8:47:13); worn by women dancers ("very valuable") (HG bk. 2, ch. 27, parag. 15); worn by the goddess Chicomecoatl (FC 2:63:15: yn icue cacamoliuhquj); skirt fabric or style (?). 64:25.
4. Fabric or style of skirts and huipils (?). 64:30.

-CACOCA

1. Yz catqui ycacoca mochihua = here is made its means of being heard, i.e., the story of it is here set forth, 55:19.
2. Ycacoca cuicatl = a song's means of being heard, i.e., the words or text of a song, that which is understood from a song, 17:5, 47:22.

CAHUA:MO

1. To cease (MOL). 61:15.
2. To abate, to end (of a war) (FC 12:107:12). 51:17, 56:37.
3. As auxiliary verb, to be finished (doing s.th.) (FC 2:134:20). 1:19.

CAHUA:TE

1. To leave or abandon s.o. (MOL). See TLAHUELCAHUA:TE 2.
2. To leave or abandon s.o. (in battle) (NED). Quincahuato = they went and left them (of an army leaving its enemies behind), 11:51. See NAHUALCAHUA:TE.
3. To leave s.o. alone, to let s.o. be (CAR 497:30, CAR 505:20). 58:5 (in quicauhque = those who tolerated him).
4. To carry s.o. off (MOL, NED).
5. To free s.o., to let s.o. go free. Amo quincahuazque = they were not to let them go free, 22:47; quicahuazquia = he would have carried him off (i.e., he would have rescued him), 32:36; 46:18.

CAHUA:TLA

1. As auxiliary verb, to stop (doing s.th.). 8:55.
2. To deposit s.th. (i.e., tribute goods). 41:18.

CAHUALLI, abandoned one (NED). 48:20 (calcahualli = abandoned houses).

CAHUALTIA:TE-TLA, to cause s.o. to abandon s.th. 19:43,50.

CAHUI, to be left (as a legacy), to be inherited (see NED: cāhui). 4:20 (itech oncauh = it was inherited by her), 27:16. For causative see CAHUIA:TLA.

CAHUIA:TLA

1. To leave s.th. (?).
2. To give leave to s.th., to allow or permit s.th. (to do s.th.) (FC 11:49:18: concavia in qujnpachoa = she allows it to sit on them, cf. CAHUA:TE 3 and 5).
3. To deposit s.th. (i.e., tribute goods) (= CAHUA:TLA 2?). 65:23,23, 24,24,25.

CALAQUI

1. To enter (MOL). 39:50, 48:50 (of river passing into a territory), 49:15 (idem), 53:33 (of aqueduct water flowing into city), 56:16,17 (of army entering city).
2. With directional prefix -on, to go in (FC 12:35:20 to 12:117:3 passim). 62:20 (onallac—*read* oncallac).
3. To enter, to join, to go in with (of migrants or new adherents entering or joining a nation as vassals or subordinates). Note: The text usually means immigration, but 28:1, 52:14,17, and 53:10 imply mere political union with a more powerful nation, not physical entry. 21:5 (callacque), 28:1 (hualcallacq̃), 28:25 (hualcallacque), 28:49 (callacque), 32:28,29 (hualcallacque), 48:12, 52:35.
4. To move in (of settlers claiming a conquered territory). 50:3.
5. As matrix in -ti- compounds, to (do s.th.) hurriedly (?, see CAR 482: 25–29). 79:54, 80:1.

CALAQUIA:TE, to cause s.o. to enter, to lead s.o. in. 50:30.

CALAQUIA:TLA

1. To deposit or deliver s.th. (of vassals depositing their tribute goods in a storehouse) (cf. MOL: meter o encerrar trigo o cosas semejantes en casa). 41:20, 53:18 (?).
2. Indef., to deposit tribute goods. 37:47 (tlacallaquito), 39:36 (tlacallaquizque).

CALCAHUA:MO, to move, to change residence (MOLS: mudar casa). 8:17.

CALCAHUALLI, see CAHUALLI.

CALITIC

1. In the house (FC 6:173:3, FC 11:17:21).
2. Within the household, within the family (FC 10:2:16). 47:21 (ycalitic).

CALIXCUAHUITL, see IXCUAUHCALLI.

CALLALIA:TE, to dispatch s.o. (?, see MOLS: despedir al paje o criado = callalia:nite). 59:55.

CALLAN (calli + -tlan)

1. Outside the house (MOL).
2. In or at the house (?). 7:1.

CALLI
1. House (MOL). 48:18,20.
2. Household. 25:40. See CALITIC 2.
3. House (i.e., temple). 57:43, 58:36. See TEOCALLI, TLACATECOLOCALLI.
4. Cage (where a prisoner is jailed) (see FC 8:44:9: quauhcalli = wooden cage). 39:39,46.

CALPIXCANTLI, warehouse, place where tribute goods are stored (?, cf. FC 8:44:13: calpixcalli; OLM per SIM: calpixcan; TORQ bk. 14, ch. 1, p. 534: calpixca = casa del comun del pueblo). 18:17.

CALPIXCATLALLI, lit., steward lands or tribute-collector lands. 59:54.

CALPIXQUI, pl. CALPIXQUE (15:54, 57:6). Majordomo, steward, storekeeper (MOL); tribute collector (Zorita, article 9: calpisques; cf. FC 8:44:14). 15:54, 30:4, 38:33, 51:49 (tribute collector), 57:6 (idem), 60:58. Cf. CUITLAHUIA:MO-TLA, -TLAMOCUITLAHUICAUH.

CALPOLCO, local or lesser temple, calpulli temple (see note to the translation at 26:4; for contrast between the calpulli temple and the pyramid temple see 57:21, also FC 2:133:1–16). 26:4. Syn. CALPOLLI 2.

CALPOLLALLI, calpulli land, land held by a calpulli (FFCC 1:8:27; DHIST ch. 9, parag. 50). 26:17, 59:54.

CALPOLLI
1. Ward, district of city, calpulli (MOL, FC 2:55:22). See CALPOLLALLI.
2. = CALPOLCO (FC 12:34:7). 57:21.

CALTZALAN, through the street(s) (cf. MOL: caltzalantli = la calle entre las casas). 33:32, 66:18.

CAMATL, stanza (of a song) (NED). 7:3 (yc oncamatl queuh ycuic = he sang the second stanza of his song), 17:4 (çencamatentli = the words of a stanza). See also CENCAMATL.

CAN, locative suffix, used with numbers when counting towns. 32:48, 84:24,28.

CANA
1. Somewhere (CAR 496).
2. (When used with a numeral) approximately, about, more or less, somewhere around, something like (CAR 496:20). 24:54.

CANIN, in, at, or on (a certain place) (NED: cāmpa, cānin). 62:17.

CA NOZO
1. That is so, indeed (reply of affirmation) (MOL: canoço).
2. True, indeed (introducing a statement) (see NED: nōzo 1). 61:59 (cā noço).
3. Because (NED, FC 6:124:19).

CAPATLI, Span., capa, i.e., cape. 68:35.

CAQUI:MO, Cf. CAQUIZTILIA:MO.
1. To be heard (refers to a piece of writing or the contents of a book). Amoxpan mocaquiz, 8:41; ompa mocaquiz, 10:4, 20:36, 31:3.

2. To be reported. Yc mocaqui = it is thus reported (?), reportedly (?), 60:11, 62:11; yc mocaqui = it is reported by him (?), 60:17.

CAQUI:TLA
1. To hear s.th. (MOL).
2. Imperative with causative meaning. Ma quicaquican = give them this message (lit., let them hear it), 22:23 (see CAQUILTIA:TE-TLA).
3. See -CACOCA.

CAQUILTIA:MO-TLA, reflex-pas. of CAQUILTIA:TE-TLA. 39:14 (atoconmocaquiltiz = you won't be informed about it).

CAQUILTIA:TE-TLA or CAQUITIA:TE-TLA (15:4), lit., to cause s.o. to hear s.th., used at 5:34 with the meaning "to repeat s.th. to s.o." (a message that is to be conveyed verbatim). The meaning is similar at 5:54, 14:29, 15:4, 22:23 (ma quicaquican—see CAQUI:TLA 2), 22:27, 54:41, 55:25 (refers to overheard conversations that are passed along verbatim), etc.

CAQUIZTILIA:MO
1. To be declared or set forth (see MOL: caquiztilia:nitla = exponer, declarar), to be reported. 27:4,38, 28:49, 51:24. Cf. CAQUI:MO.
2. To be glossed or interpreted (see MOL: caquiztilia:nitla = glosar o interpretar algo).

CATCA, see [1]YE.

CATLIN = catle or catli (NED). 58:23 (catlin onicnomaçehui = where is that which I was granted?).

CAUHTIUH:TE, to go away and leave s.o. (NED). 81:49.

CAXTOLPOHUALTI, to stay for 300 (days) (see AND 356). 24:42.

CAYAHUA:MO, used with teca, to mock or deceive s.o. (MOL: teca ninocayaua). 5:53, 50:53.

CE
1. = CEN (?, or is the çe at 11:4 merely a copyist's error for cen?). 11:4 (çe ymohui quitocaque yn colhuaque = all the Colhuaque went their own way). Cf. Cen tiyahui = we all go (see NED: cen).
2. See AC CE.
3. See CETICA.

CE ACATL, 1 Reed (date, day sign). 75:13, 78:27. For p.n. see CONC: Ce Acatl.

CECEME or CECENME, each one (referring to persons) (SIM). 25:47, 44:15, 55:38.

CECEMOLICPITL, see CEMOLICPITL.

CECEN or CECEM, vars. CECENTETL (if referring to globular entities), CECENTLAMANTLI (if referring to flat entities), adj. or noun. Cf. CENTLAMANTLI.
1. Each, every (CAR 510:11, NED). 1:26, 2:20 (çeçentetl—refers to suns), 7:56 (çeçentlamantli—refers to day signs), 75:2 (çeçentetl in itla = everything).

2. Each (of two) (MOL).
3. For each, apiece (MOL: cecen = a cada vno dellos).
4. For each (of two), apiece (for both) (MOL: cecen = a cada vno sendos). Ceçen (refers to necklaces, feathers, collars), 52:45,46,47; çeçentlamantli (refers to armbands, legbands, earplugs, collars), 52:46,48, 53:2,3.

CECENCAMATL, see CENCAMATL.

CECENTETL, see CECEN.

CECENTLAMANTIN, see CENTLAMANTLI 2.

CECENTLAMANTLI, see CECEN.

CECENTZONCA, see -CA 2.

CECIYACATL, arm's length, arm span (MOL: un braçado—defined as "armspan" in RJC), unit of length equal to the distance from the armpit to the tips of the outstretched fingers (MOLS: braço medida del sobaco a la mano = cenciyacatl; see also Castillo, "Unidades," pp. 216). Key word: arm-span. 8:45. Cf. -MATL.

CEHUETZI, to snow. 82:28,29.

CEHUI, to cool off, to cool (i.e., to abate, of war) (ZCHIM 1:137:33,41: ceuh, cf. MOL). Ceuh, 53:13; çehuito, 20:10, 27:57, 46:36, 53:15, 54:33. Syn. NALQUIZA.

CEL, see MOCELOQUICHTLE.

CELTIA:TE

1. To entertain s.o. (?, see MOL: ceceltia:nite = recrear a otro).
2. To receive s.o. (?). 31:13 (àmo celtiloc).

CEMANAHUAC, the world (NED). Key word: all over Anahuac. 61:59. See also ANAHUACATLALLI. Cf. ANAHUAC.

CEMEHUITIA:TE, to cause all people to leave, to rout (a group of) people (i.e., an army being routed in combat) (FC 3:4:19). 54:20.

CEMILHUITONALLI, day sign. 29:49, 45:43. See also TONALLI 2.

CEMITOA:MO, var. CEN ITOA:MO (56:15), reflex-pas., to be firmly proposed, to be resolved (cf. MOL: cemitoa:nitla = proponer firmamente alguna cosa); to be jointly resolved or decided. Omoçemito pollihuizque = it had been jointly resolved that they would be destroyed, 45:49; çen mito [otlatocoz?] = it was jointly resolved that all would take to the road, 56:15; ynic moçemitoa = by a joint decision, 57:26.

CEMITTA:TLA, to be occupied with s.th. (MOL). 51:36.

CEMIZTITL

1. Span, i.e., the distance between the thumb and forefinger of an outstretched hand, hence about 12–16 cm. (?, follows the usual definition of the English 'span' or the Spanish 'jeme') (MOL: xeme—defined as "two palms" in RJC 156; for discussion see Castillo, "Unidades," pp. 218–20). Cf. nauiztetl ynic tzintamalpatlauac = [a woman] whose hips are four spans wide, HTCH sec. 19.

2. Palm, i.e., a quarter vara or about 21 cm. according to Spanish usage (FC 11:29:13 and HG: cemiztitl = un palmo—refers to the length of a pelican's bill).
3. An entity that measures one span (?). 5:31 (refers to a mirror).

CEMMANCA
1. Perpetually (cf. MOL).
2. Finally (?, cf. CEMMANYAN). 48:29.

CEMMANYAN or CENMANYAN
1. Completely (MOL). 49:23 (cenmanyan).
2. Finally, at last (MOL). 48:49 (çenmayan).
3. Meaning undetermined. 25:11 (çenmayan = completely?).

CEMOLICPITL, pl. CECEMOLICPITL (41:21), cubit, unit of length equal to the distance from the elbow to the tip of the longest finger (MOL: cemmolicpitl). Ceçemolicpitl, 41:21.

CEMPOHUA:MO, see CENPOHUA:MO.

CEMPOHUALLI, "month," period of twenty days (FC 2:150:5). In cempohualli in ompohualli = in a month or two (?), 83:23.

CEN
1. Complete, whole, entire (MOL: nencaua yn cemilhuitl = gastar todo el dia sin prouecho). Tollan yn apazco ynic çen huey tlalli = Tollan and Apazco, hence the entire Great Land (?), 40:45.
2. Completely (MOL). 40:36 (çen moyollitlacoque = they were completely insulted). See also HUEL CEN.
3. Jointly, all together, all (MOL: juntamente). 40:47 (moçentepanecaytohua = as a group they are known as Tepaneca). See also CE 1.

CENCA
1. Diligently, eagerly. 36:19 (çenca quintemohua = they are seeking them diligently).
2. Cenca yequene, see YEQUENE 1.
3. See CENCA HUEL.

CENCAHUA:TE, to array or bedeck s.o. (as a sacrificial victim) (FC 2:70:1, cf. FC 2:137:31). Quiçencahuato = they went and adorned them, 18:27, 57:45.

CENCAHUA:TLA, to prepare for s.th., to be ready for s.th. 16:51 (huel quiçencauhque = they prepared for it well).

CENCA HUEL
1. Very ably, very well, quite successfully (FC 11:287:20). 34:4, 42:8.
2. Very much, extremely, intently, especially (FC 9:30:1, FC 9:46:4). 35:11, 40:11.

CENCAMATL, pl. CECENCAMATL (43:12). See also CAMATL.
1. Word, statement, utterance (MOL, NED).
2. Entry (in a year count or chronicle). 43:12.

CEN ITOA:MO, see CEMITOA:MO.

CENMANYAN, see CEMMANYAN.

CENNONOTZA:MO

1. To call one another together, to get together (cf. CENNOTZA:TE). 16:40, 19:38, 56:6.
2. Reflex-pas., to be called together. 17:15.

CENNOTZA:TE, to call people together, to assemble people. 7:23. Cf. CENNONOTZA:MO.

CENPOHUA:MO

1. To be added up (?, MOL: mocempoa = summar lo que se cuenta).
2. To be counted altogether as, to add up to. 8:2, 58:42.
3. To be added in, to be included. 58:40.

CENTLAMANTLI, noun.

1. Part of the whole, some (MOL: una parte).
2. Cecentlamantin (pl. of 1, above), some members, parts of the whole (refers to persons). 5:6, 7:48. Cf. cecentlamantli.
3. Aoctle centlamanti. 27:36 (aoctle centlamantli yc tlayollaliaya = there was no longer anything that provided consolation).

CENTLANCUATL, knee-high, knee-deep (cf. MOL: tlanquaitl). 51:14, 82:28.

CENTLAOCOYA, to be very sad (CEN 2 + tlaocoya). 77:37.

CENTLATALHUIA:TE, with third person pl. obj., to command all of them, to put them all under one command, lit., to say things to all of them (FC 9:24:25: quicentlatalhuiaia, i.e., quincentlatalhuiaya; cf. FC 6:190:8: qujcentlananqujlilia = he answers for all of them). 42:8 (quicentlatalhuique = they had them all under a single command).

CENTLATOLHUA, see note to the translation at 35:22.

CENTOCA:TE, with specific obj. in cross reference with pl. noun, to go after them all, to spare none of them (cf. MOL: centoca:tla = no dexar nada, o comprar todo quanto se vende). 18:28.

CENTZONTILMATLI, a multicolored tilma made by the Cuexteca (CF bk. 10, ch. 29, sec. entitled "Cuexteca"). 64:51.

CENZOTL, a width (of cloth) (MOL). 41:21 (ayaçeçençotontin = little widths of cloth).

CEPPA

1. Ye no ceppa, lit., again (but when used with the verb "to say" before a direct quotation, it seems to mean that the speaker is resuming, or continuing, after an interruption). See 76:26,27, 77:3, 82:16.
2. Occeppa, same definition and usage as 1, above. See 6:35.
3. Occeppa, back (with verb), re- (prefixed to verb) (expresses the restorative aspect). 23:15 (occeppa . . . huallayhua = he sends back a messenger hitherward); 51:46 (occeppa quihua = he sends her back), 66:34 (occeppa quimonmotechti quinmaceuh = he regained them, retook them).

4. Aic ceppa, never before (FC 8:4:12). 42:7.
5. Ayoquic ceppa, never again (see NED: ayoc ceppa). 42:14.
6. Aocmo ceppa, never again (FC 12:76:33–34). 48:8.

*CEQUITETL, pl. CEQUITEME, some (groups?), 83:27.

CETICA,
1. A penny's worth (MOL: cetica niccoa = comprar vn real de pan o de otra cosa).
2. One of (CAR 489–90). 31:10 (çetica ypilhuã = one of his children), 45:45 (cetica yychpochtzin = one of his daughters), 63:30 (yehuantin çetica = one of them).

CETL
1. Frost (FC 2:112:34 and HG bk. 2, ch. 30, parag. 20). 78:12.
2. Snow. 81:28. See also CEHUETZI.

CETOCHHUIA:MO, to be one-rabbited, to suffer famine in a year 1 Rabbit (cf. FC bk. 7, ch. 7: necetochuiliztli). 51:15. Cf. ACI CE TOCHTLI ITECH, CHICONTOCHHUIA:MO.

CHACHALACA, to chatter, to engage in loose talk (cf. MOL, NED). 58:9. Cf. TLATLATOANI.

CHAHUAPOLOA:TE, to injure s.o. concubine-wise (?) (chahuatl + poloa:te). 15:52.

CHALCAITOA:MO, to be called or known as a Chalcatl. 12:2.

CHALCHIHUITL. Key word: jade (NED). 28:30 (distinguished from turquoise).

CHALCHIUHPETLATL, jade mat. 5:8.

CHALCHIUHTEPETLACALCO (Chalchiuhtetl + petlacalco), precious cage, jeweled cage, lit., jadestone cage. 10:31.

CHALCHIUHTEYAHUALCO, lit., jade-stone encircled place (cf. CM fol. 34, line 3: xiuhteyahualitec, and see NED: yahualli, yahualiuhcān); *freely*, precious realm (?). 76:29.

CHANCHIUHTOC, to make a home, to settle down. 19:8.

*CHANTLI, pos. only.
1. House, home, dwelling place (FC 11:275). See -TECPANCHAN, -TLATOCACHAN.
2. Seat, capital city. 23:22,43 (tochan), 53:19 (ychan).
3. Homeland, territory (AND). 50:4,31,33.

CHIA:TE and CHIA:TLA, see CHIYA.

CHICHICUEEMATL, see -MATL.

CHICHIHUA:MO, to decorate oneself, to put on one's regalia (MOL). 42:27 (mohuexotzincachichiuhtinenca = he adorned himself as a Huexotzincatl), 50:7 (onmochichihua), 80:38. See YAOCHICHIHUA:MO.

CHICHIHUA:TE, to create s.o. (cf. MOL: chiua:nite = engendrar a otro). 2:21.

CHICHIHUILIA:TE-TLA

1. To prepare s.th. for s.o. (to s.o.'s detriment) (MOL: tlachichiuilia:nite, FC 8:57:18, AM nos. 34 and 46). 48:3 (quintlachichihuilique = they prepared a trap for them).
2. To prepare s.o. for s.th. (?, i.e., to prepare s.o. for war). 34:23 (niquimontlachichihuilliz = I will put them in a state of readiness).

CHICHIQUILLI, barbed arrow, harpoonlike arrow (MOL: flecha harpon, FC 12:39:5). See CHICHIQUILTOPILLI.

CHICHIQUILTOPILLI, harpoon staff (from CHICHIQUILLI). 42:36.

CHICONTOCHHUIA:MO, to be seven-rabbited, to suffer famine in a year 7 Rabbit. 9:3 (freq.), 48:54. Cf. CETOCHHUIA:MO.

CHICUEMATL, see -MATL.

CHIHUA:MO

1. Impers. (the subject is "it" or "things"), to be done or accomplished, to happen, to occur. 16:45 (yn yuh mochihuaz [ç]annen ti[y]aotizque = so that it will happen [i.e., so that our plan will work], we will have a sham battle), 54:14 (this is how it was done), 61:57 (how things ought to be done).
2. To be made or set forth (of a story or report) (?). 55:19.
3. To become (s.th.), to be made or turned into (s.th.) (FC 3:16:16); *freely*, to be (FC 10:172:7: intlacalaqujl mochioa, in tlavitolli = their tribute was a bow). 1:27, 13:44, 28:29 (intetlapallohuaya mochiuh xiuhtzontli = their greeting gift was a turquoise crown), 44:29 (greeting gifts were), 34:42 (tlatohuani mochiuhtiuh = he got to be ruler [?]), 43:42, 46:44 (mochiuhticatca), 54:5, 54:32 (hualmochiuhtia). See TLAYOLLOTL CHIHUA:MO.
4. To be grown; *freely*, to be. 8:45 (çeçiyacatl mochiuh ynic patlahuac ycuitlapan = her buttocks were a fathom wide), 55:28.
5. To grow or occur (in a certain place, of mollusks or plants) (FC 11:61:2, FC 11:117:21,25, FC 11:142:11).
6. To be formed (of growing corn) (cf. CAR 453:19: imochīhuáyān in xócótl = tiempo o lugar de fruta, donde, o quando se da). 51:18, 83:24.
7. To be born. 14:29 (yconeuh mochiuh = her child was born), 22:8 (yxhuihuan mochiuhque yn . . . coxcoxtzin = they were born the grandchildren of Coxcoxtzin). See also CHIHUA:TE.
8. To adorn oneself (?, cf. MOL: ichiua:nino = aseitarse o embixarse al modo antiguo). 50:8 (nonnochihua).

CHIHUA:TE

1. To give birth to s.o. 78:32. See also CHIHUA:MO 7.
2. To beget or sire s.o. (?, cf. MOL). 14:17, 15:38, 23:6 (honorific).
3. To make love to s.o. (see NED).

CHIHUA:TLA

1. To cook or stew s.th. (MOLS: cozer maiz con carne = nacatlaulchiua:ni). 6:15.

2. To do or treat s.th. (in a certain manner) (NED: chīhua:tē 2). 77:14 (quen ticchihuazque = what will we do with it?).
3. To befall, lit., to do s.th. (cf. NED: chīhua:tla 2). 78:30 (inic quichiuhque = this is how it happened to them, i.e., this is how it befell them, lit., this is how they did it).

-CHIHUALOCA. pos., making of (passive action noun per AND 225, CAR 451). 65:53 (ychihualloca).

CHIHUILIA:TE-TE, to cause s.o. to create s.o.; *freely*, to sire s.o. out of s.o. or to have s.o. with s.o. 15:32 (quichihuili = he had him with her, he sired him out of her).

*CHIHUITIA:TE, see ILHUICHIHUITIA:TE.

CHILTECPIN

1. A tiny hot chili (HERN 1:138). Key word: mosquito chili. 65:25.
2. A kind of mosquito (HERN 1:138).

-CHIMALLACAUH/-MITLACAUH, pos., shield slave/arrow slave (from TLACATL 4), i.e., one who has been conquered in war (?). 35:21, 37:40.

CHIMALLI, see TEOCHIMALLI.

CHIMALLI/TLAHUIZTLI, shield/emblem, see TLAHUIZTLI.

CHINAMITL

1. Tochinantitlan = our enclosure, our home (NED: chinamitl 2).
2. Techinantitlan = s.o.'s enclosure, other person's home (CF bk. 6, ch. 29, fol. 143r,v: ontimaliviz in jcnoveveiotl . . . techinantitlan texomolco tontopopolivitizque = old age will be painful . . . we will go begging from door to door, lit., we will perish in other people's enclosures, in alien crannies). 58:15 (ca ye ontimalihui yn techinantitlā = indeed another person's home [i.e., homelessness] is agonizing).

CHIUCNAUHNEPANIUHQUI (Nine Layers), i.e., the heavens (or the underworld?). 4:46 (refers to sky), 78:11.

CHIYA:TE

1. To watch for s.o. (of soldiers waiting for an enemy) (NED). 63:34 (chialloto = they went to be ambushed).
2. To wait upon, to serve s.o. (NED). 10:41 (conchixque = they waited upon him).

CHIYA:TLA

1. To await s.th. (CAR 501:18).
2. -Tlatol chiya:tla = to await the command of (s.o.) (see NED: chiya:tla, tlahtōlchiya:tē). 62:10 (xiqualchia yn notlatol).
3. See TLACHIYA.
4. See *TEIXCO TLACHIYA.

CHIYALTIA:TE-TLA., see TLACHIYALTIA:TE.

CHOQUILIA:MO, reflex-pas., to be wept for, to be pitiable or wretched (NED). 17:7.

CIHUAPAN, women's quarters (CF bk. 2, ch. 34, fol. 85: calaquj in cioapan, qujoaliaoaloa in tlecujlli = entrauan en los cilleros de la casa, y cercauã los hogares; CF bk. 9, ch. 3, fol. 15v: aocac calaqui cihoapan = ninguno entraua entre las mujeres; CF bk. 9, ch. 9, fol. 33: calaqui iz cihoapan, in techiê = entravan a la casa de las mugeres donde hazen la comida). Key word: kitchen quarters. 57:23.

CIHUAPANCUICATIA:TE, to sing and dance for s.o. like a woman (FC 2: 98:22, cf. FC 2:98:7). 77:46.

CIHUAPILLI

1. Key word: lady (except at 23:52: princess). 4:18,20,28, 6:42, 9:13,19, 15:36–16:24 passim, 22:1, 23:52, 24:23 (ycihuapilhuan), 27:17,20, 45: 46 (çihuapiltiticatca), 55:23, 61:17.
2. Pl., cihuapipiltin = ladies. 9:16, 15:18, 60:32.

CIHUATZINTLI, young woman (?, see LASSO 72:24: ce çihuatzintli itoca Cathalina = a young woman named Catherine, see also FC 6:167:15,23). 21:53,54, 54:12, 82:8; refers to the daughter of Huitzilihuitl at 13:51, 14:10,12, and 14:47 (but at 14:47 she is no longer young?); tlacatl cihuatzintli, see TLACATL CIHUATL.

CINTLI, corn (cf. MOL). 4:14.

COACALLI, serpent house (of Topiltzin Quetzalcoatl) (NED). See pictograph following 78:23 and note to the translation at 78:24.

COAMAITL, snake-arm (?). 28:32.

COAPILHUA, see COCOAPILHUATI:TE.

COATEQUITL, public work, communal labor (MOL: obra publica, o de comunidad). 52:25. For p.n. see CONC: Coatequitl.

COATILMATLI, serpent tilma. 65:22,29. See ITZMICOATILMATLI.

COATL, *as embed*, common, public (cf. COATEQUITL, cf. Códice Ramírez 101: cohuailhuitl = fiesta de todos). See COATLALLI. For p.n. see CONC: Coatl.

COATLALLI, communal land, public land (from COATL). 47:15, 60:55.

COATLAQUETZALLI, serpent column, herpetiform pillar (NED). 5:3.

COATZINTLI, little snake (FC 11:83:37). 13:31.

COCHELCIMA:MO (*cochtli + elcima:mo), to choke in one's sleep (see MOL: elcima:nin). 38:35.

COCHI, to make camp (?, lit., to sleep). 83:50,51.

COCHMAMA:TE, to carry s.o. while she is asleep. 12:48.

COCHOTL or COCHO, white-fronted parrot (FC 11:23, HERN). 7:36 (cochome).

COCOAPILHUATIA:TE, to cause s.o. to become a parent of twins, to get s.o. pregnant with twins (cf. MOLS: parida de dos mellizos = couapilhua, cf. MOL: pilhuatia:nino, ciuauatia:nino, etc.). 10:32.

COCOC, misery (NED). 7:2 (in song text).

COCOLIZTLI
1. Sickness, plague (MOL).
2. Skin eruption, pox, exanthema (HERN 2:78). 23:30.

[1]COCOLLI
1. Pain, misery (CAR 526:13, NED). See COCOLTIA:MO.
2. Anger (MOL).

[2]COCOLLI, freq. of COLLI (?).
1. Grandfather (19th-c. Nahuatl usage per Velázquez *Cod. Chim.* 75).
2. Fig., vassal, charge, retainer (?, see MOL 23v: nimococol = soy a ti encomendado, paraque tengas de mi cuydado, and cf. MOL: nococol = cosa que esta a mi carga). See also COLLI 5.
3. Apoc., term used by Topiltzin Quetzalcoatl or his sister in addressing a page. Key word: grandfather. 5:35,38, 6:45.
4. Apoc., term used by Topiltzin in addressing a stranger come to visit. 5:42 (cocol = grandfather), 6:1 (nococol = my grandfather), 6:31.

COCOLTIA:MO, to inflict pain on one another, to hurt one another (FC 2: 138:3, from [1]COCOLLI 1). 40:20.

COCONEPIPILPIPIL, baby children (?). 75:33.

COCOTONI, to be sectioned or divided (of a city) (cf. MOL: cotoni). 46:43.

COLELETLI, see CONC: tzitzimitl/coleletli.

COLHUACANTI, to reach Colhuacan (see GN sec. 2.4). 12:11.

*COLIUHYAN, whirlpool. See CONC: Chalchiuhcoliuhyan.

COLLI
1. Grandfather (NED). 22:49,52. See [2]COCOLLI.
2. Forefather (NED). 15:8 (yncoltzin).
3. Uncle, granduncle (see MOL: tecol).
4. Term used in referring to authorities or superiors (?). 41:44 (yn tocolhuan yn tachcahuan = our granduncles, our elder brothers).
5. Term used in referring to a servant (?). 41:47 (tocol = our grandfather). See also [2]COCOLLI 2–3.

COMALLI
1. Griddle (MOL).
2. Teocuitlacomalli = gold disk or medallion (worn as a jewel) (FC 12:11:12, FC 12:46:1). 10:48.

COMITL, see CONTEMA:TLA, HUEI COMITL, TEOCOMITL.

COMOLOA:MO, see IXTETLILCOMOLOA:MO.

COMONI, to rattle (?, of shields) (see NED: comōni, cocomoca). 56:48.

COMONIA:MO, to become agitated or to agitate one another (refers to political agitation) (cf. MOL). 23:39, 24:33.

CONETL
1. Child (MOL). 14:29,36,49. See also COCONEPIPILPIPIL.
2. Girl, young girl, young woman (?). 15:48.

CONETONTLI, "baby" (?). 23:27 (as term of disparagement?).

CONTEMA:TLA, to decant or bottle s.th. (i.e., a batch of pulque), lit., to fill or load s.th. into pots (COMITL + TEMA:TLA). 6:18,19.

-COTONCA, neighbor, fellow (MOL: tocotonca, FC 6:33:34: mocotonca, FC 6:109:28: mocotoncaoan). 50:17 (nocotonca).

COTONI, see COCOTONI.

COTZEHUATL, see TEOCUITLACOTZEHUATL.

COYOEHUATL, coyote skin, coyote fur (FC 9:83:17, see also CF bk. 8, ch. 11: coioeoapepechtli = dais [estrado] of coyote skin [on which a ruler's throne rested]). 65:25.

COYOICHCATL, coyote-colored cotton (FC 3:14:16, NED, FC 9:51:20: tilmatli... coioichcatl). 65:38 (coyoychcatl = coyote-colored cotton [tilmas]).

COYOLTECUECUEXCUETLAXMECAYOTL, braided leather band or string with jingle bells attached (from TECUECUEXTLI). 42:33 (see note to translation). Cf. CUETLAXTLAILACATZOLLI.

COYONQUI

1. Hole (MOL).
2. That which has a hole (FC 12:32:1: tepetl coionquj = a mountain with a hole in it). 39:46 (coyonqui yn calli = a [prison] cell with a hole in it), 76:30 (amo ma coyonqui in itecçiz = his conch did not have a hole).

COZCATL, pos. -COZQUI.

1. Jewel, bead (MOL: cuzcatl); piece of jewelry (see MOL: teocuitlacuzcatl). 68:39.
2. Chain (MOLS: cadena de oro o de plata = teocuitlacuzcatl), necklace (FC 12:41:14 and HG: teocuijtlacozcatl = collar de oro), collar (see TEOCUITLAEHUACOZCATL). 43:31 (chalchiuhcozcatl), 52:45 (idem). See CUAPPAYAHUALOLCOZCATL. Syn. TOZCATL 2.

CUA:TE, to eat s.o., to cannibalize s.o. 25:27.

CUA:TLA, to absorb s.th. (lit., to eat s.th.). 83:20.

CUACUA:TLA, see TLACUACUA.

CUAHUITL

1. Timbers (of Quetzalcoatl's house). 7:9 (cf. CM fol. 27v, line 1).
2. Wood (as kindling) (FC 12:45:18). 56:40.
3. See *NAHUALCUAUHTLI.

CUAHUITL EHUA, first "month" of the year (DCAL, FC 2), Mar. 1–20 (DCAL, cf. MAGL). 24:40.

CUAILPIA:MO, to be tied around the head (i.e., to wear a headband). 42:29, 45:20. Cf. -TLACUIAYA.

CUALTIA:TE, to feed s.o. (cf. CUALTIA:TE-TLA). 57:25 (quiqualtique).

CUALTIA:TE-TLA, to feed s.th. to s.o. (FC 9:63:20: quinqualtia).

CUAPPAYAHUALOLCOZCATL, cuappayahualolli necklace (CF bk. 9, ch. 17, fol. 55: icozqui quappaiaoalolli, tecuciztli = vn juel colgado al cuello de marisco redondo, y ancho, que se llamava quappaiaoalolli). 42:31 (yquappayahualolcozqui).

CUAPPAYAHUALOLLI, a certain kind of necklace or neck jewel (Sahagún, see CUAPPAYAHUALOLCOZCATL).

CUAUHCAXITL, eagle bowl (see note to the translation at 44:49).

CUAUHNECCONTONTLI, little hive of tree honey (as opposed to honey made by earth-dwelling bees) (see MOL: quauhnecomitl = beehive, cf. FC 11: 93–94 for description of honeybees). 6:19 (quauhneccontotontin).

CUAUHQUETZALLI, tail feather of the eagle (FC 11:40:12). 42:28, 52:46.

CUAUHTENTETL, eagle lip plug (from TENTETL, see FC 8:27:28: chalchiuhquauhtentetl—where the context implies a labret in the shape of or figured with an eagle; see also Sullivan, "Arms and Insignia," 158 and 172). 42:30.

CUAUHTLA

1. Wilderness (SIM, FC 11:136:16). 22:17 (tolquauhtla).
1. Forest (MOL: bosque).
3. Grove (MOL): arboleda).

[1]CUAUHTLALLI, fertile soil (HG bk 11, ch. 12, sec. 3: quauhtlalli = tierra fértil . . . estercolada con maderos podridos).

[2]CUAUHTLALLI, eagle land (land associated with "eagles?", i.e., land taken in battle or reserved for battle?). 47:27,29 (iquauhtlal), 54:35, 54:36 (quauhtlalpan), 54:39, 55:7. See also CUAUHTLALTIA:MO-TLA. Cf. CONC: Cuauhtlalpan.

CUAUHTLALTIA:MO-TLA, to appropriate s.th. to serve as eagle land for oneself (from [2]CUAUHTLALLI, cf. AND 357). 32:2.

CUAUHTLATOA, to rule in a military manner, to be military chief (see HG bk. 3, app. ch. 5: si ya era hombre valiente . . . nombrábanle tlacatécatl o tlacochcalcatl o quauhtlato, los cuales regían y gobernaban el pueblo). 15:27, 27: 34, 53:16,17, 53:40; quauhtlatolloya = there was a military chief, 15:25, 30:39, 59:6. For p.n. see CONC: Cuauhtlatoa.

CUAUHTLI

1. Eagle (MOL). 81:14. See CUAUHQUETZALLI.
2. Fig., warrior (NED). 60:14 (tequihua quauhtli = valiant warrior). See [2]CUAUHTLALLI, CUAUHTLI/OCELOTL.
3. For p.n. see CONC: Cuauhtli.

CUAUHTLI/OCELOTL, eagle/jaguar, i.e., warrior (see NED: cuāuhtli). 54:13.

CUAXOCHPIXQUI, boundary guard, boundary keeper. 21:10, 29:17.

CUAXOCHTLI, boundary, boundary marker (MOL: termino o linde de tierras o de ciudades, FC 10:41:30). 19:29,43,45,51, 20:2,5,28, 21:12, 21:13 (iquaxochyo), 21:28,35, 29:25, 49:32 (quiquaxochnamiqui), 52:30, 63: 11 (moquaxochti). See CUAXOCHPIXQUI.

CUEL, see YE CUEL, ZAN CUEL.

CUELOA:TLA, indef., to dodge (cf. MOL: cueloa:nitla = doblegar vara o cosa semejante). 80:35.

CUEPA:MO
1. To return (MOL).
2. To turn back, withdraw, or retreat (FC 12:87:17, NED). 63:25.

CUEPILIA:TE-TLA, to turn s.th. back on s.o. (causing s.o.'s scheme to backfire) (cf. MOL: cuepilia:nitetla). 38:46 (aniccuepillitiuh = am I not going to turn it back on him?).

CUETLAXTLAILACATZOLLI, leather twist, leather braid (from TLAILACATZOLLI 2, cf. NED: cuetlaxtēcuecuextli, cuetlaxtlamalīntli). 42:29. Cf. COYOLTECUECUEXCUETLAXMECAYOTL.

CUI:TLA
1. To take or get s.th. (MOL), to obtain s.th. 30:9 (concuia tetlauhtiaya = he would take it [?] and give gifts to people), 66:43 (concuic yn teucyotl = he obtained lordship).
2. To accept or realize s.th. 62:6 (ma xicmocuilli ma xicmocaquilti = you [honorific] must realize it, you must understand it).

CUIA:TLA, to wind s.th. (MOLS: deuanar algo = tlacuiya:nitla), to bind or tie s.th. (see FC 2:67:26: ontlalpia ontlacuja—refers to a string or ribbon for tying a warrior's topknot). See -TLACUIAYA.

CUICAMANA, to sing songs, to offer song (FC 3:21:6). 9:51.

CUICAYOTIA:TLA, to make a song about s.th., to sing about s.th. 6:55.

CUICUICA, to hold or sponsor an entertainment that includes music (FC bk. 9, ch. 7; FC 2:68:2–11). Key word: to entertain. 30:15 (and cf. 30:9).

CUICUILIHUI, to become varicolored or spotted (cf. NED: *cuihcuilli, cuihcuiloa:mo, etc.). 77:51 (of jaguar). See IXTECUICUILIUHQUI.

CUITLAHUIA:MO-TLA, to take care of s.th. (i.e., to be the local overseer of tribute for a distant ruler) (see MOL). 68:28–29. See also -TLAMOCUITLAHUICAUH.

-CUITLAHUIC, rel. noun, toward the rear of (s.o.) (FC 2:49:34: oc cepa ycujtlahujc yauh = once again he goes back). 62:19 (occeppa ycuitlahuic hualla = once again he came back).

D

DIABLO, pl. DIABLOME (9:31), Span., diablo (pl., diablos), i.e., devil or Devil, devils. Refers to Mixcoatl, 3:1, 26:4, 27:24, 28:15 (?), 50:34; refers to Itzpapalotl, 4:21; refers to Yaotl, 10:21,36; refers to Necoc, 17:22; refers to Teuhcatl, 50:46; refers to Huitzilopochtli, 57:43; refers to tzompan lords, 62:14; female devils, 9:31,42; synonymous with TLACATECOLOTL, 20:37. Cf. TLACATECOLOTL.

E

-E, var. -YE, noun suffix connoting tenderness (male speakers only) (CAR 408:13, NED: e 3). 34:22 (notlayeton = my dear uncle), 34:27 (notlaye).

EHUA, see TEIXCO TEICPAC EHUA.

EHUA:TLA, to raise, lift up, or sing s.th. (MOL, NED), to sing s.th. aloud. 6:55.

EHUACOZCATL, see TEOCUITLAEHUACOZCATL.

EHUATL

1. Skin, hide (MOL).
2. Skin, sheet (i.e., a piece of thin, skinlike material) (?). See TEOCUITLA-COTZEHUATL, TEOCUITLAEHUACOZCATL.

EHUILTIA:TE, with prefix on-, to send s.o. off, to send s.o. forth. 10:35. Syn. EHUITIA:TE.

EHUITIA:TE, with prefix on-, = EHUILTIA:TE. 10:23. See CEMEHUI-TIA:TE.

ELCIMA:MO, see COCHELCIMA:MO.

ETZALCUALIZTLI, sixth "month" of the year (DCAL, MAGL, FC 2), June 9–28 (DCAL, MAGL). 64:25 (yetzalqualiztli).

EXCAN, three places (cf. MOL, NED). 43:27 (excan quiçaya = it was in three places).

EZPETLATL, lit., blood(-colored) mat, i.e., a red-painted palm-fiber mat (CF bk. 10, ch. 29, "Totonaque" section, fol. 133: ezpetlatl = petates . . . de palma pintados de color; CF bk. 10, ch. 24). 65:25.

EZTLI/TLAPALLI, lit., blood/color.

1. Nobility (MOL).
2. Offspring (FC 6:187:29 and FC 6:189:22).
3. Blood (?). 78:5.

EZZOCAN, blood place, house of bleeding, i.e., sanctuary where penitents draw sacrificial blood (?, cf. CM fol 37, line 3: yeçocalco, see NED: ezzōtl). 7:9 (yeçocan = his house of penance).

H

HUAHUANA:TE or TLA, to "stripe" s.o. (i.e., to belabor a victim destined for sacrifice) (FC 2:176:10–26, cf. FC 2:190–91). 60:8 (see note to the translation).

HUALEHUA

1. To flee (MOL, NED), 12:54.
2. To depart, to set out (?). 10:10,12, 41:31, 59:22 (of diverted stream heading for a new territory), 83:38.

3. To attack (NED: huālēhua 2). 20:13 (inhuic huallehuazque = they attacked them).

HUALEHUITIA:TE, to hurry s.o. along (in flight from enemy) (cf. HUALEHUA 1). 35:40.

HUALITTA:TE, to see or find s.o. here, near, or close by (see NED). 35:27, 38:25 (huallito = they are to be found here).

HUALLALALIA:TLA, see TLATLALIA:TLA.

HUALLATIUH, to keep coming, to come continuously (?). 19:22 (huallatia).

HUALLAUH

1. To come (MOL). See HUALLATIUH.
2. To come from. 83:38.
3. As split matrix in -ti- compounds. Huallatocattitia, see TLATOCATI.
4. Tetlan huallauh = to come to s.o.'s aid (?). 14:22.

HUALMATI:TLA, to come looking for s.th., to come seeking s.th. (FC 12:9:27). 29:12.

HUALOLINI, to set out (FC 12:37:4). 83:29,44, 11:23, 49:8.

-HUAN, with, in company with (MOL: nouan, teuan). 10:42 (niman no tehuan quinhuicac yn imaçehualhuan = then he governed them with his other subjects).

HUAPAHUA, to be reared or brought up (of children) (cf. MOL: vapaua:nite). 1:48.

HUAPALCALLI, see XIUHHUAPALCALLI.

HUECAPANOA:TLA, to heighten or increase s.th. 31:8.

HUECAUH

1. Ye huecauh, a long time ago, in olden times (MOL).
2. Ayamo huecauh, shorty before, a little while ago (MOL).
3. Oc huecauh, in the future, a long time from now (CAR 504:10).
4. Huecauh yez = 3 (?). 50:45.

HUECAUHTICA, after a long time (MOL). 19:14,43.

HUEI

1. Great, grand (MOL). 4:54 (huey toltecatl), 47:41 (huey ilhuitl).
2. Great, big, large (MOL). 51:42, 75:47. See HUEI COMITL, HUEI TLALLI.
3. Grown, grown up. 83:6 (ayamo huei = not yet grown).
4. Great, extreme. 4:50, 9:3, 42:20.

HUEI COMITL, barrel cactus, bisnaga, *Ferocactus* sp. (see SIM 677, AUB 22, NED), lit., great pot cactus. Note: The term seems to be used interchangeably with TEOCOMITL; see especially 10:13 and 10:22. 1:14,48; see 10:22. See also CONC: Huecompan.

HUEILIA:MO

1. To grow larger, to be erected (of pyramid). 28:16.
2. To make oneself great, to (falsely) magnify oneself (MOL). 58:25.

HUEILIA:TLA
1. To enlarge s.th. (a pyramid). 28:18, 29:26, 33:44.
2. To widen or intensify s.th. (a war or the fury of war). 31:2,8.

HUEI TECUILHUITL, eighth "month" of the year (DCAL, MAGL, FC 2), Jul. 19–Aug. 7 (DCAL, MAGL). 24:38.

HUEI ȚLALLI, Great Land.
1. Plains country north of the Valley of Mexico (NED). 40:45. Cf. TEOTLALLI.
2. Dominion, domain (?). 64:10 (yhueytlal = its dominion).

HUEI TOZOZTLI, fourth "month" of the year (DCAL, MAGL, FC 2), Apr. 30–May 19 (DCAL, MAGL). 24:41.

HUEL, var. HUELE (NED, see 54:12). Huell ic moxico = very jealous (?, see NED: huel 4, [2]-ic 3), 31:12. See CENCA HUEL, HUELCAQUILIA:TE-TLA, HUEL CEN, etc., OC HUEL.

HUELCAQUILIA:TE-TLA, with indef. direct obj. (tla)., to hear or attend to s.o. favorably, to be agreeable to s.o.'s request (see MOL: tlauelcaquilia:nite). 15:11, 47:47, 55:44.

HUEL CEN, entirely, completely (MOLS: del todo = velcen). 19:27 (huel çen ompeuh = it began in earnest).

HUEL IPAN
1. Indeed at that time (AND: in its time, FC 12:76:26: ṿel ipan in ilhujtl). 61:11.
2. Indeed at that location (FC 12:60:4, FC 12:70:2).
3. Opportunely (MOL: a buen tiempo).
4. Moderately, somewhat (MOL, FC 11:15:40, FC 11:110:25, FC 11: 288:19).

HUELITI
1. v-B, to be able. 10:10.
2. Negative impers., to be impossible (FC 3:33:20: amo velitiz, FC 3:34:10). 14:2 (ayamo huelitiz = it would not yet be possible), 25:36 (amo huelit).

HUELTIUHTLI
1. Older sister (MOL). Key word: sister. 15:34,35, 34:50, 79:19 (note that in 78:36 this "elder" sister is the fifth child). 6:40 (nohueltiuh—refers to Quetzalcoatl's sister), 6:48 (ihueltiuh), 6:49 (nohueltiuh).
2. Sister, i.e., female compatriot, ally, friend. Mexitin ynhueltiuh = sister of the Mexitin, 14:48 (called "daughter of the Mexitin" in 13:41); nimohueltihuatzin (for unusual honorific see CAR 485, AND 160) = I am your sister, 46:13; nohueltihue = O my sister!, 79:47; çe ynhueltiuh = a woman compatriot of theirs, 61:48, cf. 53:28. Cf. IUCTLI.

HUETZI
1. To fall (MOL). 77:29 (tlepan huetz = he fell into the fire).
2. To attack. 16:49, 17:1 (ynpan huetzito = they went to attack them).

3. To come off (as such and such), to assume the role (of such and such) (?). See TEUCHUETZI.
4. To ignite (of fire drill) (FC 7:25:26: vetzia tlequauitl). 60:6, 76:10,11,16.

HUEXIUHTLI, joint parent-in-law (MOL, MOLS: consuegro, consuegra), i.e., the parent of one's child's spouse. 15:33.

HUICA:TE
1. To take or conduct s.o. (SIM, AND). 30:35, 57:17 (quinhualhuicac = he brought them).
2. To accompany s.o. (MOL). 3:2 (quinhuicatinemi), 35:13, 41:42, 45:29, 77:52, 83:12, 83:14 (tichuica = she is with you, lit., you accompany her).
3. To govern s.o. (SIM, NED). 10:43.
4. Indef., to govern. 55:8 (tehuicaya).

*HUICALLI
1. A carried one, that which is carried (NED, FC 8:27:7: iujcal; cf. FC 9: 59:16: quiuicaltia, FC 8:33:4: iujcal).
2. Servant (FC 7:19:20: çan iuical çan itlauical, cf. MOL: tlauicalli = criado o paje o cosa llevada a otra parte).
3. Key word: servant community (in AC the term refers to a tribute-paying territory or community). Yhuical, 46:46–48; yhuihuical = its servant communities, 46:44, cf. 26:32.

HUICALTIA:TE-TE, to cause s.o. to bring s.o. 29:33,34,36,37.

HUICATZ:MO, honorific of huitz, to come (AND 113). Ma nican timohuicatz = welcome! (CAR 470:22), 80:23.

HUICOLLI, that which is curved (see MOL: uicoltic = cosa tuerta como asa de jarro). See TENZACAHUICOLLI.

*HUIHUICALLI, see *HUICALLI 3.

HUIHUILANA:TE, freq. of HUILANA:TE, to drag s.o. repeatedly (as a capital punishment). 33:32.

HUILANA:TE, to drag s.o. See HUIHUILANA:TE.

HUILANA:TLA
1. To tug at s.th., to try to drag s.th. (FC 3:25:28). 82:4.
2. To drag s.th. (MOL), to drag s.th. off. 82:10.
3. See TLAHUILANALLI.

HUIPILLI
1. Woman's blouse (MOL).
2. Shirt worn by warriors. See TLILHUIPILEQUE.

HUITECTLI, see TLALHUITECTLI.

HUITZNAHUATLALPAN, southland, the south (lit., land near the thorns—for discussion see Garibay *Veinte himnos* 42, quoted in FFCC 1:33). 1:2.

HUITZTLALIA:MO. Note: 4:38 implies the alternate (or erroneous?) form HUITZTLALILIA:MO. To insert thorns into oneself (in order to draw sacrificial blood) (FC 3:63:23–30, FC 10:176:13 and HG: movitztlalia = hacíanle sacrificio, punzando y cortando con espinas o puntas de maguey, con que se sangraban). 4:38 (mohuitztlaliliaya), 6:52 (mohuitztlalito).

HUITZTLI, see TETLAHUELI.

I

IC, var. INIC.

1. When (noninterrogative) (SIM 144, CAR 525:8, NED: [1]īc 1). 63:42 (ynic).
2. How long, the time during which (cf. NED: [2]īc 7). Inic, 11:11, 84:27, 31,39,40.
3. Since, from the time that. 13:33–34 (yquac . . . ynic), 13:35 (ynic), 83:38 (inic). Syn. [2]ICA.
4. Until. 39:14 (yc), 46:37 (ynic), 83:46 (inic).
5. Such that, that. 5:24 (àmo quintlacamati . . . ynic . . . tlacamictiz = he did not obey them that he should make human sacrifices, i.e., he refused to carry out their commmand to make human sacrifices), 5:30 (quimonepanilhuique ynic yuh quichihuazque = they agreed that they should do it).
6. To or from (NED [2]īc 6). 11:23 (aztlan yc huallollinque = they set out from Aztlan).
7. With, in company with (MOL, SIM). 37:27 (yc motlallito yn imal = he went and sat down with his captive). Syn -CA 4.
8. About, how. 47:22 (cuicatl ynic poliuhque tepaneca = a song about the defeat of the Tepaneca), 62:14 (ymitolloca yc otlaztlacahuico = their stories of how they came to deceive people).
9. As to the way that, with regard to the way that. 46:43 (quauhtitlan cocoton ynic nauhcan catca altepetl), 56:11 (netlalhuiloc ynic nauhcā catqui altepetl).
10. Connects adverb to sentence (NED). 14:43 (?, "yc oc"—is this a copyist's error for "ye oc?"); huell ic, see HUEL. See NIMAN IC.

[1]ICA, irregular v-A (CAR: ìcac), to be there (?, cf. [1]YE 3, cf. NED: ihca). 20:28 (auh ìcac = and it is there).

[2]ICA (CAR: īca), since, from the time that (= IC 3). 46:40.

ICATILTICA:MO (i.e., ìcatiltìca in the orthography of Carochi), honorific of [1]ICA. Note: The honorific of ìca is ìquiltìtìca:mo per CAR 470:13, ìcatiltìca:mo per SIM 146; the expected form is *ìcatiltìtìca:mo, from *ìcatiltia:mo (see CAR 464:35: el compulsiuo de ìcac es ìcatiltia). 46:10 (micatilticac).

ICATINEMI, to go along, to proceed. 9:49 (ynnepantla ycatinenca = he went along among them—cf. FC 12:45:32: innepantla icatiuh = he goes among them).

ICATIUH
1. To go along (MOL, FC 12:45:32).
2. With prefix hual-, to come along. 49:8.

ICAUHTLI, var. ICCAUHTLI (36:4, 36:5, MOL, NED).
1. Younger brother (MOL). Yteycauh, 11:49, 30:24, 60:46; iteycauh, 33:28, 60:44.
2. Brother (CAR 528:31), either as a kin term in the strict sense or as a term of camaraderie (see NED). Nicauhtze = friend! (lit., O my brother!), 33:35; amoteycauh = your brother (i.e., comrade?), 35:15; niccauhtze (36:4) and niccahuane (36:5,8)—referring to envoys who reply -tiachcauh (i.e., elder brother); yteycahuã = his brothers, 61:36.

ICCAUHTLI, see ICAUHTLI.

*ICECTLI, s.th. cooked or browned (on a griddle) (cf. MOL: tlacectli). See ICEQUIA:TE.

ICEQUIA:TE, to provide s.o. with that which has been cooked or browned (on a griddle) (from *ICECTLI, cf. MOLS: tostar mayz, vel simile, en comal o en sarten = ycequi:nitla). 27:2.

ICHCATILMATLI, fustian (MOL: fustan); tilma made of fustian. Key word: cotton tilma. 64:51.

ICHCATL, see COYOICHCATL, ICHCATILMATLI.

ICHPOCHTLI
1. Maiden (MOL).
2. Pos., daughter (MOL: teichpuch). 10:30, 12:45, 13:42, 15:14, 82:50.
3. Pos., daughter (in the sense of kinswoman or female compatriot) (cf. PILTZINTLI 3). 13:41, 14:28.

ICHTACA
1. Adv., secretly (MOL).
2. Adj., secret, confidential. 55:24 (ychtaca yyaotlatol = his secret war talk).

ICIHUITIA:TLA, to solicit, invite, or court s.th. (MOLS: solicitar). 62:4 (tiquiçihuitiz yn ipolihuiliz maltepeuh = you would invite the destruction of your nation).

ICNIUHTIA:MO-TE
1. To befriend s.o. (MOL).
2. To pacify s.o. (of a ruler pacifying a conquered nation) (cf. MOL: teicniuhtlani = pacificador). 65:57.

ICNIUHTLAZA:MO, to offer oneself as a friend (?). 14:21.

ICNIUHTLI
1. Friend (MOL), comrade (CAR 523:26).
2. Tocnihuan = our friends (see NED: icnīuhtli).
3. Tocnihuan = our (group of) friends (of which the speaker is a member). 63:31 (cholozque yn tocnihuan = we friends must flee, lit., our friends must flee).

ICNOITOA:TE, to petition on behalf of s.o. (cf. MOL). 15:1, 15:3 (quihualycnoyto).

IC TLAMANI, impers. of MANI 1, things are thus, this is the way things are, thus is the custom (cf. MOL: iuh tlamani = vsarse ansi algo, o acostumbrarse). 43:26.

ICUAC

1. In icuac = when (noninterrogative) (MOL). 2:18, 5:24, 7:5, etc.
2. In icuac = at the time, at this time. 9:44, 17:9,32, 19:11, etc.—usually initiates a sentence, but at 3:2 it falls at the end. See also ICUAC IN.
3. ye icuac = already at this time, by this time. 2:25,50, 11:50, 21:11, 32:16, 32:23 (?), 41:15, 43:27 (?). 45:26,30, 46:35,43, 51:49, 54:28,34.
4. Huel no icuac = right away (cf. MOL: vel iquac). 22:30.
5. Achtopa in icuac, see ACHTOPA 2.
6. Icuac . . . icuac = when . . . then (cf. niman . . . niman, see NIMAN 4). 48:19, 49:7.
7. See NIMAN ICUAC, ZANNIMAN ICUAC.

ICUAC IN, var. ICUAC ININ (28:49), at this time (CAR 505: *inìquāc in* significa en este tiempo, de que yo hablo; *inìquāc on*, en este tiempo, de que tu hablas). 17:36 (. . . yn iquac yn yn peuh yaoyotl . . . = at this time, when the war began), 19:39 (yquac ỹ—falls at the end of a sentence), 26:36 (auh yn iquac ỹ yn chichimeca . . . = and at this time, the Chichimecs . . .), 28:7, 28:49 (yquac ynyn ynca callacque = at this time they entered with them), 32:23 (auh ye yquac yn yn . . .), 34:6 (auh ỹ yquac yn yn . . .), 51:49 (ye yquac ynyn . . .), 78:15 (auh in iquac in i ya = and at this time it went). Cf. IPAN ININ.

ICUANIA:MO

1. To withdraw (MOL). 12:40 (micuanitiaque), 50:11; hualmiquanique, 18:33, 19:7,9.
2. To be moved, to change location. 43:26,28 (of seat of government).
3. To change course (of river). 48:16,17.
4. To be pushed back or shifted (to a farther position) (of war, battlefront, or boundary line). 21:12 (omiquani), 21:35 (miquani), 26:12 (omiquanitinenca); onmiquani, 19:44,45, 32:17, 53:21.
5. To be moved back or relocated. 25:41 (of waterway), 40:24 (of market), 48:49 (of river).

ICUANIA:TE, to get rid of s.o. (MOL: apartar a otro o deponerlo y priuarlo de su officio), to drive s.o. away. 11:52, 18:22, 31:35.

ICUANIA:TLA, to move back s.th., to relocate s.th. 25:42 (of waterway), 40:22 (of market: ompa quiquanique yn azcapotzalco = they moved it to Azcapotzalco), 57:19 (of idol: õpa quiquaniznequiya yn chiauhtzinco = they were trying to move it to Chiauhtzinco).

ICUILIHUI, to be written down (cf. NED: ihcuilihui). 67:22.

ICUILOA:MO, to be written down (cf. NED: ihcuiloa:mo). 10:4 (omìcuillo).

ICXITOCA:TLA, to track s.th. down, to obtain s.th. (by conducting an investigation) (cf. MOL: icxitoca:nic, tlacxitocani). 59:52 (quicxitocac quinemilli yn tlalli).

*IHILPIA, see *ILPIA.

IHILPILIA:TE-TLA, freq. of ilpilia:te-tla, to dress s.o. in s.th. 78:21.

IHIONTEIXTIN, both (SIM). 77:33 (iyonteixti).

IHIYOHUIA:TLA, freq. of IYOHUIA:TLA, q.v., preterite tense with second-person subject and specific object, welcome!, lit., you have toiled for it, *freely*, you have wearied yourself (a standard phrase used by a host greeting a visitor) (MOL 74v: o anquimihioyouiltique; CM fol. 56v, line 9; FC 12:42:9). 5:42.

IHIYOTIA:MO, to shine (of star) (see MOLS: luzio o luciente = mihiyotia). 7:48 (ȳpan mìyotia = it [the morning star] shines on them, 7:48.

IHIYOTL

1. Breath (MOL).
2. Command, order (see NED: nāhuatīlli/ihīyōtl). 66:13 (iyoc *for* ihiyoc?) = on command or by command (?, see NED: -c 3).
3. Sigh (of relief) (?). 33:11 (miec tlamantli yniyo = many were their sighs); note that the "yyo" at 17:22 has been treated as a copyist's error.

IHIYOYOCA, freq. of iyoca (?; for iyoca = alone, see MOL: iyuca, SIM: iyoca), all alone, completely alone (?). 17:37.

IHUA:TLA, to send (a messenger) (MOL). Huallayhua, 23:16, 54:3, 55:42; cf. 38:48, 55:39.

IHUI, to be like, to be similar (see OLM 48). 7:50 (mochi yuhque = all alike, all in the same manner—cf. 7:52: mochi yuhqui), 79:16 (aquique in ca çan no tiuhque in yuhque = who are these people who are just like us?).

IHUITL

1. Name of one of the three hearth stones. 1:7, 3:27.
2. For p.n. see CONC: Ihuitzin.

IIYOYOCA, see IHIYOYOCA.

ILACATZIUHQUI

1. That which is twisted (MOL).
2. That which is woven of twist (CF bk. 9, ch. 1, fol. 1v: chicuematl tilmatli, ilacatziuhqui = mantas de ocho braças en largo texidas de hilo torcido como terliz); a skirt of such weave (HG bk. 2, ch. 27, parag. 15); a maguey-fiber tilma of such weave (FC bk. 10, ch. 20). 65:23.

ILHUIA:MO-TE, to make a complaint to s.o. (MOL: ilhuia:ninote = quexarse a la justicia); to plead with s.o. (?), to urge s.o. (?). 66:15 (quimolhuica ynic quimictizque = he had pleaded with him in order that they might kill him, i.e., he had urged him to have him killed).

ILHUIA:MO-TLA, see NEPANILHUIA:MO-TLA, TLALHUIA:MO.

ILHUIA:TE-TLA, see TLALHUIA:TE.

ILHUICHIHUITIA:TE, to make a feast for s.o., to celebrate a holiday for s.o.

ILHUITIA, to be the day. 39:5 (mayo ic 22 ilhuitia = the 22nd day of May); cf. 8 dias del mes de Julio, AUB 99; castollomey dias del mes de henero = Jan. 18, AJB 2; yc 6-tia henero = Jan. 6th, ZCHIM 2:80.

-ILHUITICA

1. After (so many) days. 7:45 (chicueiylhuitica = after 8 days).
2. After (so many) "months," i.e., after (so many) 20-day feasting periods (see NED: [1]ilhuitl 3).

ILHUITONALLI, see CEMILHUITONALLI.

*ILPIA, to be tied or held as a prisoner (CAR 510:13: ilpiticatca, LASSO 48:33: ilpiticatca). 26:24 (yylpitiaque = they went as prisoners).

ILPICHILIA:MO-TLA, to blow s.th. at one another (applicative of ilpitza:tla). See XAXALILPICHILIA:MO-TLA.

ILPILIA:MO, to be tied (SIM). See TOXIUH MOLPILIA.

IMATI:TLA, to contrive, design, or plan s.th. (MOL, NED: ihmati:tla). 46:27.

IN (CAR: īn), see ININ.

INIC, see IC.

ININ (CAR: inīn)

1. This, this thing (MOL: este, esta, esto). 33:40 (auh ynin tlàtolli), 38:24,33 (auh ynin).
2. This one, this person. 33:38 (auh ynin xicmicti).
3. These people. 26:49 (ini), 43:16 (yehuantin inyn tlatohuanime).
4. Adv., thus, and so, consequently (NED: īn 2). 24:32 (ynin àmo pehualloque = and so they were not conquered), 31:15 (auh ynin yehuatl . . . = and so, as for him . . .), 38:5 (auh ynin ma xonyatiuh . . . = so do proceed), 46:31 (ynin mochiuh yaoyotl = thus war was waged), 50:6 (auh ÿyn = consequently).
5. See IPAN ININ.

INTLA, introduces subordinate clause. 7:53 (following main clause), 50:27 (preceding main clause).

INTLAZAN, if only. 81:12,13.

IPAMPA, por esto, dando razon o causa porque se hizo la cosa (MOL).

1. Because, on account of. 45:15.
2. So that, in order that. 45:17.

IPAN

1. And so, thus (NED: īpan 2). 24:41, 35:33 (?, ypa).
2. = ipampa, for, because of, or on account of it (?). See 17:17 and note to the accompanying translation.
3. See IPAN ININ.
4. See QUIN IPAN.
5. Ipan . . . icuac . . . = the time (of such and such) is when . . . 52:1.

6. Ipan . . . ipan . . . = 5, above. 51:1, 57:52, 59:11.
7. Back, prior. 59:25 (23 años ipan = 23 years back).
8. At the time, at this time (NED). Passim. Ye no ye ipan, see YE NO YE.
9. There, in that place (FC 6:12:22). 59:15,16, 60:7.
10. See HUEL IPAN.

IPANIN = IPAN + in (cf. NED 167: īpanon, see also GN sec. 3.7). 27:33 (ye yuh xxxj xihuitl ypanin yn aocac tlatocati = there has been no ruler for 31 years), 45:41 (ypanin yn oncan açico . . .), 47:28 (auh ypanin yn ey tochtli), 49:19 (ypanin yn motlallique). Cf. IPAN ININ.

IPAN ININ (often written "ipanin yn," as in ZCHIM passim; see GN sec. 3.7), at this time. Ypan inyn (or ypanin yn), 17:44, 34:17, 59:33, etc.; ypan inyn xihuitl = in that year (or in this year), 8:13, etc.; 51:8,15; cf. FC 4: 11:2: in jpan, y, machiotl = when it was the time of this (day) sign. Cf. ICUAC IN.

IPAN POHUI, to be counted as, to be considered or regarded as (FFCC 1: 55:36, MOL: atle ipāpoui). 41:22.

-IPILLI, twenty (when counting tilmas, mats, etc.) (see MOL: cemipilli). See MACUILIPILLI.

IQUEZQUIYOC, *QUEZQUIYOTL.

ITALHUIA:TE-TLA, to say s.th. about s.th. 17:48.

ITECH ANA:MO, to be drawn from it, to derive from it (FC 6:125:5, FC 11:225:19). 62:15 (onmana ytech = they are derived from him, i.e., they trace their ancestry to him). Cf. ANA:TLA.

*ITENCOPATI, see note to the translation at 15:53.

ITLA, something. See ITLATZIN.

ITLAHUELTIA:TE (?), prefixed form of TLAHUELTIA:TE (?, see GRAM sec. 5.2). 9:50 (quenitlahuiltitinenca [*read* quinitlahueltitinenca] ynic tlacamictizque = he kept inciting them to perform human sacrifice [?]).

*ITLALHUIA:TE-TLA, see CENTLATALHUIA:TE, TEUCTLATALHUIA:TE.

ITLANI:TE, to request or requisition s.o. (a victim, a woman). 9:6, 15:43,44, 30:28, 53:47, 82:49. See TLATLANI:MO.

ITLATZIN

1. Honorific of ITLA (COMED 21v:14).
2. Diminutive of ITLA, a little something. 82:33.
3. Same as 2, but used adverbially. 41:43 (ytlatzin notech monequi = it somewhat behooves me).

ITOA:MO

1. Reflex-pas., to be told (of a report or story). Passim.
2. Reflex-pas., to be said (of hearsay or secondhand information). Passim.
3. Reflex-pas., to be mentioned (of s.th. repeated in a narrative). 20:2 (omito). Syn. TENEHUA:MO.
4. See CEMITOA:MO or CEN ITOA:MO.

5. See PILITOA:MO.
6. To be called or known as. 62:15 (y mitoa Mixcoatl).
7. With embedded g.n., to be called or known as (FC 6:34:13: momexicaitoa). 27:1 (motoltitlancalcaytohua = they are known as Toltitlancalque), 40:47 (moçentepanecaytohua = as a group they are known as Tepaneca).

ITOA:TLA, see -PAN TLATOA.

-ITOLOCA, pos. only.

1. Story, telling, narrative, or report (belonging to s.o. or told by s.o.). 1:25 (imitolloca = their narratives—cf. 62:13), 16:33 (ymitolloca mexitin ynpollihuiliz = their telling of the defeat of the Mexitin), 62:14 (ym miec ymitolloca yc = many are their stories about it).
2. Story, telling, narrative, or report (about s.o. or s.th.) (FC 3:13:1: in jtoloca in Quetzalcoatl = the story of Quetzalcoatl—cf. FC 10:191:25). 4:27 (çecni omicuillo yn iytolloca = the story of it has been written elsewhere), 8:41 (cenca miec ỳtolloca = many more stories about it), 12:55 (ytolloca = the narrative about it), 20:36, 51:25 (mocaquiztiliz yn itolloca = a report of it will be set forth), 58:34 (miec yn yytolloca yn = many are the stories about this).
3. Gloss or commentary (on s.th.) (MOLS: glosa de obra = yhytoloca).
4. Decision, verdict (?, FC 9:64:28).
5. ? See FC 6:197:14, cf. FC 4:131:6.

ITQUI:TLA, to bring s.th. forth (cf. MOL: itquitinemi:niqu). 82:22.

ITQUITO:MO, to be purely or completely (such and such) (see MOL: motquitoc; cf. FC 11:24:25: motqujtica, FC 12:11:19: motqujtica). 61:58.

ITTA:TE

1. See ITZ-:TE.
2. See HUALITTA:TE.
3. With prefix on-, to visit s.o. (CAR 445:12). 38:30.

ITTA:TLA, to look in s.th. (i.e., a mirror). 5:50.

ITTILIA:TE-TLA, to see s.o. that pertains or belongs to s.o. (CAR 468, MEX 59). 19:24.

ITZ-:TE, irregular stem for ITTA:TE (?). See 7:10 (tic-*ya*-itzcã = let us see him).

ITZINECAN (itzinècan per LASSO 30:30, see GRAM sec. 7:13), the beginning, in or at the beginning (MOLS: al principio, quando comence a hazer algo; see GN sec. 3.6; LASSO 30:30: oc ihuian nimitzcaquiz, hueloc itzinècan niquittaz = I will listen to you again slowly, I will consider it again from the beginning). 2:24 (yn itzinecan = in the beginning), 44:34.

ITZMICOATILMATLI, arrowhead-serpent tilma, i.e., tilma with arrowhead-serpent design. 64:23,27,28.

ITZMITL, arrowhead (Sullivan, "Arms and Insignia," p. 183 and fig. 43: tlapalitzmitl). See ITZMICOATILMATLI.

ITZOLTILIA:TLA, to mince, to chop fine (of meat) (MOLS: picar carne muy menuda). See 80:24.

ITZOQUILIA:MO, to muddy one's face (cf. MOL: itzoca:n = tener sucia la cara). 45:19.

ITZTICA:TE (itztìca in the orthography of Carochi), to cohabit with s.o. (i.e., to have sexual relations with a woman) (?, cf. MOL: niquimitztica = viuir o morar en compañia de algunos). 55:38.

ITZTICA:TLA (itztíca in the orthography of Carochi), to be near to or in the vicinity of s.th. (cf. MOL: ueca niquitztica = to be far from s.th.). 82:41.

ITZTIUH, to proceed (NED). 62:20 (hualitztia = he came traveling).

ITZTIUH:TLA, to go along looking at s.th. 7:25.

ITZTLOTLI, lit., blade falcon, a kind of falcon (see FC 11:44:34). 78:2.

ITZTO:TE, for nonactive see ITZTOTO.

*ITZTO:TE-TLA, see TLATZTO:TE.

ITZTOTO (nonactive of ITZTO:TE, see GN sec. 2.1), with prefix hual-, to be being watched (of mortals being watched from heaven) (FC 6:11:20: oalitztotoc . . . in jlvicac). 62:5 (tihualitztotoque = we are being watched here).

ITZYOTIA:TE, to provide s.o. with a piercing or cutting implement (from *ITZYOTL), to give thorns to s.o. 77:41.

*ITZYOTL, piercing or cutting implement (itztli + -yotl), see ITZYOTIA:TE.

IUCTLI, sister (NED). 80:43 (michuan = your sisters, i.e., your compatriots—cf. HUELTIUHTLI).

IUH

1. Thus (MOL).
2. In iuh (introductory adverbial expression), so, thus, consequently (FC 11:52:28: in juh mjtoa . . . = so, it is said that . . . ; FC 11:275:16). 1:43, 7:41 (yn iuh quitoa . . . = so, they say that . . .), 7:47 (auh yn iuh quimatia . . . = and so, they knew that . . .).
3. See ZA IUH MANI.

IUHCA, thus it is; so goes (the story), as in (the story) (FC 11:70:3: in iuhca nenonotzalli = as in the fable). 49:3 (iuhca ytlacatiliz = how he was born), 62:17 (yn iuhca = so it goes).

IUH CA TEYOLLO, to understand, be in the know, be privy (MOL: iuhca noyollo = tener entendido algun negocio). 20:24 (yuh catca ynyollo), 42:43 (idem), 45:48 (yuh catca yyollo).

IUHQUI, var. IUHQUIN

1. One that is like, one that is similar to (FC 11:5:26 and FC 11 passim). See IHUI.
2. Like, kind of sort of. 28:32,32, 51:31 (yn ycuilliuhticate yuhquin tlaca = what are shown are sort of people), 51:49 (yuhqui yn çihuacalpixqui mochihuaya = she became a kind of female tribute collector).

3. In zan iuhqui = as if to (?). 52:21.
4. See AMO MACH IUHQUI.

IUHTIA, vars. IUHTI (NED), IUHTIE (FC 12:36:3). Ma iuhtia = let it be thus!:

1. I.e., so be it! (spoken in resignation) (FC 12:36:3: ma iuhtie).
2. I.e., let it be!, leave it alone! (spoken as a warning) (FC 6:70:5–6). 60:38.
3. I.e., let it be that . . . (as auxiliary to main verb). 59:47 (ma yuhtia yn tiquinmocuililia tlalli = let it be that you take land from them).
4. I.e., let it be the same!, let it be likewise! (?, see NED: iuhti).

IXCAHUIA:MO, to mind one's own business (MOL). 12:41 (mixcahuitoca = they had been on their own), 24:18 (mixcahui = he was acting on his own).

IXCAHUIA:MO-TE, to campaign against s.o. all by oneself (of an army engaging its enemy without allied support) (cf. MOL). 24:8,21, 48:13.

IXCO ICPAC, see TEIXCO TEICPAC EHUA.

IXCONOA:MO, to rub oneself (cf. MOL: ixconoa:nitla). 1:18.

IXCUAUHCALLI = CALIXCUAHUITL (?), façade of a house (MOL), façade or front in general (?). See IXCUAUHCALLICHIHUA:TLA.

IXCUAUHCALLICHIHUA:TLA (from IXCUAUHCALLI), to make or fashion the face-front of s.th. (?, refers to a frontal area on the face of a mask?). Note: The combining form of calli should be cal-, not calli-, but see GRAM sec. 7.2: unusual combining forms. 6:5.

IXCUEPA:MO

1. Lit., to turn one's face (SIM).
2. Reflex-pas., to be turned back, to be sent back (?). 54:18.
3. To lose one's way, to become lost; to stray (MOL).
4. To lose one's senses, to act foolishly (CAR 519:47, FC 4:131:32, FFCC 1:53:22).

IXCUINAN, pl. IXCUINANME, see CONC.

IXHUA

1. To sprout (of plants) (MOL).
2. To sprout (of seedbed). 24:29 (xiuhyxhuac yn inteocal = their temple sprouted grass), 27:32 (xiuhyxhuatimani yn altepetl = the city is sprouting grass).

IXHUIUHTLI

1. Grandchild (MOL, FC 10:6:3 and HG). 84:48 (?).
2. "Primo, hijo de hermano" (MOLS); "prima, hija de hermana" (MOLS).
3. Descendant (see TEPILHUAN TEIXHUIHUAN). 34:3.

IXIMATCANEQUI:MO-TE, *with negative prefix*, to act as though one does not know or recognize s.o. (cf. MOL: iximatcanenequi:aninote). 56:42.

IXIMATI:TE, to face s.o., to confront s.o. (in battle) (NED). 62:49. Syn. IXNAMIQUI:TE.

IXIPTLAYOTIA:MO-TE

1. To make s.o. be one's representative (MOL) or substitute (see MOL: teixiptla) or successor (see FC 6:246: teixiptla, cf. FC 10:6:7, FC 10:19:12). 33:20.
2. To make oneself be the successor of s.o. (?).
3. Reflex-pas., to be made the successor of s.o. 8:48.

IXNAHUATIA:TE, to admonish s.o. (cf. MOL: ixnauatia:nite = condenar . . . a otro). 48:42 (cemixnahuatillo).

-IXNAMICOCA, pos., confrontation or conflict with . . . , (military) engagement of . . . 31:7 (yn iyxnamicoca altepetl quauhtitlan = conflict with the Cuauhtitlan nation).

IXNAMICTIA:TE, to rouse or incite s.o. (MOL), i.e., to incite one's allies. 30:42, 31:2, 48:8 (with ica).

IXNAMIQUI:MO

1. Reciprocal reflexive, to combat one another (MOL). 17:43, 40:19 (mixnamictinenca), 49:50, 55:16.
2. Reflex-pas., to be engaged in combat, to be warred against. 17:4.

IXNAMIQUI:TE or TLA, to confront or engage s.o. or s.th. (in battle) (cf. MOL). 9:47, 21:33,38, 40:11 (quimixnamictiaya = they were going forth to engage them), 47:24. Syn. IXIMATI:TE.

IXNECI, to be obvious, to proceed openly (see MOL). 48:11,27 (hualyxnez).

-IXPAN/-MATIAN, pos., in the presence of . . . / with the knowledge of . . . ; *freely*, in front of . . . (see NED: -matiān 1). 32:15.

IXQUENTIA:MO, to be provided with a façade, to be faced (with stone or some other material). 28:16.

IXQUETZA:MO

1. Used an an auxiliary verb, to take it upon oneself to . . . (cf. MOL). 30:47, 31:1.
2. See TEPAN IXQUETZA:MO.

IXQUETZA:TE. Cf. TLATOCATLALIA:TE.

1. To put s.o. in office, to install s.o. (MOL). 3:34.
2. To authorize or appoint s.o. (for a specific task). 35:25.

IXQUETZA:TLA

1. Indef., to put s.o. in office (MOL).
2. Tlanahuatia tlaixquetza = to charge and commission people, to assign people to their offices or duties (see FC 2:100:19: tlanaoatilti tlaixquetzalti). 56:10.

IXQUICH

1. All kinds, every kind. 9:56 (yxquich tlacamictiliztli = every kind of human sacrifice).
2. Ma ixquich = enough!, let that be enough! 7:12,17.
3. See IXQUICH ICA.

IXQUICH ICA
1. The whole while. 20:40.
2. All the while, during the whole time that. 20:6.
3. Until (FC 2:93:4: jxquich ica oalaci = until it arrived; SPC 18v: inin nemaquistiliztli, aic tlamiz: isquich ica in tlamiz cemanaoac = this marriage is never to end until the world ends). 40:25 (ixquich yca ynyc onaçico = until they arrived), 49:22.
4. Since, from the time that. 16:25.
5. All in all, altogether. 20:43, 27:57, 28:16.

IXTECUICUILIUHQUI, that which is eye-spotted, i.e., painted with eyelike spots (FC 10:73:11, cf. the eye-spotted tilmas illustrated in Codex Mendoza fols. 46–52 or described in CF bk. 8, ch. 8) (from ixte- and CUICUILIHUI; for -ixte see NED: -tetl 1). 64:25.

IXTETLILCOMOLOA:MO (ixtli + -tetl + tlilli + comoloa:mo)
1. To blacken one's eye sockets (see CF bk. 9, fol. 21v: quistetlilcomoloa = teñjan le de negro los ojos).
2. Reflex-pas., to have one's eye-sockets blackened (see FC 3:47:22: mixtetlilcomolo, from ixtetl etc.; cf. FC 2:106:18: mjxtentlilcomoloa, from ixtentli etc.). 1:19.

IXTIA:TE or TLA, to face or confront s.o. (in battle) (see MOL). 32:16,27.

IXTLAHUA:MO
1. To pay a debt (MOL: pagar deuda).
2. To make "payment" (i.e., to make sacrifices to the gods). 5:11,24 (tlacatica moxtlahuaz, 9:8 (yca moxtlahuato), 20:26 (hualmoxtlahuaya), 22:37 (hualmoxtlahuani), 22:38.

IXTLAMATI, to be aware, to have mental capacity (of child reaching the age of reason). 4:5.

IXTONA, to be aglow (NED). See 60:1.

IYETECOMATL, gourd flask for carrying tobacco (see DHIST ch. 18, parag. 38; cf. FC 2:198:17 and HG bk. 2, app. 4, parag. 24: yiecõton = calabazo lleno de picietl). 83:15.

-IYO, see IHIYOTL (and note that the "yyo" at 17:22 has been treated as a copyist's error).

IYOC, see IHIYOTL 2.

IYOCA. For freq. see IHIYOYOCA.

IYOCAN, the only place. 40:37.

IYOHUIA:TLA = IHIYOHUIA:TLA, q.v. 23:9 (otiquiyohui = welcome!).

IZCALIA:MO
1. To revive, to come to, to sober up (NED). See IZCALTIA:MO.
2. To come to one's senses (i.e., to act sensibly for a change) (FC 12:33:18: cujx qujn omozcali? = has he come to his senses?). 52:31,42 (cuix quin oanmozcallito).

IZCALLI, eighteenth and final "month" of the year (DCAL, MAGL, FC 2), Feb. 4–23 (DCAL, MAGL), or the principal feast that occurred during this month (DCAL, MAGL, FC 2). 9:40, 24:40, 47:41.

IZCALTIA:MO

1. To grow or increase (MOL, NED).
2. = IZCALIA:MO (?). 7:3.

IZCALTIA:TLA, to cause s.th. to increase (see IZCALTIA:MO), to quicken s.th. (i.e., a stream of water). 53:34.

IZO:MO, to bleed oneself (MOL). 62:29 (mìzoc). See NEZOLLI.

IZOMOCA, to swish or rustle (of moving snake) (NED: ihzomoca, -ihzomocayān). See CONC: Cuauhizomoca.

IZQUICAN, var. IZQUICANIN (84:51).

1. All the places (of a particular set or category) (FC 2:43:23, FC 2:78:18, FC 2:132:24,25, FC 12:51:3, FC 12:54:9, FC 12:91:26). 45:31,32, 47:16, 53:43, 84:32,51, 121:8,29.
2. All places, everywhere (?). See FC 12:118:10.

IZQUICAN . . . IZQUICAN, in as many places as . . . then in all those places. 5:6 (izquican tzacuia yzquican çeçentlamantin oncan catca itecpoyohuan = in as many places as he was sealed off, then in all those places some of his pages were there). Cf. NED: quexquich . . . quexquich, ixquich . . . quexquich.

IZQUITLAMANTI, to be however many, to be as many (cf. MOL: izquitlamantli). 44:17.

IZTITL or IZTETL, a unit of measure, see CEMIZTITL.

M

MA:TLA, see TEPALLAMA.

MACA:MO-TLA, reflex-pas, to be given s.th. 38:1 (quimomacac = he was given it, 38:1), 50:27 (tictomacazque = we will be given it), 60:53 (motlalmacaque = they were given lands).

MACA:TE-TLA or TE-TE, to apportion s.th. or s.o. to s.o. (cf. MACEHUALMACA:TE, TEQUIMACA:TE). 33:1,3.

MACAHUA:TE, to grant or deliver s.o. (MOL: macaua:nitla = otorgar algo). 53:46 (with complementary verb), 54:2 (without complementary verb).

MACAZE NIMAN, let it absolutely not be that . . . , forbid that . . . (cf. FC 6:103:11, NED: niman 4, NED: mānozeh). 78:8.

MACEHUA:TLA (CAR 462:14: màcēhua)

1. Indef., to do penance (MOL), to perform penetential sacraments, to perform a rite of penance (FC 3:1:20, 3:14:29, 3:60:16). 4:36, 5:28, 36:35.
2. With dangling obj. (?—see GRAM sec. 5.6). 77:41.

3. To obtain s.th. (MOL). 12:25 (tlamaçehuato yaotl = Yaotl went in order to obtain [lands]—cf. TLALMACEHUA). See TLALMACEHUA, TLAMACEHUALE.

[1]MACEHUALLI (CAR 462:14: màcēhualli), see *TLALMACEHUALLI.

[2]MACEHUALLI (CAR 488:38: mācēhualli)

1. Vassal or commoner (MOL, CAR). 23:40 (imacehualtzitzihuan), 62:30.
2. Fellow (used in direct address) (?). 82:44,48.

MACEHUALMACA:TE, to apportion vassals to s.o. (cf. TEQUIMACA:TE). 32:46.

MACH, it seems (NED). 77:11.

MACHILTIA:MO-TLA, honorific of MATI:TLA 3. 38:43 (amo çan tehuatl ticmomachiltia = you are not the only one who feels it).

MACHILTIA:TE-TLA, to cause s.o. to know s.th. 20:20, 42:23.

MACHIYOTIA:MO, to be marked (for identification). 45:16.

MACHIYOTIA:TLA

1. To rule s.th. (i.e., paper) (MOL); to draw or design s.th. (MOL: debuxar algo, FC 10:27:33: tlamachiotia = he draws plans); to plan s.th.; to survey s.th. 28:12 (tlamachiotique . . . yn oncan ycaz ynteocal = they planned where their temple would be), 49:29 (quimachiotico mexicatlalli = they came to survey the Mexica lands), 49:31 (quimachiotique yn omitoaya tlatilolca atl = they surveyed the so-called Tlatilolca waters), 51:20 (tlamachiyoti . . . yn canin ỳcaz yteocal tetzcotzinco = he planned where his temple would be in Tetzcotzinco).
2. ? 80:6 (tlamachiotitihuitz).

-MACHOCA, pos., knowledge of (passive action noun per AND 225, CAR 451). 65:53 (imachoca).

MACPALLI, hand (FC 12:50:19), palm of hand (MOL). 28:32, 28:33 (xiuhmacpalli).

MACUAHUITL, macana (NED; Sullivan, "Arms and Insignia," 172). See MACUAUHTOPILLI.

MACUAUHTOPILLI, macana staff (from MACUAHUITL). 42:36.

MACUILIPILLI, one hundred (flat objects) (MOL). 65:39 (of skins).

MACUILLI

1. Five (MOL). 56:29.
2. Five days. 50:7 (quin macuilli).
3. Macuililhuitl = five days, for five days. 51:14.
4. In ye macuil in ye matlac = for five days, for ten days (i.e., for some time, for many days) (FC 3:15:34, FC 12:42:25).
5. Five draughts. 6:32.

MAITL

1. Fig., power, authority (?). 9:57 (ymac . . . ymatiayan = under his au-

thority . . . during his time); 60:57 (ynmac = in their hands, i.e., under their control).

2. See -MATL.

MALCOCHTLI (should be macochtli?, see NED), armful. 82:48.

MALINALLI, straw or hay (HG bk. 4, ch. 1: heno); calendric day sign (FC 4: fig. 103). 75:8.

*MALQUIXTILLI, pl. MALQUIXTILTIN, lit., freed captive (cf. TLAQUIXTILLI, see AND sec. 32.2). Key word: captive servant (note that such individuals, though "freed," remained in bondage). 41:11, 44:7.

MAMACUILQUIMILCA, see -CA 2.

MAMALI:MO, reflex-pas. of MAMALI:TLA. 29:47 (momamal), 58:35, 60:9.

MAMALI:TLA

1. To drill s.th., i.e., to use s.th. as a drill (FC 7:26:8: quimamalia tlequauitl = he used the fire drill, FC 7:27:12).
2. To drill s.th., i.e., to use a (fire) drill on s.th., *by extension*, to dedicate s.th. (a temple), to celebrate the construction of s.th. (a temple) (see MOL: teocalmamali; see also CF bk.2, fol 118: tlamamalioaia = sacauan fuego nuevo, and cf. CF bk. 7 ch. 9; see also FC 5:194:23–31). 25:1,18,29, 54:40, 81:12,17,19.
3. Indef., to hold a dedication ceremony. 20:32, 53:47.

MAMANA:TE

1. To scatter or disperse people (cf. NED: mahmana:mo, mahmana:tē). 40:27.
2. To place people (of a group of people placed in canoes). 56:31.

MAMANA:TLA, to lay out s.th. (a field or an estate that one is claiming for oneself). 26:17.

MAMANI, to stay put. Aoc tlatlaca mamani, see TLATLACATL. Syn. MANA:MO 1, MANI 2.

MAMATELOA:TE, freq., to rub or anoint s.o. (see MOL: mateloa:nitla, matiloa:nite). 36:37.

*MAMAZZOA (mamaztli + -yoa), to be full of or characterized by shafts. 78:10.

MANA:MO

1. To stay put. 78:8. Syn. MAMANI, MANI 2.
2. To be fought (of a battle or a war). 19:51 (ompa momanato yn yaoyotl = the war was carried to that place—cf. 20:8, 53:21), 49:39 (momanato yaoyotl = the war spread).
3. To offer oneself (NED). 50:7 (huel titomana).
4. With mitl/chimalli, to be ended (of a war) (see FC 12:118:27). 53:14.
5. To be established (cf. Horcasitas and de Ford, p. 10: omoman tlaltihpactli = se formó el mundo; cf. NED: mana:tla 2). 54:34 (of eagle lands), 75:2 (of earth: *for* mamaca *read* momanca), 76:10,14,14,19 (of sky), 76:19 (of earth).
6. As matrix in -ti- compound. See TENTIMOMANA.

MANA:TLA

1. To build s.th. (a house) (MOLS: edificar algun edificio = calmana:ni). 26:11 (a town or city).
2. See MAMANA:TLA.

MANEN CA, don't let it be (i.e., don't let it happen) (see NED: [1]ye 9). 22:25.

MANI

1. To be (NED: mani 1). See IC TLAMANI.
2. To stay put. 78:1. Syn. MANA:MO 1, MAMANI.
3. See ZA IUH MANI.
4. See MANTIUH.

MANTIUH, to move away (of a group), to bodily travel off (see NED). 31:21 (mantia yn altepetl = the populace moved away), 42:4 (onmantia quauhtitlancayotl = the Cuauhtitlan nation bodily traveled off).

MAQUIN, adverbial particle introducing optatives or future optatives, let it be later (CAR 425:27, see also NED). 14:3.

MATELOA:TE, see MAMATELOA:TE.

MATEMACATL

1. Bracelet (MOL: braçalete de oro), armband (TEZ 339, 407, 438).
2. Teocuitlamatemacatl = gold armbands (FC 2:67:10: worn on each biceps by Tezcatlipoca surrogate; CF bk. 8, ch. 9: worn on each arm by ruler when dancing; CF bk. 12, ch. 41). 52:46.

MATI:TE

1. To enjoy s.o. (NED), to seduce s.o. (SIM), to know s.o. sexually. Nen quimonmatque, see NEN.
2. See MATTIUH:TE.

MATI:TLA

1. To meet or encounter s.th. (see NED: mati:tla 1). 32:27 (oconmatque—see note to the translation).
2. To find out about s.th. 35:5,9 (conmat).
3. To feel or suffer s.th. (NED: mati:tla 1). For honorific see MACHILTIA:MO-TLA.
4. Ye tehuatl ticmati = it is up to you, it is left in your hands (lit., it is you who knows this) (FC 6:51:2, FC 6:98:21). 58:30.
5. See HUALMATI:TLA.
6. See TLE MATI:TLA.
7. See ZAN IUH MACHO.

-MATIAN, see -IXPAN/-MATIAN.

-MATL, a variant of MAITL (MOLS: braço generalmente = maitl), a unit of linear measure (see MOL: cemmatl = una braça, para medir; FC 11:70:31: vmmatl; CF bk. 2, ch. 24, fol. 34v: cempoalmatl = veynte braças), for measuring the length of a tilma (CF bk. 9, ch. 1, fol. 1v: chicuematl tilmatli = mantas de ocho braças en largo). Key word: fathom (per RJC 51—but see the discussion in Castillo, "Unidades," pp. 210–15). 64:50 (chichicueèmatl = eight fathoms apiece—cf. 65:21), 65:22,29 (nanamatl = four fathoms apiece), 65:29 (chicuematl). Cf. CECIYACATL.

MATLAHUACALCO, lit., in a pack basket; fig., in hiding (?, cf. NED: petlacalco). Aocaque in ompa tenca in mizquiticpac matlahuacalco in tenca = none of them were in the mesquite anymore, they were in hiding (?), 79:21; cf. mizquitl icpac matlahuacalco, CM fol. 36v, line 27.

MATTIUH:TE, to seek s.o. out, to go to s.o., to proceed to s.o. (cf. NED: tlamati 2, MOL: veca nitlamattiuh). 45:31 (quinmattia).

MATZAYANA:TLA

1. To part or separate s.th. (?, cf. MOL: matzayana:nite = hender la mano a otro, hazer diuorcio, o despartir a los que riñen). 80:5 (tlamatzayantihuitz).
2. To gain, win, or negotiate for s.th. (MOL).

MAUHTILIA:MO-TE or MO-TLA

1. To terrify s.o. (CAR 445:8).
2. Indef., to be terrifying, to be formidable. 54:17 (motlamauhtillique).

*MAXAHUI, to expose one's crotch, to be naked in the region of the loins (FC 10:189:8: maxauhtinenca, cf. MOLS: desnudar o descubrir sus verguenças = mamaxauia:nino). 54:29, 80:45.

MAYAHUINI, fighter, soldier (FC 12:16:11). 56:12.

MAZANNO, adverbial particle introducing wishes and commands (cf. NED: māzanō). 38:22.

MECATL

1. Rope, cord (MOL, cf. MOL: tlalmecatl = cordel para medir tierras y heredades). Titlamecatocaz, see [2]TOCA:TLA.
2. Plot of land, piece of land (MOL: cemmecatl = una suerte de tierra, cf. English "mecate"). Titlamecatocaz, see [2]TOCA:TLA.
3. Concubine (of a bachelor) (MOLS: manuba de soltero).
4. Concubine, mistress. 16:18 (imecauh).

MELAHUA:TLA, indef., to go directly (MOL), to extend or reach straight out. 19:29 (intlalpã . . . huallamelahuaya yn ompa acaltecoyan . . . = their territory . . . came straight out to Acaltecoyan . . .).

METECA:TLA, to plant s.th. with magueys (e.g., a field or garden) (cf. MOL: meteca:ni = plantar magueyes, FC 11:217:16: nimeteca). 40:21, 41:8.

"MEXPANITLI," see MIXPAMITL.

MICHIHUAUHTLI, fish amaranth (FC 11:281). 77:25.

MICTIA:MO, to kill oneself, to commit suicide (MOL). 11:6, 11:12 (momictico), 42:3. See NOMATCAMICTIA:MO, XOCHIMICTIA:MO.

MICTIA:TE

1. To kill s.o. (MOL). 28:35, 31:45.
2. To sacrifice s.o. 4:42, 23:32, 41:12, 81:34, 83:12. See also TLACAMICTIA.

3. To mistreat s.o. (MOL). 40:31, 44:18, 58:14. See POYOMICTIA:TE.

MIEC, pl. MIEQUE (41:15, 44:26), MIEQUIN (41:12), MIEQUINTIN (41:11), many (MOL).

MILCHIHUA, to make milpa, to cultivate cropland (see MOL: milchiuhqui). 26:15.

MILLAPIXQUI, keeper of the fields (milli + tlapixqui). 14:40.

MILLAPIYA, to be keeper of fields. 15:8.

MILTI, to be gardens, to be milpa (from milli; cf. AND 354–55). 49:18 (miltitoc).

MIQUI

1. To die (MOL), to meet one's death (may imply execution, murder, or sacrificial death). Usages where unnatural death is implied, 24:30 (?), 28:41, 31:20,29, 32:30 (honorific), 32:44, 33:32,42, 35:26,34, 36:9 (honorific), 45:37, 51:41, 53:11 (?), 57:1,29,44, etc.
2. See *TLATOCAMIQUI.

MITIA:MO, to furnish oneself with darts. 7:45, 80:39.

MITL

1. Dart (MOL). Used with dart thrower, 80:31.
2. Arrow (MOL, FC 10:172:8: used with a bow). See ITZMITL.

-MITLACAUH, see -CHIMALLACAUH/-MITLACAUH.

MIXPAMITL or MIXPANITL (61:19)., lit., cloud banner (a celestial phenomenon, presumably a comet, auguring poverty or famine per OLM 229: mixpanitl), especially a legendary comet foretelling the arrival of the Spaniards ten years before the event (DHIST ch. 63: en el cielo una cometa; TEZ ch. 100: como una nube blanca; HMPP 232: era blanca y de dos brazas en ancho; Codex Telleriano-Remensis fol. 42: mexpanitli; CF bk. 8, chs. 1, 3, and 6; CF bk. 12, ch. 1 [illus]; AUB side 78: pictograph of banner). 60:48; 61:11,19.

MOCELOQUICHTLE (mo- + cel + oquichtli + e), pl. moceloquichtine (CAR 490:12), O soldier! (CAR 513:38), O valiant! (see CAR 490:12: varones esforçados). 38:43.

MOCIHUAQUETZQUI, valiant woman (HG bk. 6, ch. 29). 8:43.

MOLINI, to move along (NED). 2:43 (of sun in sky).

MOMOYAHUA, freq. of MOYAHUA, to be routed, scattered, or broken up (of populace in disarray after a military defeat) (see MOL, NED: mohmoyāhua). 21:43, 23:20.

MOMOYAHUA:TE, to scatter or rout s.o. (see MOL, NED: mohmoyāhua:tē). 17:2.

MONASTERIO, Span., monasterio, i.e., monastery. 28:23.

MOYAHUA, to scatter or disperse, to be scattered or routed) (of populace driven from homeland, cf. NED). 59:31. For freq. see MOMOYAHUA.

N

*NACAZTLAN, pos.
1. Around or near the ear of (FC 11:37:7).
2. Alongside of, side of (FC 2:114:9: inacaztlan in iztac tepetl = alongside Mt. Iztactepetl, LASSO 40:2: inacaztlan tepetl = on the hillside). 14:45 (inacaztlan tecpancalli = alongside the palace house).

NACOCHTLI, earplug (MOL: orejera, FC 8:27:10). 60:35. See AMAPATLACHNACOCHTLI.

NAHUALCAHUA:TE, to treacherously abandon s.o. (in battle). 32:15.

*NAHUALCUAUHTLI, magician-staff (?, see 12:8 and note to the translation).

NAHUALIHUA:TE, to craftily or deceitfully send s.o. (MOL). 41:44 (quihualnahualyhua).

NAHUALLI
1. Sorcerer (RUIZAL 246, FC 2:77:9: naoalquaujtl = sorcerer's staff, FC 12:21:2: nanaoalti = magicians).
2. Nagual, familiar, alter ego (NED—citing the Leyenda de los soles). 76: 37,49.

NAHUALNOTZA:TE, to summon or call to or speak to s.o. craftily or treacherously (cf. MOL: tenaualnotza = el que llama a otro con cautela, MOL: notza:nite = citar o llamar o hablar con otro). 24:3, 30:34, 39:44.

NAHUATIA:TE
1. To give s.o. a command (MOL). 33:21, 36:37,38, 38:3,42, 39:4,17, 48:8.
2. To tell s.o. what has to be (MEX sec. 88: quinnahuati). 83:1.
3. To give s.o. permission (MOL: pedir licencia a darla para hazer algo). 58:29.
4. To discharge s.o., to send s.o. off (MOL). 16:44, 58:18 (?), 58:21 (?, honorific), 58:28 (?).
5. To take leave of s.o. (MOL). 39:51, 41:46.
6. To summon s.o. (AND; CM fol. 27, line 3; CM fol. 77, line 24). 22:20 (?).

NAHUATIA:TLA. Tlanahuatia tlaixquetza, see IXQUETZA:TLA.

NAHUI, comb. form NAUH-, four (MOL). 4:34 (nauhtetl yn quimamã ycal = four in number were the houses that he built), 29:30 (nauhcan = four parts or quarters [of Cuauhtitlan]). See NAUHCANTLALIA:TLA, NAUHTEUCTLI.

NAHUILHUITIA, to spend four days. 78:1.

NALQUIZA
1. To pass through (of a traveler) (MOLS: passar caminando).
2. To pass through or penetrate (CAR 417:37: traspassarse o penetrarse alguna cosa; FC 12:60:8).
3. Often with prefix on-, to be through, to be finished (of war, ZCHIM 1:137:33,41: nalquiz). 52:26,28,43, 56:37.

4. Often with prefix on-, to be through, i.e., to be ruined or defeated (?). 52:26,28,32.

NAMIQUI:MO

1. Reciprocal reflexive, to engage one another (in battle). 49:51.
2. Reciprocal reflexive with embedded noun, to have (s.th.) in common, to agree (with regard to s.th.) (MOLS: concordarse algunos entre si = motlatolnamiqui). 49:10 (mananacaznamicq̄ = they had the same ananacaztli).
3. Reflex-pas., to be met, to be encountered (FC 2:60:8?). 19:3 (monamicticatca).
4. Reflex-pas., to be added (FC 11:154:1: tlaolli monamiqui = corn is added, cf. FC 11:169:4, FC 11:174:19, etc.).
5. -pan monamiqui (see SIM 267, FC 12:86:24).

NAMIQUI:TE or TLA

1. To meet or be together with s.o. or s.th., to have a common boundary with s.o. or s.th. (cf. MOL: quaxochnamiqui:nite = alindar heredad con la de otra). 19:36,44, 21:27, 63:21.
2. To engage s.o. (in battle). 20:23, 54:21.
3. To concur with s.o., to give approval to s.o. (cf. MOL: quinamiqui = quadrar, o venir bien vna cosa con otra). 42:26.
4. With indef. obj. tla-, to suffer the penalty of the law (MOL), to suffer the consequences. 43:11.

NAMIQUILIA:MO-TE, honorific of NAMIQUI:TE (CAR 470:28). 41:46.

NAMOYA:TE

1. To steal from s.o., to pillage s.o. (MOL). 55:50, 56:4, cf. 56:6.
2. To steal or abduct s.o., to carry s.o. off as a prisoner. 13:38, 16:43,46, 17:2.

NAUHCANTLALIA:TE or TLA, to quarter s.th. (a group of people or a city), to divide s.th. into four groups or parts. 29:28 (city), 62:45 (people).

NAUHTEUCTLI

1. Lit., four-lord, i.e., a group of four nations allied with Mexico (FC bk. 12, ch. 14). Key word: Four Lords. 50:29 (tonauhteuc = our Four Lords), see also note to the translation at 61:4.
2. A similar group of four nations allied with Cuauhtitlan. 64:8 (ynauhteuc).

NE, however, by contrast, yet (PAR 34: neh). 79:51 (nè).

NEACAZAHUALIZTLI, reed fast, or arrow fast (refers to a rite of abstinence, see note to the translation at 26:23). 26:23.

-NEALTIAYAN, pos. only, bathing place. 7:21.

NECHICHIHUALLI, array, apparel, costume (FC 2:63:12, FC 2:67:24, FC 2:86:18, FC 2:122:27, etc.). 6:7.

NECOC, a two-sided entity (refers to a mirror) (see NED: xapotl 2). 5:31. For p.n. see CONC: Necoc.

NECUAMECALLI, maguey house. 3:19.

NECUILOA:MO, to be twisted, to become twisted (see MOL: necuiloa:nitla). 48:15 (of river changing course).

NEHUAN EHUA, siblings (MOL, CAR 411). 60:45 (caçic . . . nehuan ehuaya ỹ macuilxochitl = he captured the sibling of Macuilxochitl, lit., he captured him . . . they are siblings, him [the captive] and Macuilxochitl).

-NEIXCAHUIL

1. Pos., property of (MOLS: propriedad o officio proprio). 32:3.
2. Pos., office of, authority of (see above). *Yneyxcahuil = on her own (on her own authority), 14:30.

NELOA:MO, to become mingled (NED). 26:15 (moneloque chichimeca = they became mingled with the Chichimecs).

NELTI, to become true, to happen. 5:18 (yuh neltic mochiuh yn = so it became true, it happened), 14:23 (auh niman neltic yuh mochiuh = and then it became true, it happened), 35:26 (yuh neltic yuh mochiuh), 41:3.

-NELTICA (nelli + -ti- + -CA), pos., the truth about (s.th.) (for relational nouns used as nouns per se, see GRAM sec. 7.13). 17:49 (omito yn ineltica = the truth about it has been told), 45:50 (huel yneltica quihualitohuaya = she was reporting it very accurately).

NELTICAITOA:TLA, to say s.th. truthfully. 32:9.

NELTILIZYOTL, truth (?). 12:55 (ineltilizyo).

NEMACTLI

1. Gift, favor (MOL: don, o merced que se recibe).
2. Grant (of land). 61:2,3,5.
3. Lot, fate (see FC 6:193:30). 36:39 (timitznahuatia monemac = we ordain your fate), 37:37 (cuix ylhuil ynemac ynahuatil = is this his due, his lot, his charge?), 37:38 (yn ynemac yn iyaouh = the proper enemy for him).

NEMI

1. There to be (AM 200: onnemi). 44:4 (yn iquac ỹyn ye nemi = while already there is this), 65:53 (çan oc yehuatl nēca = as yet there was only this), 77:37.
2. To live there. 38:8.
3. To travel (FC 12:46:12, NED: nemi 6). 83:37.
4. Quen tinemi = how are you?, how are you doing? 39:3. For causative see NEMILTIA:TLA.
5. See YAUH/NEMI.
6. See TETLAN NEMI.

NEMILIA:TE, to investigate or inquire about s.o. (MOL), to study or find out about s.o. (FC 12:5:13, FC 12:75:19).

NEMILIA:TLA

1. To determine or find out s.th. (FC 12:84:16); to investigate, explore, or

inspect s.th. (cf. NEMILIA:TE). 15:23 (?), 39:45 (oquinemilitia = he had been inspecting it).
2. To search out s.th. (?). 59:52 (quinemillia yn tlalli).

NEMILTIA:MO
1. See TETLAN NEMI.
2. See NEMITIA:MO.

NEMILTIA:TLA, indef., to cause things to be (cf. NEMI 4). Quen titlanemiltia = How are you causing things to be? (i.e., How are things going?), 39:4.

NEMITIA:MO, var. NEMILTIA:MO, to be sustained or nourished (NED), i.e., to live (in a particular place). 37:17, 37:21 (monenemiltia).

NEN, for no particular reason (MOL: nemmaca:nicte = dar algo de gracia o de balde, or sin prouecho ni razon). 17:3 (nen quimonmatque = they took their pleasure with them [i.e., they raped them] for no particular reason).

NENEMI, to go about, i.e., to live or dwell (in a particular place). 37:17.

NENEMILTIA:MO, freq., see NEMITIA:MO.

NENONOTZALLI, see NETLATOCANONOTZALLI, TEUCNENONOTZALLI.

NENTI, see ZAN IUH NENTI.

NEOZALLI (from MOL: ninuza = embixarse o embadurnarse)
1. Unguent, medicinal ointment (?, see FC 10:90:21: neoçalo).
2. Body paint (?, see CF bk. 3, ch. 5, fol. 13v: coça = le tiñjeron todo el cuerpo con tinta—of victorious warrior). 60:36.
3. Body oil (?, see above: embadurnarse). Cf. OXTLACALAHUA:MO.

NEPANILHUIA:MO-TLA
1. To agree with each other on s.th. (?). 5:30.
2. To consult with each other on s.th. (?). Definition 1, above, seems preferable at 5:30.

NEPANIUHQUI
1. That which is joined, woven, mingled, or confused (as with more than one color) (FC 11:207:4: iztac, coztic, nepanjuhquj = it [the flower] is mingled, white and yellow; FC 10:189:2: nepaniuhquj tilmatli = woven tilmas; cf. FC 9:5, FC 9:45).
2. S.th. that is on top of s.th., i.e., a layer, a level (?, CAR 475:41: calnepaniuhqui = top story of house). See NEPANOLLI 2, CHIUCNAUHNEPANIUHQUI.

NEPANOLLI
1. Cross (CAR 419:19); confluence (MOL: anepanolli).
2. S.th. that is on top of something; i.e., a layer, a level, a story (?, MOL: calnepanolli = top floor of a house, FC 10:169:2: matlactlanepanolli vmome = the twelve levels [of heaven]). Cf. NEPANIUHQUI 2.

NEPANTI, to become joined, to come together, to congregate or assemble. 78:12 (nepantillo).

NEPANTLA

1. Zan nepantla polihui = lit., to be destroyed right in the middle (i.e., to be taken by siege?). 16:41.
2. P.n., see CONC.

NEQUI:MO

1. Impers., to be needed or required (MOL: monequi). 61:57,58,59.
2. -Tech monequi = to be used by or for (s.o.) (MOL: notechmonequi). 62:1.

NEQUI:TE, with negative word or negative prefix, to refuse or disregard s.o. (see MOL: anontenequi = desfauorecer o no hazer cuenta de alguno). 31:11.

NEQUI:TLA

1. With negative word or negative prefix, to refuse s.th. 5:12 (ayc quinec = he always refused it), 10:1, 26:22.
2. With embedded future-tense verb as obj., to want (to do. s.th.) (CAR 443). 34:23, 40:35, 50:6, 51:43,44.
3. With embedded future-tense verb as obj., to be ready or about (to do s.th.) (NED). 44:36.
4. With embedded future-tense verb as obj., to try (to do s.th.) (?). 48:8 (quimixnamictiznequizque), 57:20 (quiquaniznequiya = they were trying to move it).

NETLATOCANONOTZALLI, official determination or decision (cf. MOL: netlatocanonotzaliztli = determinacion o acuerdo de consejo real). Aynnetlatocanonotzal [*for* aynetla . . .] yn quauhtitlan tlatohuani = there was no official determination by the Cuauhtitlan ruler, 52:8.

NETOTILOYAN, place for dancing (MOL). 49:34.

NEXINTLI, haircut, hairstyle (FC 2:66:24, AND, NED). 60:35 (of warrior). See XIMA:MO.

NEXTIA:TLA, to cause s.th. to appear, i.e., to invent s.th. (MOL: inventar algun arte mecanica), to discover s.th. (4:53?), to introduce s.th. (26:9). 4:50,53, 26:9.

NEYOLLALILIZTLI, cheer (from YOLLALIA:MO 2). 51:53.

NEZAHUALCALLI, house of fasting. 4:23,33.

NEZCAYOTL, pos. -nezca (FC, AND, cf. CAR 486:39–43).

1. Sign, mark, trace, indication, signification (see MOLS: señal de virtud = qualnemiliznezcayotl, SIM, AND, FC 10:142:8, FC 10:159:22, FC 10:167:7–12). 54:32, 77:28.
2. Calendrical sign (FC 4:6:32, FC 4:49:2).

NEZOLLI, that which there is when one bleeds oneself (from IZO:MO; cf. GRAM sec. 7.5), i.e., blood-leavings. 62:32 (inèçol).

NICAN

1. Here (MOL).
2. Here in this vicinity, nearby (FC 11:260:20, FC 11:260:29). 12:20 (nican ypan), 23:23,43, 25:9.

3. Now. 33:11 (nican yn itepotzco = here in his absence, i.e., now that he is gone), 57:12,14.

NIMAN
1. Then, and then, thereupon (MOL, CAR 504:25, NED). Passim.
2. And then, and then in addition, also. 3:31.
3. Niman . . . niman (repeated for clarity). 56:8–10.
4. Niman . . . niman = when . . . then (?, cf. icuac . . . icuac. see ICUAC 6). 21:9 (xaltemoctzin niman yn oxitin xaltocamecayotl niman quimontlalli yn iquaxochpixcahuan = Xaltemoctzin, when the Xaltocameca nation had been destroyed, then set up his boundary guards), 43:16 (inyn tlatohuanime niman yn oquitzōtecque ynic yaochihualozque yn tepaneca nimã tlayhuaque = these rulers, when they had declared war on the Tepaneca, then sent emissaries), 48:23 (auh niman yn çatepan yn oyelel quiz yn tlatohuani tecocohuatzin niman tlanahuati ynic atatacoc), 62:50 (niman onmic yn quetzalmaçatzin niman hualmotlalli yn tlaçolteotzin = when Q died, then T was inaugurated).
5. Absolutely (NED), none other than, the very (one). 81:52. See also NIMAN YE 2.
6. See ZANNIMAN, ZANNIMAN ICUAC.

NIMAN IC, var. IC NIMAN (MOL, see also 37:25) or INIC NIMAN (63:34).
1. And then consequently, and then for this reason (MOL: niman ic, ic niman).
2. Then, and then (see NED: [2]īc 3).
3. Either 1 or 2 (above). 7:7,22,31, 8:55, 9:38, 13:52, 16:23, 32:41, 35:24, 53:4, 63:34 (auh ynic niman), 76:41,46. See also NIMAN NO IC, NIMAN YE IC.

NIMAN ICUAC, immediately. 47:51. See also ZANNIMAN HUEL ICUAC.

NIMAN NO IC, then also. 43:40.

NIMAN ONCAN or NIMAN ONCANIN
1. Then at that time. 1:12, 3:34 (auh niman huel oncan), 6:54, 7:7 (niman yc no oncan), 7:11, 9:5 (niman yc oncan), 39:32, 56:49, 62:35.
2. Then in that place. 7:15, 22:39.

NIMAN YE. Note: This glossary takes no position on whether the ye is yè or yé, using the orthography of Carochi; for Carochi's niman yè, see CAR 516:46 or CAROC 112v.
1. Then. 39:11, 76:48,49. See NIMAN YE ONCAN. Cf. NIMAN YE IC.
2. Absolutely (see NED: niman 5).

NIMAN YE IC, then, and then. 7:33,37, 36:6, 39:15,43, 75:31, 76:39 (niman ye ic ye concui), 76:41,42,48,53, 77:9,10,13,48,53,54, 78:14, 79:22,27, 48, 80:5,36,37,48,51,52, 81:32,36,45, 82:9, 83:18,52, 84:5.

NIMAN YE ONCAN, then at last, then finally (see YE ONCAN). 44:37, 46:49, 47:15, 79:15,17, 83:50.

NIPA
1. Above, supra, earlier in this text. 75:16.

2. Over there (CAR 494). 36:14.
3. From yonder. 77:38.
4. Here, toward here (cf. MOL: nepa = alli o alla). 78:20.

NO
1. Again (?), lit., also. 80:45.
2. See ZAN NO.
3. See YE NO YE.

NOCHPALLI, lit., tuna color, i.e., carmine (FC 10:92:11). 60:39.

NOLHUILIA:TE, to do one's best for s.o. (applicative of nolhuia, see MOL: nolhuia:ni). 39:31.

-NOMA or -NOMATCA (CAR 410).
1. Inomatca = he himself (CAR 410:43: inòmâ = el mesmo).
2. Inomatca = on his own initiative (CAR 410:43: inòmâ = de su motivo). 15:23.

NOMATCAMICTIA:MO, to commit suicide (MOL). 33:45, 42:1,5. Cf. MICTIA:MO.

NONOHUIAN, in each and every place (CAR 497:21–23). 22:16.

NONOTZA:MO, see NENONOTZALLI.

NONOTZA:TE, to inform s.o. 82:53.

NOPALALACTLI, lit., slippery nopal (from ALACTLI), i.e., a peeled leaf of the nopal, peeled joint of the prickly pear cactus (?). 55:35.

NOPALLI, nopal, prickly pear cactus (MOL). Tenòpal-, see CONC: Tenopaltitlan. See also NOPALALACTLI.

NOTZA:TE, with prefix on-, to call out s.o., to summon s.o. (to battle). 49:5.

O

O (i.e., the verb to be, to lie—usually with the prefix on-). For honorific see ONOLTIA:MO.

OC
1. Yet, still (MOL). See OCCENCA, OCCEPPA, OC HUEL, OC NO IHUAN, OC YE, OC YEHUATL, OC YOHUAYAN, ZAN OC.
2. For a moment, a little while (NED: oc 3, CAR 502:16: oc nicān xinechmochiali = aguardame aqui un tantico). 35:40 (oc oncan cochque = there they slept a little).

OCCAN
1. In two places (MOL).
2. Two (when counting localities). 84:28 (occan in altepetl quipeuh = two were the nations he conquered).
3. Yc occan = thus (in) two (or both) localities (?, cf. MOL: ic occan = con esta ya son dos vezes, o en dos partes y lugares). 32:48 (yc occan conmoma-

çehualti = thus he took both places to serve as vassals for himself), 52:20 (yc occan tlanonotzato = thus they went to give their report in both places).

4. Yc occan = (in or at) a second locality. 19:7, 45:37.
5. Yc occan = in second place, of second or lesser rank (see MOL: ic occan vetzi vino = inferior wine).
6. Yc occan = in the second place, secondly. 52:19.

OCCENCA

1. All the more (cf. NED). 30:42,46.
2. Above all, especially (cf. NED). 31:1,8.

OCCEPPA, see CEPPA.

OCELOTZONTECOMAYO, var. OCELOTZONTECOYO (FC 8:25:17).

1. (Breechcloth) with jaguar-head (design) (FC 8:25:17).
2. (Tilma) with jaguar-head (design). 65:1.

OCHPANIZTLI, eleventh "month" of the year (DCAL, MAGL, FC 2), Sep. 17–Oct. 6 (DCAL, MAGL). 24:39, 64:27.

OC HUEL, var. OC HUELE (see 54:12)

1. Still, as yet (MOL: ocvel ychpuchtli = virgen que esta aun entera, FC 6:114:6).
2. Yet, even so (FC 12:85:24: auh in oqujxilico, oc vel can in jtepuztopil = and though he had pierced him, even so he seized his lance).
3. Indeed possibly, might yet or yet could (FC 2:79:7: yn aquique axioa, oc vel momaqujxtia = whoever had been seized might yet be freed).
4. Just, merely. In oc uel achic = for a just a little while (FC 6:17:15, FC 6:47:29, FC 12:42:16).
5. Just, exactly, precisely (?). 4:36 (oc huel yohualnepātla = precisely at midnight).
6. Already (?, FC 6:117:17: in oc uel tonmotlamj = when you have already been finished off, cf. FC 6:117:21). 15:22, 54:12.
7. General intensifier, indeed, even, very much so (FC 6:142:7: oc huel timonelchiuhca = indeed you had been disrespectful). 13:6 (oc huel yehuantin yn chichimeca catca).

OC NO IHUAN, and in addition (?, see CAR 502:38–39). 58:44.

OCTLALIA:TLA, to make s.th. (i.e., maguey) into pulque. 6:18

OC YE

1. Still (?, see FC 4:33:32: oc yê, FC 4:36:6, FC 6:137:9). 63:37.
2. Especially (?, see MOL, see FC 6:175:29).

OC YEHUATL, he is the one (see FC 6:49:4, FC 6:64:4, FC 6:114:7, FC 6:187:18–19). 24:12 (Yn oc yehuatl teçoçomoctli tlalhuacpan = that Tezozomoctli of Tlalhuacpan), 42:46 (oc yehuatl Teçoçomoctli = Tezozomoctli is the one), 77:36 (oc tehuatl = you are the one).

OC YOHUAYAN, daybreak, it is dawn (cf. MOL: oc yohuac). 62:39 (aoc yohuan = it is not dawn yet).

OHUICAN, place that is hard to get to. 5:4.

OHUITIA:MO, to endanger oneself, to court danger (?, Molina gives this definition for ouiti:n and ouitilia:nino, see MOLS: peligrar). 19:15 (oncan mohuitia = they court danger there), 42:10 (oncan mohuitico = they come courting danger there).

OLIN, movement (calendrical term) (HG bk. 4, ch. 2, parag. 2). 77:27 (ollin).

OLINI, to travel, to travel off (NED, FC 10:194:28). 45:43. See HUALOLINI.

OLINIA:TLA

1. To move s.th. (CAR 517:43).
2. To stir up s.th. (i.e., a war) (cf. NED: olīni 2). 57:19.

*OLINTECCIZTLI, lit., movement conch (a tilma design?). 65:1 (ollinteccizyo).

OLOLHUIA:TE, to surround people (FC 3:20:12). 17:18, 21:48, 60:31.

OLOLOA:TE, to herd people (?, cf. MOL). 46:21 (quimololòtihui = they go herding them).

OMPA

1. There (MOL). 62:20 (ye ompa = already there . . . , once there . . .).
2. Thereto, in this regard; *freely*, now. 1:52.

ONCAN, vars. ONCANIN, ONCANON. Note: Shades of meaning between the variants are not differentiated here.

1. There (MOL: oncan = ay o alli, MOL: oncano = ay donde tu estas, CAR 528:31: oncanon, NED). 1:20,41 (oncan), 40:23 (oncanon). See also NIMAN ONCAN, YE ONCAN.
2. Therein (FC 2:120:10). 34:34 (auh oncan motenehua . . . = and therein is told . . .), 46:34 (yquac y oncan . . . = at this time therein . . .), 62:15 (oncan = therein, i.e., in those stories), 62:17 (onca [*read* oncã] ytolloca = in the story about him).
3. Then, at that time, at this time (NED). 1:22 (oncan), 2:14 (oncan), 9:4 (yc oncanin), 12:25 (no oncanin yn tzintic), 27:52 (quin oncanin yn tzintic), 84:15 (oncanin). See also NIMAN ONCAN, NIMAN YE ONCAN.

ONCAYOTIA:TE, see TEONCAYOTIA.

ONO, see O, ONOLTIA:MO.

ONOLTIA:MO (includes the directional prefix on-), honorific form of the verb O, to be (CAR 470:11, NED: [1]o). 50:18 (monoltito).

OQUICHHUATIA:MO-TE, to take s.o. as one's husband. 35:8.

OQUICHPILTZINTLI, man-child (?, see NED: oquichpilli). 79:52 (noquichpiltzin).

OQUICHQUIZA, to pass for a man, to look like a man (from QUIZA 1). 17:16.

OTENCO, beside the road, wayside (MOL). 27:2 (òtenco), 62:20 (òtenco).

OTLATL, bamboo (HERN 1:397; MOL; HG bk. 1, ch. 19; FC 2:64:19). See QUETZALOTLATL.

OXTLACALAHUA:MO (*OXTLI + tlactli + alahua:mo?), reflex-pas., to be rubbed or massaged on the torso with oil (?). 55:37.

*OXTLI = oxitl (?, see GRAM sec. 7.1: variant noun endings), unguent, salve, oil (see NED: oxitl). See OXTLACALAHUA:MO.

P

PACHIHUI

1. With yollotl, to be content or satisfied in one's heart (see CM fol. 16, line 3; CM fol. 55, line 16).
2. Same as 1, but with the added idea of being convinced, or being relieved of doubt (MOL: yollopachiui:no = satisfazerse de la duda que tenia). 39:30 (moyollotzin pachihuiz = you will have no doubt about it), 41:28 (amo çenca pachihuia yn iyollo = he did not quite believe it), 41:30 (pachihuiquiuh yn ynyollo yn quenin omochiuh = they were to come in order to find out for certain how it had happened), 56:21 (amo yyollo pachihuiya = he was skeptical).

PACHOA:MO, to bend down, to duck. 80:34.

PACHOA:TLA, indef., to govern, to be governor. 18:12 (see PILTI).

PAITIA:MO, to poison oneself, to swallow poison (MOL). 33:49, 42:2.

-PAN, see IPAN, -PAN TLATOA, TOPAN, TEPAN.

PANQUETZALIZTLI, fifteenth "month" of the year (DCAL, MAGL, FC 2), Dec. 6–25 (DCAL, MAGL). 24:39, 64:30.

-PAN TLATOA, to speak in favor of (MOL: ipan nitlatoa = fauorecer algun negocio). 53:30 (ypan tlàto).

PANTLAZA:TLA

1. To reach the top of s.th. (i.e., a mountain) (MOL).
2. To top out s.th. (i.e., a building under construction). 4:3.

PATI, to recover or get well (MOL). 60:3 (patihuac yn mayanaliztli = people recovered from the famine).

PATLA:TE, to succeed s.o. (as ruler). 8:4,11,24,50,56, 9:20, 61:33.

PATLA:TLA (CAR 531: pátla:nic), to switch or exchange s.th. (MOL). 82:19.

*PATZACTLI, warbonnet (see Sullivan, "Arms and Insignia," figs 1: yquetzalpatzac, fig. 34: cueçalpatzactli, and fig. 35: cacalpatzactli). See QUETZALPATZACTLI.

PEHUA, as auxiliary verb with inic, to begin to. 47:15, 53:26.

PEHUALTIA:TE

1. With directional prefix -hual, to cause s.o. to set out hitherward. 35:34.
2. To provoke s.o., to anger s.o. (MOL gives this definition for the freq pepehualtia:te). 19:21, 21:3.

PEPECHOA:TE, to stopper s.o., to seal s.o. in with a stopper, to enclose s.o. in a lidded container (cf. MOL: pepechoa:nitla). 75:50.

PETLACOTL, see CONC: Ichcapetlacotla.

PETLAHUI, to be bare or unsheathed (of weapon) (FC 12:37:23). 56:17 (petlaticayaya—*read* petlauhticaya, see GRAM sec. 3.8: omitted characters, see also GN sec. 1.6).

PETLATL, mat (MOL), seat of authority (FC 6:243:25, FC 6:249:22). See CHALCHIUHPETLATL, QUETZALPETLATL, TEOCUITLAPETLATL.

PETLATL/ICPALLI, lit., mat/chair, i.e., power, authority (Olmos per SIM). 34:25.

PIA, see PIYA.

PILITOA:MO, to call oneself a prince (boastfully) (FC 10:21:20: mopilitoani). 58:6,8,9,31,33,33.

PILLI

1. Nobleman (MOL, NED). Key word: prince. 3:34 (chichimecapilli), 11:49 (acxoquauhtli pilli), 13:22 (chalcapilli, 13:46, 17:7 (tepilhuan), 35:18 (nopilhuane), 35:20 (yn nopilhuan y notlàtoque); 42:21 (chichimecapilli), 52:36,38, 58:12,13. See CIHUAPILLI, PILITOA:MO, PIPILTIN.
2. Pos., child, offspring, son. Inpilhuan = their children, 1:47, 9:26; ipilhuan = his children, 33:13; ypilhuan = his children, 14:41,43,50,52, 15:14,29, 36:22,27, 50:23, 61:8; cetica ypilhuã = one of his children, 30:10; nopilhuan = my sons, 38:23, nopilhuan = my children (i.e., descendants?, subjects?), 50:45. See COCONEPIPILPIPIL, PIPILTIN, TLAZOPILLI, TEPILHUAN TEIXHUIHUAN.
3. Pos., underling, charge, subject (?, cf. TATLI 2). 22:35 (ipilhuan xochmitl = Xochmitl's charges).
4. Pilli Teuctli, p.n. 62:41.

PILLOTL, noble one (NED). 7:5 (pillo—in song text, apoc. form?), 28:38 (ypillohuan = his nobles), 42:34, 60:31.

PILTI, to be prince (NED). 15:24 (piltitinenca = he was prince), 18:12 (tlapachoticatca pilticatca = he was governor and prince).

PILTOCAITL, princely name (?). 29:6 (yc ontetl ypiltoca xaquin teuctli = his second princely name is Xaquin Teuctli—cf. MOLS: sobre nombre = ycontetl tocaytl).

PILTONTLI

1. Child (MOL). 49:56 (yn çihuatl yn piltontli = women and children), 50:2 (pipiltotontin yhuan huehuẽtoton = children and old people), 50:12 (yn yllamatoton yn huehuentoton yn pipiltotontin yn tlapallihui).
2. Boy (FC bk. 10, ch. 3).
3. Son. 31:37 (don Antonio acolmizton, the son—cf. similar usage with PILTZINTLI 2).

PILTZINTLI

1. Child, offspring (MOL). 35:42,46 (pipiltzitzintin), 54:12, 60:14. See OQUICHPILTZINTLI.

2. Pos., son. 15:25 (ypil^{n} = his son), 16:17 (Don Diego nequametzin piltzintli = Don Diego Necuametzin, the son—cf. similar usage with PILTONTLI 3).
3. Pos., son (in the sense of kinsman or fellow citizen) (cf. ICHPOCHTLI 3). 30:14 (ỹpiltzin).
4. Pos., descendant (?). 51:38 (oc ynpiltzin yn tolteca = a remaining descendant of the Toltecs).
5. Pos., child in a general sense, used as term of address. 23:9 (nopiltzine = my child—man addressing his grandson), 38:39 (nopiltze—mentor addressing his ward), 39:52.
6. Pos., child in a special sense, term used in addressing a ruler (who addresses subordinates as "grandfather"). Note: The several attestations of "nopiltzin" in CM (see NED: pilli 2) could be assigned to this category or category 8, below. 5:39 (nopiltzin—see note to the translation), 5:43,46,56, 6:36, 6:42 (addressing ruler's sister), 39:28 (nopiltze). Cf. TELPOCHTLI 4, XOLOTL 3.
7. Same as 6, but with reduplicated suffix -tzin (implying greater respect) (FC 6:53:31: nopiltzintzine, FC 6:62:18: nopiltzintzine). Nopiltzintzine = O esteemed child!, 50:16,19, 52:24, 54:41.
8. Same as 6, but used as a third-person term, not as a term of address. Key word: prince. Note: the translation "child" may be strictly correct, but "prince" avoids confusion. 36:11 (nopiltzin).

PIPILTIN, pl. of PILLI.

1. Children. 75:32.
2. Princes. 13:46 (xaltocameca pipiltin), 20:30, 26:51, 27:41, 28:10,11, 30:38 (chichimeca pipiltin), 33:51 (yn tenochca yn pipiltin yn tlàtoque), 60:47,54, 61:1 (yn pipiltin yn tlatoque), 61:9.

PIQUI:TLA, to hold on to s.th. (see MOL: piqui:mo). 82:12.

PITI (from pitli), to be a woman in service (to the gods). 14:4.

PIYA:MO, reflex-pas. of PIYA:TLA 1, to be had, to be possessed. 65:52.

PIYA:TE

1. To keep s.o. safely, to guard or protect s.o. (cf. MOL: pia:nite = guardar a otro). 5:5,32, 6:9, 10:31, 15:54.
2. To save or preserve s.o. 13:49 (of captives to be saved from their abductors).
3. To have s.o. (as company). 26:5.
4. To keep, accommodate, or maintain s.o. (as a king is maintained by his subjects). 26:7, 42:22 (quitlatocapixque).
5. To place s.o. under watch or guard (as an enemy or prisoner). 54:4 (piallotihui), 54:8 (pialloto), 63:33 (pialozque), 63:35 (quimonpixtiaque).

PIYA:TLA

1. To have, own, or possess s.th. (see NED). 4:17, 17:33,35, 57:21. See MILLAPIXQUI, MILLAPIYA.

2. Often indef., to keep, own, control, or be in charge of s.th. (a realm or territory), to be in command. 6:14 (tlapiaya), 10:34,42, 22:22, 55:8 (tlapiato). 77:36 (oc tehuatl ticpiaz in ilhuicatl in tlalli = you [the sun] are the one who must keep the sky and the earth), 83:32,36, 84:4.
3. To (safe)guard s.th. 1:7, 3:26, 6:22. Cf. PIYA:TE 2.
4. To place s.th. under watch or guard (with hostile intent). 56:7. See YAOTLAPIYA. Cf. PIYA:TE 5

PIYELIA:MO-TLA, to keep s.th. for oneself. 82:33.

POCHOHUIA:TE, to fatten s.o. (?, from pochotl?, cf. Olmos per SIM: pochotilia:nino = se grandir). 55:28.

POHUI

1. See IPAN POHUI.
2. To be counted or reserved. 61:7 (lands reserved for the palace), 64:19 (towns reserved for Tetzcoco).
3. -Tech pohui, to be counted for or reserved for (s.o. or s.th.); to belong to (s.o. or s.th.). 65:21,28,36, 66:23 (vassals belong to masters).

POLHUIA:MO-TE, to kill s.o. (COMED 21v:14).

POLHUIA:MO-TLA, to lose s.th. that belongs to oneself (see MOLS: perderle algo a otro = tlapolhuia:nite, and cf. POLHUIA:MO-TE). 82:45.

POLOLTIA:TE-TLA, indef., to cause s.o. to become drunk or lose his judgment (FC 11:130:24: tetlapololti, cf. MOL: poloa:nitla = perder el juizio y desatinarse). 5:28 (tictlapololtizque).

POPOYAHUA:MO, to shine (NED). See 7:9 and note to the translation (mopopo[ya]hu-*a*).

POYOMICTIA:TE, to abuse s.o. (?, cf. MICTIA:TE 3, and see MOL: ixpopoyo-, pupuyo-). 40:32 (quinpoyomictiaya = they were abusing them), 40:36 (quinpoyomictique = they mistreated them).

Q

QUECHOLICPALLI, quechol seat (FC 2:50:25; from QUECHOLLI 1 and icpalli). 77:54.

QUECHOLLI

1. A class of bird (MOL: quechulli = paxaro de pluma rica, for discussion see NED: quechōlli). See QUECHOLICPALLI.
2. Fourteenth "month" of the year or the feast celebrated on the first day of this month (DCAL, MAGL, FC 2), Nov. 16-Dec. 5 (DCAL, MAGL). 24:39, 25:49, 64:29.

QUEMMAN

1. Sometime, in the future (NED).
2. When (?). 79:8.

QUENIN, very definitely (NED: quēn 5). 46:3.

QUEQUETZA:TLA, to set up s.th. (boundaries) (cf. QUETZA:MO 2). 21:30.

QUETZA:MO

1. To stop or halt (MOLS: pararse lo que anda . . .). 7:29.
2. Reflex-pas., to be set up (NED). Moquetzato yn . . . quaxochtli = the boundaries were set up (cf. MOLS: amojonar terminos = quaxochquetza:ni), lit. the boundaries got to be set up (see GN sec. 2.5), 20:2; moquetza netotiloya (*read* netotiloyan) = a place for dancing is set up, 49:34.
3. Reflex-pas., to be built. 53:27 (of aqueduct), 59:42 (of pyramid).
4. To appear (of diverted stream entering a new territory) (UAH sec. 282: moquetz yn acuecuexatl, cf. NED: quetza:mo). 59:20 (hualmoquetza acuecuexatl).

QUETZA:TLA

1. To stack s.th. up (cf. MOL: tlaquetztli = stack of firewood). 17:18 (Quixiquipilquetzaya = they were stacking it up in their bag).

*2. To set up s.th. (a boundary). See QUEQUETZA:TLA.

QUETZALLALPILONI, plume tassel (see note to the translation at 52:45). 52:45 (quetzalalpilloni).

QUETZALOTLATL, a particular kind of bamboo (HERN 1:397). Key word: quetzal bamboo. 50:37. Cf. OTLATL.

QUETZALPATZACTLI, an item of regalia worn by rulers in battle (HG bk. 8, ch. 12, parag. 17), i.e., a quetzal-feather headdress similar to the warbonnet of the Plains Indians of the United States (see Sullivan, "Arms and Insignia," 169; Codex Mendoza, sides 30 et seq.; see *PATZACTLI). 46:10.

QUETZALPETLATL, quetzal-plume mat, plume mat. 5:8. For p.n. see CONC: Quetzalpetlatl.

QUEXCAN, see QUEZQUICAN.

QUEZQUICAN, var. QUEXCAN (?). How many portions? (MOL: quezquican = quantas raciones son?). 24:53 (auh quexcan = but how many portions are there?).

QUEZQUILHUITL, a few days (see NED: qu¯exquich 1). 6:16.

*QUEZQUIYOTL. Iquezquiyoc = some time later (AND 466–67, cf. CAR 504:26: īquēzquilhuiyōc = dentro de pocos dias; see GN sec. 3.6). 57:24.

-QUIA, defective verb used as matrix with future-tense embed to form conditional or subjunctive (CAR 427, AND 139, NED). Note: The translation is usually "would" or "would have"; for usages requiring the translation "should," "ought to," or "supposed to have," see 52:30 (ycazquia = should be), 57:10 (yaoyotl mochihuazquia = there was supposed to have been a war); for "would" in the sense of "wanting to" or "trying to," see 57:44 (quinpolozquia = they had been trying to conquer them).

*QUIAHUIA:TE, to rain on s.o. 75:26.

QUILMACH
1. So the story goes, tradition says (see NED). 36:33.
2. Supposedly, supposed to. Quilmach nimitzmictiz = I am supposed to kill you, 38:39; cf. 38:40, 39:18.

QUIN, just (NED). 2:40 (?), 14:4.

QUIN AXCAN
1. Just now, a short while ago (MOL). 16:25.
2. Nowadays, at the present time (?, cf. MOL: quin axcantlatolli = contemporary history).

QUIN IPAN, then, at the time, at that time (cf. quinicuac, see MOL, NED). 21:42, 59:23.

QUIN ONCAN, at that time, at that point. 25:29, 27:52 (quin oncanin), 77:51, 79:7.

QUIXTIA:MO, with ipan, to look like, to have the appearance of (MOL: ipan ninoquixtia). 42:37.

QUIXTIA:TE
1. To banish s.o. (MOL). 46:19.
2. To cause s.o. to exit, to bring forth s.o. (see NED). 60:15 (tequixtilloto).
3. See YAOQUIXTIA:TE.

QUIXTIA:TLA, see *MALQUIXTILLI, TLAQUIXTILLI.

QUIZA
1. To resemble, to pass for (MOL: itloc quiça = parecer alguna cosa a otra). See OQUICHQUIZA.
2. To appear, to be (NED: quīza 9). 43:27 (excan quiçaya = it was in three place).
3. With prefix on-, to be finished (MOL: aoc onquiça in quiauitl = no cessar de llover). 17:30 (yn oyuh onquiz ynpollihuiliz = after their defeat), 63:37,38.
4. Often with prefix hual- or suffix -co, to appear, to come forth, to issue forth, to emerge (NED: quīza 7), said of mythical ancestors emerging from caves (AUB side 4: quizque, MEX 14: quizque, FC 10:195:44: oalqujxooac). 1:11 (quiçaco chiucnauhtillihuican = they issue forth from Nine Hills), 37:2, 45:28,33, 62:8 (quiçaquiuh).
5. With suffix -co, to come forth (in order to do s.th.). 22:38, 54:11.
6. With suffix -co, to come out (from a certain place). 9:32.
7. With suffix -co, to come toward or arrive at (a certain place). 4:23, 10:7,10,13, 62:20–24, 62:25 (ȳpan quiçaco yn comalteca = he came upon the place of the Comalteca), 68:11.
8. With suffix -to, to go or move (to, toward, or by way of a certain location) (FC 12:34:19, FC 12:66:28, FC 12:81:32). 10:39–50.
9. With suffix -to, to pass by (?). 79:42.
10. See QUIZTINEMI.

11. See QUIZTIQUIZA.
12. See TEPAN QUIZA.
13. See YAOQUIZA.

QUIZTINEMI, to wander (cf. CAR 520:11—where the definition is given for the frequentative quiquiztinemi). 11:8 (quiztinemito—refers to migrating Toltecs).

QUIZTIQUIZA, to make a quick move or foray (to a particular place) (FC 2:134:17: qujztiqujça in tepetocan, FC 2:136:21: imjxpan qujztiqujça); to make a quick foray (for military purposes) (FC 12:79:32). 58:47.

QN = quitoznequi = it means (NED). 62:12.

T

TACAMANA (?), see 122:6 and accompanying note to the translation.

TAPALCATL, ceramic ware, pottery (cf. MOL: shard or broken tile). 4:55, 26:10.

TAPAYOLLI, see ZACATAPAYOLLI.

TATACA:TLA, to dig up or disinter s.th. (i.e., a corpse) (see MOL: miccatataca). 4:8.

TATLI
1. Father (CAR 402:14).
2. Authority figure (CAR 502:34). 20:31.

TE-, nonspecific pos. pron. Note: The pronoun te- normally refers to humans, but at 81:20 it refers to animals (though in the context of a myth, in which the animals are addressed as though they were human).

TEACH, see ACHCAUHTLI.

TECA:MO
1. To settle, to become established (of emigrants in a new country) (see TECA:TE 1). 11:9, 16:43, 26:38.
2. To be gathered or assembled (of a group of people) (MOLS: ayuntarse la gente). 52:34.
3. To be installed (as ruler). 65:55 (onmotlatocatecac = he was installed as ruler), cf. 67:42.

TECA:TE
1. To emplace people, to settle people (refers to settlers in a new country). 10:37 (quimontecato).
2. To lay s.o. out, to stretch s.o. out (refers to victim on the stone of sacrifice) (FC 2:47:9: qujmonteca). 17:8 (tecoc = he was stretched out—see note to the translation).
3. To lay s.o. (in the sexual sense). 35:16, 79:49.

TECA:TLA

1. Inpetl yn imicpal . . . nocontecaz = I will establish their authority (lit., I will lay out their mat and seat), 34:25.
2. See METECA:TLA.

TECA AHUILTIA:MO, to make fun of s.o. (MOLS: burlar de alguno riendose del). 12:47,48, 40:32.

TECCALLI

1. House of a TEUCTLI (Zorita, article 9, pp. 28–29).
2. "Royal house" or "palace" (vague definition offered by MOL, also DHIST ch. 43).
3. Court of law, courtroom (MOL: casa, o audiencia real; FC 8:42:5: teccalli or teccalco; FC 8:54:42). 44:16 (teccalco).
4. Teccalco, name of a particular structure in Tenochtitlan where captives were burned alive, described as a large "altar" with steps on four sides (HG bk. 2, ch. 31, parag. 10; HG bk. 2, app. 2, parag. 17).
5. Mound, temple mound (?). 4:9 (iteccal).

TECCIZTLI

1. Name of a white seashell (FC 11:230:37); conch, or snail (FC 11:60). 4:35,51.
2. See *OLINTECCIZTLI.

-TECH ACI, to cohabit with, to have sexual relations with (a woman) (MOL: itech naci). 8:52,55.

TECHCATL, large stone used in performing human sacrifice (?, see HG bk. 3, ch. 10; cf. TEMALACATL). 82:37. See CONC: Chalchiuhtechcatitlan, Cuauhtechcac.

TECOMATL, cup (used for offerings to the gods) (see NED). See TEOTECOMATL, TOCHTECOMATL. Cf. TETZCALTECOMATL.

TECPAN, palace (MOL). 41:34, 42:21, 44:15, 55:34. Syn. TECPANCALLI (per 32:23 and 41:34), TLATOCAN. For pc.n. see CONC: Tecpan. Also cf. CONC: Atecpan.

TECPANCALLI, palace house, ruler's house (FC 11:270). 9:22, 12:32, 14:45, 16:13, 32:23. Syn. TECPAN (per 32:23 and 41:34), TLATOCAN. Cf. -TECPANCHAN, TLATOCACALLI, -TLATOCACHAN, ZACACALLI.

-TECPANCHAN, palace home, royal residence. 27:19.

TECPOYOTL, pl. TETECPOYO (5:34).

1. Crier, herald, town crier (MOL, FC 3:21:10).
2. Page, royal page, one who announces visitors and performs other chores. 5:5–7:23 passim.

TECUECUEXTLI, braid, braided thong (NED). See COYOLTECUECUEXCUETLAXMECAYOTL.

TECUILHUITL

1. The seventh "month" of the year (MAGL 195; cf. Motolinia, *Memoriales*,

p. 69), also called tecuilhuitontli (DCAL, FC 2), June 29-July 18 (DCAL, MAGL). 16:7 (tecuilhuitica = during Tecuilhuitl), 64:26, 82:29. Syn. TECUILHUITONTLI.

2. The eighth feast of the year (and the "month" in which it occurred?), also called huei tecuilhuitl (FC 2:93:4: tecujlhujtl; cf. FC 2:91:5: vei tecujlhujtl).
3. The last "month" of the year (TORQ bk. 2, ch. 58, p. 177).

TECUILHUITONTLI = TECUILHUITL 1. 56:28 (teucylhuitontli).

TEHUILACACHIUHQUI, roundel, disc (cf. MOL: teuilacachiuhcayotl = redondez de cosa redonda assi como de rodela o luna); circle (?); swirl (?, cf. MOL: tetehuilacachtic = remolino o cosa semejante). See TLILTZOTEHUILACACHIUHQUI.

*TEICNELILIZ, pos., courtesy of, favor bestowed by (MOLS: fauor de pueblo = altepetl yteycneliliz). 54:6.

TEIXCO TEICPAC EHUA, to offend s.o., to be disrespectful or rude to s.o., lit., to rise against s.o.'s face and head (CAR 420:2). 23:29.

*TEIXCO TLACHIYA, to look at or upon s.o.'s face (FC 6:22:27, FC 6:122:24). 4:6.

TEL, untranslatable expletive (SIM). 82:27. See TLEZO TEL.

TELPOCHTLI

1. Young man, youth (MOL).
2. Epithet of the god Tezcatlipoca (HG bk. 2, ch. 24, parag. 1). 5:33.
3. Son (MOL: tetelpuch). 16:12,15, 18:13, 59:41.
4. Son (term used by a subordinate addressing the king, cf. PILTZINTLI 6, XOLOTL 3) (FC 8:72:29: notelpotzine; cf. Karttunen and Lockhart, *Art of Nahuatl Speech*, p. 49). 37:14.
5. Son (in what sense?). 57:31 (camaxtle ytelpoch = son of Camaxtle).

TELPOCHTONTLI, very young man (MOL: mancebillo). 22:25.

TEMA:MO, to put oneself (in or into), to enter (cf. MOL: tema:nitla = echar o poner algo en alguna parte) 78:39, 79:15.

TEMA:TLA

1. To position s.th. (see MOL: tema:nitla = echar o poner algo en alguna parte). 80:31.
2. See CONTEMA:TLA.

TEMALACATL, large stone where victims were sacrificed (HG bk. 2, app. 2, pp. 239–40, parag. 62). Key word: round-stone (NED). 60:8,12. Cf. TECHCATL.

TEMI

1. To fill or be filled (MOL). See TENTIMOMANA, TENTIUH.
2. To be grouped or massed (MOL: estar juntos). 76:40,40.

TEMILIA:TE-TLA, to fill up (or cover) s.o. with s.th. (applicative of tema:te). 81:35.

TEMO, to descend (MOL). 59:40, 62:17, 79:35, 80:3.

TEMOA:TLA, to look for s.th. (MOL). For the unusual nonactive tęmohua, see 77:4.

TENAMITL, wall, rampart, palisade (MOL). 25:5 (ca amotenan).

TENANCACALI:TE, to shoot at s.o's walls, to besiege s.o. 13:10.

*TENCOPA, pos. by means of word, by command (FC 8:76:17). Motencopatzinco = by your command, 14:5; ytencopa = by his command, 17:32, 52:39; itencopa = by his command, 17:39; yntencopa = by their command, 18:24, 20:30. See *-TENCOPATI.

*-TENCOPATI, see note to the translation at 15:53.

TENEHUA:MO

1. To be named or called (NED, SIM). 1:27, 8:1, 77:34.
2. To be told, reported, or related; to be mentioned. Omito omoteneuh = it has been told and mentioned, 1:42, 5:8; motenehua mitoa = it is told and related, 2:8,15, 3:57, 4:42, 5:9,15, 7:27; yn moteneuh yxhuiuhtli = the afore-mentioned grandson, 14:50, cf. 15:2, 16:12; yn omoteneuh ytatzin aztatzontzin = the afore-mentioned father of Aztatzontzin, 16:3, cf. 25:49; motenehua momoztitlan çihuapilli = she is reportedly a lady of Momoztitlan, 15:47, cf. 15:48; nican motenehua = here is told, 62:12.

TENEHUA:TLA, to utter s.th. 37:30.

TENTETL, labret, lip plug (MOLS: beçote, cf. TENZACATL). See CUAUHTENTETL.

TENTIMOMANA, to overflow (of lake) (cf. TENTIUH). 59:28,30, 59:32 (freq: tetētimomanato).

TENTIUH, to overflow (of river) (SIM). 48:18. Cf. TENTIMOMANA.

TENTLAPALLI

1. Lit., red border or colored border (i.e., a head ornament). 77:55 (tentlapaltica).
2. Colored border (of tilma) (FC 8:24:15: tentlapallo).
3. A tilma with a colored border (FC 9:71:6: itoca tentlapalli). 65:24.

TENZACAHUICOLLI, curved lip pin (see TENZACATL and HUICOLLI, cf. FC 9:59:16: tezçacanecuilli = bezotes corvos per HG bk. 9, ch. 13, parag. 2; FC 8:27:19:-teçacanecujlli). 42:31.

TENZACATL, var. TEZZACATL (FC 9:59:16), long lip plug (MOL: beçote largo), long thick lip plug (MOLS: beçote largo y gordo), shaftlike lip plug (FC 6:14:8 and HG bk. 6, ch. 3, parag. 15: barbote; FC 8:27:15 and HG bk. 8, ch. 9, parag. 4: barbote . . . metido en la barba). See TENZACAHUICOLLI.

TEOATL, lit., spirit water.

1. Ocean (NED); ocean water, saltwater (NED).
2. Fig., blood (?, see NED).

3. Key word: flood (i.e., war, see NED). 64:28 (teoatica). See TEOATL/TLACHINOLLI, TLATEOAICUILOLLI.

TEOATL/TLACHINOLLI. Key word: flood/blaze (i.e., war) (NED). 36:36.

TEOCALLI

1. Temple (i.e., pyramid with roofed sanctuary at the summit) (FC 11:269:10–26). 13:18 (in Chalollan), 24:29 (in Colhuacan), 25:29–30, 28:13–18 (of five levels), 29:26 (made larger), 33:44, 47:10, 50:33, 51:21,23,27 (built by Nezahualcoyotl), 53:44 (idem), 54:40 (of Chalca), 57:21, 58:45 (of Huitzilopochtli), 58:52 (in Cuauhnahuac), 59:46 (of Mixcoatl, enlarged by Cuitlahuaca), 81:9,12, 81:22 (gophers burrow into it). Syn. TLACATECOLOCALLI, TZACUALLI.
2. Temple (not a pyramid) (FC 11:269:27–33).
3. Temple (sense 1 or 2, above). 25:29,44, 27:18, 41:9, 47:10. Cf. TEOPAN.

TEOCHIMALLI, spirit shield. 79:13 (teuhchimalli).

TEOCOMITL, cactus species (HERN 1:314, FC 11:218), Key word: pot cactus. 10:13, 80:3. See also HUEI COMITL.

TEOCUITLACOTZEHUATL, lit., gold calf (or leg) skin. Note: The term is coupled with TEOCUITLAMATEMACATL (gold armband) in CF bk. 12, ch. 41. Key word: gold legband. 52:48.

TEOCUITLAEHUACOZCATL, a wide ornament of hammered gold worn around the neck (CF bk. 9, ch. 15: iiehoacozqui, teucuitlatl in tlatzotzontli, in tlacanaoallj = ponjanle al cuello vn juel hancho, de oro de martillo, que llamavan eoacozcatl). 52:47.

TEOCUITLAMATEMACATL, see MATEMACATL.

TEOCUITLAPETLATL, gold mat. 5:8.

TEOMIQUI, to die a sacrificial death (FC 2:86:7). 78:14.

TEONCAYOTIA (te- + ome + -cayotl + -tia), lit., to provide s.o. with a second, to be s.o's second (refers to the second man in any group effort to capture a prisoner on the battlefield) (FC 8:75:15). 37:5.

TEOPAN, temple (MOL). 27:49 (yteopan). Cf. TEOCALLI. For pc.n. see CONC: Teopan.

TEOPIXQUI, priest (NED). 4:26 (refers to Topiltzin Quetzalcoatl), 12:44 (a priest of the Mexitin). Cf. TLAMACAZQUI, TLENAMACAC.

TEOQUECHOL, variant name for the tlauhquechol, i.e., roseate spoonbill (FC 11:20:17). 79:5.

TEOTECOMATL, sacred cup (used for offerings to the gods) (see TECOMATL). 14:7.

TEOTEXCALLI, see CONC.

TEOTIA:MO, lit., to make gods for oneself, i.e., to practice idolatry (CAR 461:9); to worship. 4:43.

TEOTIA:MO-TLA, lit., to have s.th. as one's god, i.e., to worship s.th. (MOL). 80:16 (Mixcoatl made the white flint his spirit power). See also TEOTL 2.

TEOTIA:TE, to provide s.o. with spirit power (?), to inspire s.o. (?). Ya quiteotito yn icoltzin yn yca ymal = he went to provide his grandfather with spirit power by means of his captive, 22:52; cf. 23:7 (honorific). Cf. TEOTIA: TE-TLA.

TEOTIA:TE-TLA, to provide s.th. to serve as spirit power for s.o., to inspire s.o. with s.th. (?, FC 2:52:28: mjtoaia teteuhtiloz = they used to say that it [the eating of human flesh] would provide one with spirit power). Cf. TEOTIA:TE.

TEOTL, see also TETEO.

1. Deity, god (MOL). 7:4 (goddess), 14:7,31, 20:16,31 (ynteohuan = their gods), 24:44 (ỹteohuã), 25:1 (toteohuan), 25:26, 26:14, 50:47, 55: 47 (toteohuan), 50:47 (iteotzitzihuan), 59:57 (moteotzitzinhuan), 62:2,7 (toteouh).
2. Refers to a fetish. 80:19. See also TEOTIA:MO-TLA.
3. Spirit, spirit power. See TEOTIA:TE, TEOTIA:TE-TLA.
4. The sun (FFCC 1:82). 23:31.

TEOTLALLI, desert lands (especially the arid plains north of the Valley of Mexico, see NED: huēi tlālli). 79:37. Cf. HUEI TLALLI.

TEOTL ECO, twelfth "month" of the year (MAGL 197, FC 2, DCAL 277: la fiesta solemne del advenimiento de Huitzilopochtli), Oct. 7–26 (DCAL, MAGL). 24:39.

TEPALLAMA (tepal + tlama), to take a captive with the help of others (FC 8:76:4; for details see FC bk. 9, ch. 21). 37:4.

TEPALLAMALLI, partial captive, captive that one has taken with the help of others (see TEPALLAMA). 37:8.

TEPAL NEMI, see TETLAN NEMI.

TEPAN, at the expense of other people (see NED: tēpan -ħuiya, tēpan chīhua:mo). 65:50.

TEPAN IXQUETZA:MO, to insure s.o., to offer oneself as guarantor for s.o. (see MOL: tepam mixquetzani = el que fia a otro, SIM: ixquetza). 34:23.

TEPAN QUIZA, to represent or imitate s.o. (MOL: tepan niquiça). 63:23.

TEPANTLI

1. Wall (MOL).
2. Boundary (MOLS: linde), frontier. 23:15. See -TEPAYO.

-TEPAYO (from TEPANTLI + -yotl).

1. Pos. only (?), s.th. enclosed by walls (e.g., a garden) (see MOL: tepayo—i.e., tepantli + -yo from *yoa:tla).
2. Pos. only (?), boundaries, frontiers (see TEPANTLI 2). 21:13 (see note to the translation).

TEPEHUA:TE, to scatter s.o. (of an army routing its foe) (cf. NED: tepēhua:tē). 12:12.

TEPEHUALLI, conquest (from pehua:te). 84:13,18,24,28,32,41.

TEPEHUI, to scatter or disperse (of a nation routed by war) (cf. MOL, NED). 57:11, 59:3.

TEPEILHUITL, thirteenth "month" of the year (FC 2, DCAL 279: fiesta de los cerros, cf. MAGL: feast of the town), Oct. 27-Nov. 15 (DCAL, MAGL). 24:39.

TEPETL

1. Mountain (CAR 417:49), hill (CAR 458:15). 11:33,34, 61:2, 75:43, 79:19,25.
2. Mons (veneris), mound (of Venus) (?, see NED), i.e., woman as sex object. Key word: concubine. 55:34,36 (itetepeuh = his concubines).
3. City (NED).
4. P.n. 60:46.

TEPETLACALLI, stone chest or sepulcher (in which Topiltzin lay). 7:13,14,16.

TEPILHUAN TEIXHUIHUAN, descendants (MOL, MOLS: nietos descendientes abaxo). 15:6 (yn ipilhuan yn ixhuihuan).

TEPILIXCUATL, pubic area, private parts (of woman) (MOL: la haz o lo exterior de la natura de la muger). 51:46.

TEPILLI, vulva (FC 10:124). 55:31.

*TEPOTZCO

1. Behind, on the far side of (MOL: tlateputzco = dela otra parte del puerto o dela sierra, o de tras de algo). Ytepotzco cuexomatl = on the far side of [Mt.] Cuexomatl, 62:23. See TLANICAN TLATEPOTZCO.
2. Absence of (cf. PAR 45: tecuitlapan teteputzco nitechicoìtoa = murmuro de otras de trás de ellos, à su espalda, ò en su ausencia). Miec tlamantli yniyo nican yn itepotzco mochiuh = many were their sighs (of relief) now that he was gone, 33:11.

TEPOTZTOCA:TE, to go after s.o., lit., to follow s.o. in the rear. 13:49.

TEQUIHUA, warrior of a certain rank (FC 8:77:2, FC 10:24:9–18, TEZ 419, RITOS ch. 11, NED). Key word: valiant. 60:13 (tequihua quauhtli = valiant warrior), 60:18.

TEQUIMACA:TE

1. To apportion laborers to s.o. (of a king granting the services of his laborers to s.o else) (see MOL). 48:45, 51:10.
2. To distribute or apportion tribute labor to s.o. (of a king apportioning the services of tribute-paying nations to overlord nations). 32:46.

TEQUIPAN, work place (MOL), task location. 54:4 (ȳtequippan mochiuh . . . toltitlã = the location of their task was Toltitlan).

TEQUITI

1. To work (MOL), to perform labor. 51:10. Cf. TLAYECOLTIA:TE.

2. To pay tribute (MOL), i.e., to make payment in goods (of a servant nation paying tribute, or tax, to an overlord nation). 64:37 (hualtequitia).

TEQUIYOTIA:TE, to provide s.o. with tribute (i.e., tribute labor or tribute goods) (from MOL: tequiyotl, see AND 356–57). 59:54.

TETEHUITL, pl. TETEUHTIN, a small banner or streamer made of paper (FC 2:42:22 and FC 2:56:7: amateteujtl) or cloth (41:21) daubed with liquid rubber (FFCC 1:47:20, FC 2:42:22) and used as a sacrificial offering (cf. FC 2:43:21), called "papers" by Sahagún (HG ch. 32, parag. 6: unos papeles que llamaban teteuitl). Key word: streamer. 41:21. See TLACATETEHUITL.

TETENTIMOMANA, see TENTIMOMANA.

TETEO, pl. of TEOTL, gods, spirits, holy ones. Refers to major spirits or gods, 76:3,18, 76:20 (teteoye), 76:27, 76:54 (performed penance to create humans), 77:4 (teteoye), 77:13,38, 78:3,6, 82:49; refers to lesser gods or spirits, 80:7; refers to denizens of Mictlan, 76:35, 76:43 (teteoye), 76:44 (idem); refers to animals killed and cooked for ruler's inauguration, 3:25; refers to newly created humans (?), 77:2; refers to Spaniards, 68:18,20.

-TETEPEUH, see TEPETL 2.

TETEUHTIN, see TLACATETEUHTIN.

TETLAHUELI = TETLAYELLI (?, for 'hu' replaced by 'y' see GRAM sec. 3.7). Ca tetlahueli ca huitztli = indeed it is a sharp stone, indeed it is a thorn, i.e., it is piquant, zesty, appetizing, 6:30.

TETLAN NEMI or TEPAL NEMI

1. To be s.o.'s servant (MOLS: moço de servicio = tetlã nemi, tepal nenqui). Tetlantzinco monemiltihui (honorific) = they would go be servants, 20:47, cf. 20:49 (monemiltizque tepaltzinco), 20:50 (nemiznequi tetlan); ytlan nenca, 41:28. See also -TETLANNENCAHUAN.
2. To be s.o.'s charge, to be in the care of s.o. (?). Yntlan monemiltia = he (honorific) is being taken care of by them, 36:30.

-TETLANNENCAHUAN, pos., pl., servants (see TETLAN NEMI). 41:41.

TETLAN YAUH, to go to (s.o.). Itlan yaznequi = he wants to go to her (refers to a man desiring a woman), 14:1, cf. 51:43; amo yntlan iyoc yaznequi = they do not want to go to them on command (refers to servitor nation rebelling against overlord nation), 66:13.

-TETLAPALOAYA or -TLATLAPALOAYA, pos., greeting gift, lit., means by which one greets people (see AND 224). 13:31 (itetlapalloaya), 28:28 (intetlapallohuaya), 44:2 (intlatlapalohuaya), 68:25 (yntetlapaloaya).

TETLAYELLI, a small sharp stone, a rough pebble (FC 11:264:13). See TETLAHUELI.

TETZAHUIA:MO-TE, to marvel at s.o. 37:1.

TETZAHUITL

1. Evil omen (see MOL: cosa de aguero). 9:28,45.

2. Scandal, scandalous thing (MOL: cosa escandalosa). 55:39.
3. Frightful thing, terror (MOL: cosa . . . espantosa). See CONC: Tetzauh.

TETZAUHCOCOLLI, tuberculosis, consumption (MOL: tetzauhcocoliztli = tisica o tericia). 23:30.

TETZCALTECOMATL, burnished pot (?). 81:31.

TETZINTLI, see ACATZINTLI/TETZINTLI.

TEUCHUETZI, to come off as a lord, to assume the role of a lord (?). 58:24.

TEUCNENONOTZALLI, official decision. 42:40 (coupled with TEUCTLATOLLI). Cf. NETLATOCANONOTZALLI.

TEUCTITLANTIN, those who are sent on official business. 60:21.

TEUCTLACOZAUHQUI, rattlesnake (FC 11:75). 38:18. For p.n. see CONC.

TEUCTLALIA:MO, to be established as lord. 7:47 (of Quetzalcoatl as morning star), 58:5 (of temporal ruler). Cf. TLALIA:MO 2.

TEUCTLALIA:TE, to establish s.o. as lord. 58:23 (honorific: otinechmoteuctlalili).

TEUCTLATALHUIA:TE, with third person pl. obj., to rule them as their lord, lit., to say things to them as their lord (cf. CENTLATALHUIA:TE). 62:47.

TEUCTLATOLLI, lord's pronouncement, official pronouncement (FC 2:100:14: refers to a judge's decision, FC 6:83:4: refers to a ruler's speech). 42:39.

TEUCTLI

1. Lord (NED). 23:40 (teteuctin = lords), 38:26,31, 50:25 (yn anteteuctin yn anpipiltin). See NAUHTEUCTLI, TEUCYOTL. See also CONC: chichimecateuctli, teuctli.
2. Teuc-, official. See TEUCNENONOTZALLI, TEUCTLATOLLI. Cf. tlatoca-, see *TLATOQUI 4.
3. Totecue = O our lord! (addressing a superior) (FC 12:15:29, FC 12:17:34). 52:25. Cf. TEUCYOTL 2 and 3.

TEUCYOTL

1. See TLATOCAYOTL 1.
2. Toteucyo, used in direct address (to male), lit., our lord; *freely*, my lord. 14:3,5.
3. Toteucyo, used in direct address (to female) (FC 6:165:9, cf. FC 6:165:1: notecujo = my lady).

"TEUHCHIMALLI," see TEOCHIMALLI.

TEXIMA, to carve stone. 33:43 (teximallotoc = one is in the process of carving stone).

TIACAUH. Key word: warrior (see MOL: tiacauh). 60:37 (tiacahuan oquichtin).

TIACHCA, or TIACHCAUH, see ACHCAUHTLI.

TILMATLI, see CACAMOLIUHQUI, CENTZONTILMATLI, COATILMATLI, ICHCATILMATLI, ITZMICOATILMATLI, -MATL, OCELOTZONTECOMAYO, *OLINTECCIZTLI, TLALPILLI 2, TLATEOAI-

CUILOLLI, TLILPAPATLAHUAC, TLILTZOTEHUILACACHIUHQUI, TOCHPANECAYOTL.

TITITL, seventeenth "month" of the year (DCAL, MAGL, FC 2), Jan. 15–Feb. 3 (DCAL, MAGL). 24:40.

TITLANTIN, see TEUCTITLANTIN.

TLACACALILIZTLI or TLACACALIZTLI (9:43), arrow shoot (ceremony in which captives are shot with arrows). 9:38,43, cf. 9:36 (tlacacalihua).

TLACACEMELE, see ATLACACEMELE.

TLACAHUEYAC, var. TLACAHUIAC, giant (SIM, FC 5:175:3: tlacauiaque). 81:51.

TLACAMICTIA, to perform human sacrifice. 5:25, 25:25,26.

TLACANEXQUIMILLI, lit., human ash bundle (a monster without head or legs) (FC 5:177:2). Key word: bundle monster. 81:51.

TLACATECOLOCALLI, house of the devil (refers to a pyramid with a roofed sanctuary at the summit). 46:4,6, 59:42. Syn. TEOCALLI 1.

TLACATECOLOTL, pl. TLATLACATECOLO, demon or devil (MOL), the Devil (CAR 404:26, 420:32), sorcerer (NED). 3:45, 5:11–6:35 passim (refers to sorcerers who deceived Topiltzin Quetzalcoatl), 8:43, 8:51 (çihuatlatlacatecollo = female sorcerers), 8:52 (refers to Yaotl and Tezcatlipoca), 9:6, 9:30,42 (refers to the IXCUINANME), 10:14, 20:37 (synonymous with DIABLO), 25:48 (refers to Itzpapalotl), 36:34,40 (pl.), 37:31 (pl.), 56:27 (refers to Huitzilopochtli), 62:14 (tlatlacatecollo Diablome), 63:23, 68:20 (refers to Quetzalcoatl). See TLACATECOLOCALLI. Cf. DIABLO.

TLACATETEHUITL, var. TLACATETEUHTLI, pl., TLACATETEUHTIN, name given to little children sacrificed to the rain gods (FFCC 1:68, FC 2:42:14, FC 2:43:21,23, FC 2:179:2). Key word: human streamer (see TETEHUITL). 9:1,9 (tlacateteuhmictiliztli), 10:8 (ytlacateteuh).

TLACATI, *tetech tlacati = to be born to s.o. 15:37.

TLACATILIA:TE

1. To give birth to s.o. (MOLS: parir la hembra). 10:32, 61:16.
2. To beget or sire s.o. 14:41, 22:6 (ytech quintlacatilli), 30:25.

TLACATL

1. Person, human being (MOL). 3:34 (çe tlacatl chichimecapilli = a person, a Chichimec prince), 19:2 (çe tlacatl = a man), 82:40. See also TLACATL CIHUATL, TLATLACATL.
2. Noble, lord (MOL).
3. Ruler, king (FC 11:50:19, HDA 11:6), master. 22:3,36, 46:14, 52:42, 55:45,46, 56:9, 66:45 (çe tlacatl), 82:46, 84:15.
4. Pos., slave (of s.o. or s.th.) (AND 153, FC 6:241:31: njtlacauh = I am its slave). See -CHIMALLACAUH/-MITLACAUH.

TLACATL CIHUATL, woman (cf. FC 2:115:21: yie ixqujch tlacatl cioatzitzinti = all the young women). 3:17 (çe tlacatl cihuatl = an Otomi woman),

21:53 (çe tlacatl cihuatzintli = a young woman), 65:27 (X tlacatl çihuatlacotin = 10 female slaves).

TLACAXIPEHUALIZTLI

1. The act or practice of flaying humans (see FC bk. 2, ch. 21). 9:51.
2. Second "month" of the year (DCAL, MAGL, FC 2), Mar. 21–Apr. 9 (DCAL, MAGL). 24:41, 52:23.

TLACHICHIHUALLI, man-made object, manufacture. 26:9.

TLACHIHUALE, owner of creation, i.e., the god of Christianity (see MOL). 62:8.

TLACHIYA

1. To supervise (cf. FC 2:135:4). 35:44 (huitz tlachiaz).
2. See *TEIXCO TLACHIYA.

TLACHIYALTIA:TE, to educate s.o. (MOL). 38:30.

TLACHPANALIZTLI/TLETLALILIZTLI, the sweeping/the laying of the fire, i.e., women's work (FC 6:130:19). 58:17.

TLACHPANCATI (from tlachpanqui), to be a sweeper. 14:4.

TLACIUHQUI

1. Necromancer, shapeshifter, one adept in the black arts (FC 4:42:17: tlâciuhquj, FC 4:101:9).
2. Oracle, prognosticator (a kind of sorcerer recognized among the Otomi tribes) (FC 10:177). 23:14.

TLACOTLI, slave (MOL). 15:50,51, 65:3 (tlatlacotin = slaves), 65:27 (çihuatlacotin). See also TLACOTZINTLI.

TLACOTZINTLI

1. P.n. (?, see note to the translation at 15:42).
2. Young slave (?, see -TZIN 2). 15:42. See also TLACOTLI.

TLACOYOTL, servitude (NED). Cococ tlacoyotl, 7:3 (in song text).

TLACPAC

1. Above, up high, on the heights (FC 12:73:21, FC 12:75:8). 56:5 (yn macuexhuacan tlacpac = on the heights of macuexhuacan).
2. Above (in a text), supra (SIM). Tlàtolli tlacpac = the above story, 3:47; omopouh tlacpac = it was recounted above, 16:30, cf. 21:48, 42:16; omotocayoti tlacpac = they were named above, 21:42, cf. 56:8.

TLACUACUA, to eat, to get food (of animals) (FC 11:5:22, FC 11:40:28, etc.). 82:42.

TLACUACUALLI, food. 82:40,41.

TLACUATL, opossum (FC 11:11). 10:33.

TLACUECUEPALLI, those that have been reversed or turned backward. 17:5 (tlacuecuepalchimaltica = with shields turned backward).

-TLACUIAYA, pos., means of tying s.th. (i.e., a hair ribbon) (?, from CUIA:TLA, cf. AND 224). 60:39 (intlacuiyaya). Cf. CUAILPIA:MO.

TLAHUELCAHUA:TE
1. To cause s.o. to be distracted or maddened by anger (NED).
2. To angrily abandon s.o. (cf. NAHUALCAHUA:TE). 35:4.

TLAHUELCAQUILIA:TE, see HUELCAQUILIA:TE-TLA.

TLAHUELCUITIA:MO
1. Reciprocal reflexive, to provoke or anger one another. 11:50, 27:53.
2. Reflex-pas., to be provoked. 40:13.

TLAHUELPOLOA:MO, to become crazed (of men in battle) (cf. MOL: desesperar, or perderse de enojo e impaciencia). 56:42.

TLAHUELPOLOA:TE, to drive s.o. to desperation (cf. TLAHUELPOLOA:MO). 25:33.

TLAHUELTIA:TE, to anger s.o. (MOL). See ITLAHUELTIA:TE.

TLAHUILANALLI
1. S.th. dragged along the ground (MOL).
2. S.th. held in vassallage, i.e., realm, dominion (cf. MOL: vilanoni = vasallo o subdito). 64:9 (ytlahuillanalpan), 64:10 (ytlahuillanal).

TLAHUIZTLI, emblem, insignia (MOL, NED). 56:25; as ear ornaments, 49:10; assoc. with shields, 41:2, 43:32, 44:28; affixed to shields, 54:15. See CHIMALLI/TLAHUIZTLI.

TLAILACATZOLLI
1. That which has been rolled up (MOL).
2. That which has been twisted (as thread or rope) (see NED: ilacatzoa:tla). See CUETLAXTLAILACATZOLLI.

TLAILLI, bloody diarrhea (MOL: camaras de sangre, cf. MOLS). 23:30.

TLALHUIA:MO (CAR 532: tlálhuia), to be summoned, to be mustered (reflex-pas., of TLALHUIA:TE). 56:11,15. 77:21.

TLALHUIA:TE, to summon or invite s.o. (MOL). See TLALHUIA:MO.

TLALHUITECTIA:MO, to provide oneself with an earth altar (see TLALHUITECTLI). 24:43,48.

TLALHUITECTIA:TE, to provide s.o. (i.e., a god) with an earth altar (see TLALHUITECTLI). 20:33.

TLALHUITECTLI, lit., earth beaten one, i.e., a simple altar or oratory of beaten earth (?, see GKC 123, n. 2; cf. MOL: tlalmumuztli = altar de tierra o humillandero). 14:6,8,10, 25:1,45.

TLALIA:MO
1. To sit, to sit down (MOL). 37:28 (yxpan motlallito = he went and sat before him), cf. 51:9.
2. To be established (in an office), to be inaugurated (cf. MOL: tlalia:nite = dar asiento a otro). 3:51; hualmotlalli = he came [?] to be inaugurated, 17:51; 18:1, 25:54, cf. hualmotlatocatlalli (see TLATOCATLALIA:MO); onmotlalli = he was inaugurated there [?], 18:9,19,36. See also TEUCTLALIA:MO

3. To be instilled (of ire or hatred). 20:44, 34:38 (freq.: motlatlalli).
4. To settle or be settled (of a tribe or nation in a new locality). 18:11,23 (motlallico), 19:1 (onmotlallico), 31:24 (motlallico), 48:41.
5. To be settled (of people forced or permitted to form a settlement) (from TLALIA:TE 1). 49:9.
6. With calli = cage, to be imprisoned in a cage (cf. MOL: callalia:nite = dar la casa por carcel). 39:39 (aoquic ommotlalliz yn calli = he will no longer be imprisoned in the cell).
7. To take up residence (of a king temporarily residing in a locality). 51:22 (hualmotlaliaya).
8. To establish oneself (in a certain capacity), to take it upon oneself (to be such and such). 54:13.
9. As matrix in -ti- compound, to begin (to do s.th.), to settle down (to do s.th.) (NED, AND 137). 56:7 (?, conpixtimotlallico).

TLALIA:TE

1. To settle s.o., to allow or facilitate the settlement of (a tribe or nation). 17:20 (tlalilloque), 18:13, 48:44 (ontlaliloto).
2. To establish or station s.o. (as a guard or sentry). For freq. see TLA-TLALIA:TE.

TLALIA:TLA

1. To put s.th. on, to wear s.th. (cf. MOL: tlalia:tla = poner algo en alguna parte). 42:28 (yquauhquetzal contlaliaya = he would put on his eagle plumes).
2. Tetech tlalia:tla = to put s.th. on s.o., to adorn s.o. with s.th. (FC 4:9:21, FC 8:76:11). 42:33.
3. Indef., to establish or arrange s.th. (?); to emplace or position s.th. (MOL: poner algo en alguna parte); to make statutes or ordinances (MOL). 51:11 (tlatlali).
4. *Tlatolli tlalia:tla = to lay down or establish words, to make a promise, to make a deal (cf. MOL: tlatollaliliztli = poner condicion en el contrato). 55:51 (quihuallalli ytlatol yn tollan = he came making a promise to Tollan).
5. See NAUHCANTLALIA:TLA.
6. See OCTLALIA:TLA
7. See TLALTECHTLALIA:TLA.

TLALMACEHUA, to obtain land (FC 10:185:13, FC 10:196:3). 12:4.

TLALMACEHUALE, landholder, one who has been granted land (from *TLAL-MACEHUALLI). 58:6. Cf. TLAMACEHUALE.

*TLALMACEHUALLI, that which there is when people obtain land (from TLAL-MACEHUA, cf. NED: tlamahcēhualli), i.e., a grant of land, a landholding. See TLALMACEHUALE.

TLALPANTLI, ground (MOL), territory. 19:28.

TLALPILLI

1. That which is tied or knotted (MOL).
2. A kind of tilma with a design of knots (see note to the translation at 64:55; cf. FC 12:6:8–9: tlaçotilmatli . . . xiuhtlalpilli). 64:55.

TLALPOLIHUI

1. To be decimated (by pestilence) (MOL: despoblarse y destruirse el pueble con pestilencia).
2. To be decimated (by war) (MOLS: despoblarse el pueblo por pestilencia o guerra). 57:26, 59:11,60, 60:40,41.

TLALTECH

1. On earth (see TLALTECH ACI 1).
2. On the ground. Tlaltech moteca = it [the coyote] crouches on the ground, FC 11:7:2.
3. In a region or country (see TLALTECH ACI 2).
4. On lands. See TLALTECHTLALIA:TLA.

TLALTECH ACI

1. To arrive on earth (CM fol. 38v, line 8).
2. To arrive in a region or country (FC 12:28:10), 1:40, 9:35.

TLALTECHTLALIA:TE or TLA, lit., to establish s.o. or s.th. on lands, i.e., to provide s.o. or s.th. with lands. 26:12 (quitlaltechtlallique), 34:28 (nocontlaltechtlaliz), 47:7 (tlaltechtlaliloco), 48:6 (quintlaltechtlalli).

TLALXOTLA, to place boundary markers on lands, to mark off lands (MOL: amojonar tierras). 26:16, 55:11 (tlalxotlaloc), 61:13 (tlalxotlalloto). Cf. XOTLA:MO, XOTLA:TLA.

TLAMA, see TEPALLAMA.

TLAMACAZQUI

1. Deity, spirit (TEZ ch. 1: Tlamacazqui Huitzilopochtli, FC 6:35:12: pl. form used to invoke rain gods, Ponce 373: tlaloques y tlamacazques). 82:42 (tlamacazqui tlalloc).
2. Priest (NED). Title or designation applied to Topiltzin Quetzalcoatl, 4:1, 5:33,37,40,43, 6:43. See CONC: teuctlamacazqui, totec tlamacazqui. Cf. TEOPIXQUI.

TLAMACEHUALE, landowner (from TLAMACEHUALLI). 13:4. Cf. TLALMACEHUALE.

TLAMACEHUALLI, that which there is when one obtains s.th., i.e., land (cf. MACEHUA:TLA 4). See TLAMACEHUALE.

TLAMACEHUAYAN (from MACEHUA:TLA), place of penance. 4:33.

TLAMACHILIZTLATOLZAZANILLI, see ZAZANILLI.

TLAMACHTLI, embroidery, brocade (MOL, NED: tlahmachtli, Cf. FC 10:180). 64:24 (tlamachcohuatilmatli), 64:55 (tlamachyo).

*TLAMANTI, see IZQUITLAMANTI, -TLAMANTI NEMI.

*-TLAMANTI NEMI, see 75:25,35.

TLAMANTLI

1. Layer, story (FC 10:169:1: mjec tlamantli in ilhujcatl = the sky is of many layers—cf. CONC: Chiucnauhnepaniuhqui). 28:15 (ynic mochiuh . . . ycal macuillamantli = his house was built with five stories).
2. (Used with an ordinal number), times (refers to world ages—cf. 75:35). Nauhtlamantli mochiuh nemiliztli = life was created four times, 2:16, cf. 2:20; nauhtlamantli onoca in tlaca = people existed four times, 2:19.
3. (Used in counting breaths or sighs.) 33:11 (miec tlamantli yniyo).
4. (Used in counting scandals.) 55:20,26; 55:38 (miec tlamantli tetzahuitl).
5. See CENTLAMANTLI, CECENTLAMANTLI.

TLAMI, to draw up or come to a halt (of marching troops) (FC 12:111:33, FC 12:118:33, FC 12:119:11). 11:15.

TLAMIA:TE, to defeat s.o. (in battle). 17:2.

TLAMIA:TLA, to impute or attribute s.th. (see TLATLAMIA). 2:22 (ytech quitlamiaya = they attributed it to him).

TLAMIAN, see TLAMIYAN.

TLAMIYAN

1. Place where things end (NED).
2. Ending time, point of conclusion. 16:23 (febrero ytlamian = the end of February), 49:49 (ytlamian ỹ 13 tecpatl xihuitl = the end of the year 13 Flint), 54:47 (ye tlamian—cf. ye icuac, see ICUAC 3). Syn. TZONQUIZYAN.

-TLAMOCUITLAHUICAUH, pos., overseer (MOLS: fiscal o friscal del patrimonio del rey). 68:13 (refers to Pinotl, called "vei calpixquj," i.e., "great steward," in FC bk. 12, ch. 2). See also CUITLAHUIA:MO-TLA. Cf. CALPIXQUI.

-TLAN

1. In the territory of. 10:49 (ytlan = in his territory), 12:46, 18:13,14.
2. Tetlan huallauh, see HUALLAUH 4.
3. See TETLAN NEMI, TETLAN YAUH.

TLANACAZTLAN, in an out-of-the-way spot (?). 25:32.

*TLANCUATL, knee (the expected form is tlancuaitl per MOL, FC 10:125). See CENTLANCUATL.

TLANEHUIA:TE, to mistake one person for another (cf. MOL: tlaneuia:nic = tomar vna cosa por otra). 45:18 (tlanehuilozque).

TLANICAN (tlani + -can), see TLANICAN TLATEPOTZCO.

TLANICAN TLATEPOTZCO, down yonder (?, lit., down location, on the far side [or back side] of s.th.). 10:37 (tlanican tlatepotzco . . . yn ōpa xaltocan = down yonder in Xaltocan).

TLANOZO (tlānōzo in the orthography of Carochi), var. TLANOCE (tlānōcè), adverbial particle introducing wishes and commands. Note: It would not appear that tlanozo incorporates the conjunction anozo (ànōzo); hence the meaning "or" is not included (cf. NED: mānōceh, mānōzo, tlēnōzo). 38:34 (tlanoçe), 39:9 (tlanoço).

TLAOTONXINTLI, see CONC.

TLAPALOA:TE, see -TETLAPALOAYA.

TLAPANHUIA:MO, honorific of tlapani, to break, to become broken (as crockery) (see MOL: tlapani, NED: tlapāni). 39:19 (otimotlapanhui = you will have been broken to pieces).

TLAPANI, to become broken (NED). See 7:9 and note to the translation (tlapa[n]).

TLAPIYA, see PIYA:TLA 2.

TLAQUIMILOLLI, bundle, medicine bundle, fetish bundle (FC 10:191:2). 1:20, 50:36. Cf. ZCHIM 1:51: tle ytoca y moteuh y motlaquimilol yn ticmama . . . ca ytoca Mixcohuatl = "What is the name of the god, the bundle you carry?" . . . "Its name is Mixcoatl."

TLAQUIXTILLI, a freed person, one who has been set free (MOL). 15:32 (a freed woman), 16:2 (a freed woman who was a beverage maker). See also MALQUIXTILLI.

TLATALHUIA:TE, see CENTLATALHUIA:TE.

TLATECPANTLI

1. That which has been set in order, arranged according to rank, sequenced (refers to persons or things) (MOL). 26:8 (tlatecpantli quichiuhque = they made many arrangements), 46:45 (yn itlatecpan).
2. Order of service, sequence of courses (at a banquet) (FC 4:117:2 and HG: orden de servicio).

TLATECTLI, see TLATLATECTLI.

TLATENTLI, band, border, or edging (of fabric, of fringe, etc.) (CF bk. 10, ch. 25, fol. 67v: tlatentli = orillas; FC 2:93:27: tlatenyo = [skirt] with fringe [?]). Note: Kinds of borders are listed in FC bk. 10, ch. 17. See TLATENZOTL.

TLATENZOTL, fabric band or border (?, from TLATENTLI and ZOTL). 65:23.

TLATEOAICUILOLLI, painting or illustration of the TEOATL. Key word: flood-painted. 64:26 (tilmatli tlateoay'cuilolli = flood-painted tilmas—see note to the translation).

TLATEOTOQUILIZTLI, idolatry (MOL). 20:37, 26:13.

TLATEPOTZCO, see TLANICAN TLATEPOTZCO.

TLATHUI, see AIC YEZ AIC TLATHUIZ.

TLATHUINAHUAC, at dawn (CAR 513:30). 60:49.

TLATIA:TE (CAR 532: tlātia), to kill s.o. (NED). For honorific freq. see TLATLATILIA:MO-TE.

[1]TLATIA:TLA (CAR 532: tlátia), indef., to establish things, to make an arrangement. 33:5 (otlatlatia).

[2]TLATIA:TLA (CAR 532: tlātia), indef., to "hide" people in general, i.e., to kill people in general (?, cf. NED: tlātia:tē). 9:5 (tlatlatia mayanaliztli = the famine kills—but see note to the translation).

TLATILLI, mound (see NED). 9:14–15 (ytlatil . . . yçacacal = her mound . . . her grass hut).

TLATLACATL, freq. of tlacatl, pl. tlatlaca = people.

1. Aiac tlatlacatl = there are no people (i.e., it's a wilderness, there's desolation) (FC 11:106:9).
2. Aoc tlatlaca mamani = there's uneasiness, there's no peace, lit., people no longer stay put (?, FC 3:27:15). 81:47 (here, however, the expression may mean "the people are no more").
3. Tlatlacaana = to take captives. 16:50.

TLATLACIZTLI, coughing sickness (FC bk. 10, ch. 28, sec. 2 and HG: tlatlaciztli = enfermedad de la tos). 23:30.

TLATLALIA:MO, freq. of TLALIA:MO 3, q.v.

TLATLALIA:TE, freq. of TLALIA:TE 2, to station people, to post people (as guards), to put people in office. 21:10 (quimontlatlalli), 29:17 (quintlatlallito), 33:37 (oamechtlatlalitia).

TLATLALIA:TLA, freq. of TLALIA:TLA.

1. To lay down s.th. (more than one) (cf. MOL). 77:11 (quihuallalalia).
2. To establish s.th. (more than one). 46:45 (quitlatlalitia).

TLATLAMIA (fused-obj. form of TLAMIA:TLA). Tetech tlatlamia = to accuse s.o. (MOL). Note: This has the synonyms tetech huitlatlamia (MOLS: achacar algo a otro, see also GRAM sec. 5.2: stem prefixes) and tetech tlami (CAR 419:10); MOL repeatedly states that false accusation is meant, but CAR 517:28 (tetech tlamia:tla = to blame s.th. on s.o.) implies rightful accusation. 57:2 (ytech tlatlami yn Axayacatzin = Axayacatzin indicted him). Cf. TZONTEQUI:TLA.

TLATLANI:MO, reflex-pas., freq., to be requested (cf. ITLANI:TE). 17:23.

-TLATLAPALOAYA, see -TETLAPALOAYA.

TLATLATECTLI, things that have been cut (see MOLS: cortada cosa = tlatectli), cuttings, clippings. 17:17.

TLATLATILIA:MO-TE, to kill s.o. (honorific freq. of TLATIA:TE). 39:30.

TLATLATLAUHTIAYAN, place of prayer. 4:33.

TLATLATOANI, one who talks a lot (singular or pl.) (MOL, cf. CAR 447:6). 17:46. Cf. CHACHALACA.

TLATLAUHTIA:MO

1. To salute one another (CAR 504:29).
2. Reflex-pas., to be saluted, addressed, or spoken to. 37:30.

TLATLAUHTIA:TLA, indef., to submit a petition, to make a plea. 44:2. See TLATLATLAUHTIAYAN.

TLATLI

1. Uncle (in the literal sense) (MOL). 34:22 (notlayeton = my dear uncle—see -E, -TON), 81:3,10,19,25,29 (pl.).
2. "Uncle" (in a figurative sense); *freely*, friend. 39:40,41,42 (referring to humans), 81:17,21 (addressing animals).

TLATOA, see -PAN TLATOA.

TLATOANI, great ruler, king (MOL, NED). Key word: ruler. 4:12,13, 8:10, etc.; huey tlatohuani = great ruler, 51:36, 68:23. For pos. and pl. see *TLATOQUI.

TLATOCA-, comb. form of either *TLATOQUI or TLATOCAYOTL.

TLATOCACALLI, royal residence, ruler's residence, palace (FC 11:271). 9:23, 18:42. Cf. TECPANCALLI, -TECPANCHAN, -TLATOCACHAN, ZACACALLI.

-TLATOCACHAN, ruler's residence, palace. 8:14,19,26,36. Cf. TLATOCACALLI.

TLATOCACUILIA:TE, to take sovereignty from s.o., to usurp s.o.'s throne (from TLATOCAYOTL). 33:28.

TLATOCAMICTIA:TE, to kill s.o. who is a ruler (i.e., to carry out an assassination). 60:28 (tetlatocamicti).

*TLATOCAMIQUI, impers. only (?), a ruler dies (i.e., is assassinated). 34:37 (tlatocamicoac—lit., there is death with regard to rulers or a ruler).

TLATOCAN, palace (MOL). 61:7. Syn. TECPAN, TECPANCALLI.

TLATOCATI, v-B (MOL) or v-A (1:39, 65:50).

1. To be(come) ruler (MOL: ser señor principe), to serve as ruler. Ompa yn quetzaltepec huallatocattitia = he came forth and was ruler there at Quetzaltepec, 1:39 (cf. NED: huāllauh 2). To be ruler, passim; to become ruler, 55:4, 61:33, 66:41.
2. To gain nobility (?, cf. *TLATOQUI 1). 34:2,5.

TLATOCATIA:MO, to get oneself a ruler. 1:54, 42:19.

TLATOCATLALIA:MO, to be established as ruler, to be inaugurated as ruler (see TLATOCATLALIA:TE). 3:55, 4:29, 5:22, etc.; hualmotlatocatlalli = he came [?] to be inaugurated as ruler, 28:21, 34:31, cf. hualmotlalli (see TLALIA:MO 2).

TLATOCATLALIA:TE, to inaugurate or establish s.o. as ruler (MOL). 16:11. See TLATOCATLALIA:MO. Cf. IXQUETZA:TE.

TLATOCATOCAITL

1. Title given to great personages (SIM).
2. Ruler's name, the given name of a particular king. 30:7 (ytlatocatoca yn ayactlacatl = his ruler's name was Ayactlacatl).

TLATOCAYOTL, comb. form TLATOCA- (27:4, 33:28). Note: The following five categories are difficult to separate.

1. Rulership, sovereignty, dynasty (see MOL: corona real o patrimonio). 1:51,

3:51, 12:25, 15:1, 15:7 (yn pillotl yn teucyotl yn tlatocayotl), 15:13, 16:5, 18:21 (chalcatlatocayotl), 26:45 (mexicatlatocayotl), 27:52 (idem), 27:4 (yntlatocayo), 30:48, 30:48 (intlatocayo), 49:21,23, 64:12 (apazco quitzinti tlàtocayotl = Apazco started the dynasty), 66:43 (yn teucyotl yn tlatocayotl). See also TLATOCACUILIA:TE.

2. Reign, rule. 19:23 (ypan ytlàtocayo quinatzin = in the reign of Quinatzin).
3. Kingdom (MOL: reyno), realm, empire. 29:44, 33:36, 52:27, 64:32 (refers to cities controlled by Tetzcoco), 67:29 (ytech conpouh yn itlatocayo = he counted up his realm).
4. Lords (NED). 43:11 (yntlatocayohuan).
5. Seat of government (?). 43:27.

TLATOCTLI

1. S.th. buried or planted (MOL).
2. Sowed land, plantation (?).
3. Pos., domain, estate (SIM). 64:10 (ytlatoc).

TLATOLLI, story (SIM). Tetzcoco tlatolli = according to stories from Tetzcoco, 4:31, 8:38 gloss; quitoa . . . cuitlahuaca yntlatol = the stories of the Cuitlahuaca say . . . , 29:52.

TLATOLOYAN

1. Council house (MOLS: cabildo, el lugar donde se ayuntan a tratar negocios). 43:25.
2. Court (where judges hear cases) (FC 8:42:4).
3. Seat of rule (?). 63:36.
4. Pc.n. 65:10.

TLATONALMANI, the sun is hot, there's intense heat. 82:30.

*TLATOQUI

1. Pl., tlatoque = nobles, members of the ruling class (MOL, NED). 7:52, 8:18 (chichimeca tlatoque), 13:8, 23:40, 33:51, 35:20 (yn nopilhuan yn notlàtoque), 38:26,31 (coupled with teteuctin), 48:40 (tlàtoque pipiltin), 60:58 (yn pipiltin yn tlatoque). See TLATOCATI 2.
2. Pl., tlatoque = rulers (in the sense of TLATOANI, cf. NED: *tlahtohqui 5). 64:15 (tollan tlàtoque).
3. Pos., -tlatocauh = ruler (in the sense of TLATOANI). 3:18 (motlatocauh), 3:50 (yntlàtocauh), 11:5 (yntlatocauh), 12:43 (idem), 22:29 (totlatocauh).
4. Tlatoca- = official. See NETLATOCANONOTZALLI. Cf. teuc-, see TEUCTLI 2.

TLATZANATZA, to make a rattling sound (?, cf. MOL: tlatzatzanatzani = hazer ruido con cañas, esteras, o con cosas semejantes). See CONC: Tlatzanatztoc.

TLATZONTECTLI

1. A kind of dart or arrow (MEX 58, FC 2:69:34, FC 3:3:7).
2. Judgment, sentence (MOL: cosa juzgada y sentenciada). Note: On justice

and the king's role as supreme judge see FC 8:54–55. 14:19, 28:36 (king's judgment), 30:34. See TZONTEQUI:TLA.

TLATZTO:TE (tla- + ITZTO:TE), to be waiting for s.o. (?, cf. NED: itzto:tla; and for tla- as a stem prefix that has lost its object status, see GRAM sec 5.2). 49:6 (quihuallatztoca).

TLAUHTIA:MO-TLA, reflex-pas., to be rewarded with s.th. (cf. TLAUHTIA: TE-TLA). 37:49 (quimotlauhti = he was rewarded with it).

TLAUHTIA:TE

1. To present gifts to s.o. (FC 8:76:20). 40:49 (quintlauhti = he presented gifts to them), 52:44.
2. Indef., to regale people (with food) (FC 2:68:5, FC 2:137:20, FC 8: 54:27, cf. MOL: tlauhtia:nite = hazer mercedes a otro). Key word: to provide regalement. 30:9,16.

TLAUHTIA:TE-TLA, to give s.th. to s.o. (Natl. Lib. of Mex. ms. 1628-bis, fol. 227, line 24; FC 8:64:31; FC 8:65:9). 47:6, 47:8 (tlatlauhtiloco = one became presented with s.th.), 52:45.

TLAXILIA:TE-TLA, to let s.th. fly at s.o., to throw s.th. at s.o., i.e., to shoot a dart at s.o. (applicative of tlaza:tla). 80:33,34,35.

TLAXOCHIMACO, ninth "month" of the year (FC 2). Note: DCAL and MAGL give the ninth month as miccailhuitl or miccailhuitontli, Aug. 8–27. 24:38.

TLAXOCHTLI

1. Sash, belt, cloth band (MOL).
2. Border (with reference to a tilma) (cf. MOL: tilma tentlaxochtli = orillo de paño; note the wide borders on tilmas shown in 16th-c. illustrations, e.g., Codex Mendoza fols. 20–54). Tlaxochyo = [tilmas] characterized by or replete with borders, 64:54, 65:24.

TLAYECOLTIA:TE

1. To serve or work for s.o. 65:4, 66:12,50.
2. Indef., to do work or perform service for others (MOL: servir a otros). 33:6.
3. Indef., to perform tribute labor (of a work detail away from home). 41:16, 47:26. Cf. TEQUITI.

-TLAYETON, see TLATLI 1.

TLAYOLLOTL CHIHUA:MO, pl. TLAYOLLOME CHIHUA:MO, to become or be made into a heart offering, to be sacrificed as though a heart (FC 2:62:9 and HG). 28:14.

TLAZALOLLI, that which has been mounted, set, glued on, or pasted on (as a jewel) (FC 10:166:11). 28:30.

TLAZALTIA:TE-TE, to force s.o. to relinquish s.o. (causative of tlaza:te). 13:40 (tlaçaltilozque = they are to be forcibly relinquished), 13:41 (quĩtetlaçalti = he took them by force from s.o. [?], he caused them to be freed [?]), 13:50.

*TLAZOCATL, precious substance (?, tlazotli + -catl). See 78:6 and note to the translation.

TLAZOLTEUHHUIA:MO, lit., to apply filth and dust to oneself, i.e., to become dissolute (cf. FC 6:243–44: teuhio tlaçollo, see AND 358–59). Motlaçolteuuia, UAH sec. 282 (see note to the translation at 57:22).

TLAZOPILLI
1. Legitimate child (MOL).
2. Child (of one's own, i.e., one's biological child as opposed to one's "child" in any of various figurative senses) (CAR 490:2: mānēn cetica anquitzitzquìtin in notlaçòpilhuan = take care not to seize one of my children). 9:6 (itlaçopilhuan = his own children).

TLAZOTLA:TE
1. To love s.o. (MOL). 5:12.
2. To fall in love with s.o. 14:1.
3. To be loving to s.o., to be kind to s.o. 40:38, 47:18.

TLAZOTLA:TLA, to value s.th., to care about s.th. (FC 6:13:24, FC 6:215:15, FC 12:88:32). 75:46 (macaoc tle xictlaçotlaca[n] = don't care about anything anymore); cf. SIM 521: atle quitlaçotla = il ne tient à rien, il est bon, généreux.

TLECUAHUITL, fire drill (MOL). See HUETZI 4.

TLECUAUHTLAZA, to drill fire (FC 7:11). 76:1, 79:53, 81:25,28.

TLE MATI:TLA, expression used in the indicative but with coercive meaning, e.g., MOL: cēca tle anquimati = pay careful attention! (cf. MOL: cenca tle ticmati, FC 6:34:9: tleh ticmati, FC 6:126:11: tle ticmati). 22:26 (çenca tle quimati = let them give heed to this!), 25:17 (çenca tle anquimati), 39:24 (tlen mach ticmati), 79:13.

TLEMOLHUIA:TE, to cook for s.o. (cf. CAR 522:10: tlémōlli = guisado; see AND 359). 57:25.

TLENAMACA:TLA, to use or burn s.th. as incense. 4:40, 77:44.

TLENAMACAC, high priest (see FC 3:67:30). 8:46, 15:10. Cf. TEOPIXQUI.

TLETLALILIZTLI, see TLACHPANALIZTLI/TLETLALILIZTLI.

TLEZO TEL, what is this? (evidently an emphatic form of Carochi's *tlè* or *hui tlè* = valgame dios!—CAR 528). 37:19,32 (tleço tel = what is this?), 37:22 (tleço tel . . . onechycnelli = what?! he has benefitted me?), 39:22 (teço tel).

TLILHUIPILEQUE, black shirts (i.e., wearers of black shirts). 14:27.

TLILPAPATLAHUAC, black broad ones (refers to tilmas) (FC 8:87:24). 64:23,27,52.

TLILTZOTEHUILACACHIUHQUI, pitch-black roundel (?, from TLILTZOTL and TEHUILACACHIUHQUI). 64:28.

TLILTZOTL, lit., black pitch (see TZOTL)
1. Name given to a black viscid substance (pitch?) applied to the forehead as a ritual adornment (FC 2:94:39: tliltzotl).
2. *As embed*, pitch black (?). See TLILTZOTEHUILACACHIUHQUI.

TOCA:MO (CAR: tóca)

1. With embedded substantive, to pretend to be (s.th.) (CAR 484:6–12).
2. Reflex-pas. with embedded substantive, to be considered or regarded as (s.th.). 49:13.

TOCA:TE (CAR: tóca), see TEPOTZTOCA:TE.

[1]TOCA:TLA (CAR: tóca), to spend time in or frequent (a particular place) (NED). 46:36.

[2]TOCA:TLA (CAR: tōca), indef., to plant, to sow (see MOL: tlatoca). 38:32 (titlamecatocaz = you will plant by the mecatl (see MECATL 1 or 2), 39:25 (titlamecatocaz yn momil = you will plant your gardens by the mecatl). See TLATOCTLI.

TOCAITL, see PILTOCAITL, TLATOCATOCAITL.

TOCAYOTIA:MO

1. To be named, enumerated, or listed. 21:42, 44:1.
2. To be called (by a certain name) (see MOL: tocayotia:nite). 66:42.

TOCAYOTIA:MO-TLA

1. To call oneself (such and such) (FC 3:25:6 and HG).
2. Reflex-pas., to be called (such and such) (?). 62:16.

TOCHATLAUHTLI, rabbit ravine, ravine where rabbits live (?). 54:22,26.

TOCHPANECAYOTL, pertaining to Tochpan (said of a certain kind of tilma) (CF bk. 9, cf. 2, fol. 5: vna carga de mantas de tochpanecaiotl). 64:50. See CONC: Tochpan.

TOCHTECOMATL, rabbit pot (used in a wine-drinking ceremony per FC 2:194:3). 78:17 (tochtecomatica).

TOCTLI, see TOQUIZHUATL, XIUHTOCTLI.

TOLLA, lit., place of rushes, i.e., marsh, marshes (FC 12:69:25: tulla). 62:28. Cf. CONC: Tollan.

TOLTECATL, craftsman, artisan (NED). 4:54. For g.n. and p.n. see CONC: Toltecatl.

-TON, noun suffix connoting affection or tenderness (?, cf. NED). Notlayeton = my dear uncle, 34:22 (see -E).

TONALLAPOHUALIZTLI, day-sign count (from TONALLI 2 and tlapohualiztli). 1:25.

TONALLI

1. Heat of the sun (MOL). See TLATONALMANI.
2. Day sign (FC 2:42:15, FC 4 passim). 7:48. See also CEMILHUITONALLI. Cf. XIUHTONALLI.
3. Fate, lot, portion (NED; FC 3:16:20: motonal = your portion, i.e., the pulque offered to Quetzalcoatl; cf. TONALTIA:TE-TLA). 7:1. See TONALTIA:MO-TLA.

*TONALMANI, see TLATONALMANI.

TONALTIA:MO-TLA, to allot s.th. to oneself (from TONALLI 3). 47:10.

TONALTIA:TE-TLA, to allot s.th. to s.o. (FC 2:52:27: tetonaltiloz = it is to be alloted).

TONATIUH

1. The sun (MOL), a sun. Note: The term refers either to the present sun or to any of the four suns that preceded it. 2:21 et seq., 75:3 et seq.
2. P.n., Sun (the deity). 38:4.

TOPAN, heaven, the hereafter (NED, cf. NED: tochān). Key word: our home. 62:5.

TOQUIZHUATL, corn shuck. 82:20.

TOTEC, see CONC.

TOTEUCYO, see TEUCYOTL.

-TOTOCACA, act of hurrying (?, from totoca = to run, see AND 226–27). 45:26 (ytotocaca = his haste).

TOTOCALCO, see TOTOCALLI.

TOTOCALLI. 15:42 (totocalco = in or at the bird house—see note to the translation).

TOTOMONALIZTLI, pustules, pox (probably smallpox). Note: According to Sahagún, the totomoniztli or totomonaliztli spread to Mexico shortly before the arrival of the Spaniards (FC bk. 12, ch. 29); the Mexican ruler Cuitlahuatzin died of the totomonaliztli (AUB 61), called las viruelas (smallpox), brought to New Spain by a member of Narváez's crew (IXT 2:236). 31:33.

TOTONACAHUIA:MO, to "Totonac" oneself, to come under the influence of the Totonaque (?, cf. CETOCHHUIA:MO); *freely*, to go to the Totonaque (?). 59:58.

TOXCATL, the fifth "month" of the year or the feast celebrated on the first day of this month (DCAL, MAGL, FC 2), May 20-June 8 (DCAL, MAGL). 25:24.

TOXIUH MOLPILIA, vars. TOXIMMOLPILIA (FC 4:143, FC 7:25), TOXIUH MOLPIA (60:50), XIHUITL MOLPIA (MOL), XIUHMOLPIA (60:5: marginal gloss). Lit., (our) years are tied; *freely*, a year-bundle feast is celebrated, the end of a fifty-two year cycle is celebrated (FC). Toxiuh molpili, 11:25 (in 2 Reed = 1091), 29:51 (in 2 Reed = 1403), 51:27 (in 2 Reed = 1455), 60:5 (in 2 Reed = 1507).

TOZAN, pl. TOTOZAME (81:21). Key word: gopher (see FC 11:16). 81:21,22.

TOZCATL

1. Throat (FC 11:25:8–9).
2. Neckpiece, necklace. 28:31 (matlactozcatl = ten neckpieces), 52:45.

TOZNENE

1. Name applied to one or more parrot species (HERN).
2. Immature form of the yellow-headed parrot (with plumage entirely green) (FC 11:22–23). Key word: green parrot. 7:36 (tozneneme).

TOZOZTLI, third "month" of the year (MAGL 187–93; cf. Motolinia, *Memoriales*, p. 67), also called Tozoztontli (DCAL, FC 2), Apr. 10–29 (DCAL, MAGL); *freely*, the onset of the rainy season. 75:48.

TOZOZTONTLI, see TOZOZTLI.

TOZPAN, name of one of the three hearthstones. 1:7, 3:27.

TZACPAN, see TZAUCPAN.

TZACUA, to be(come) enclosed (NED). 60:20 (tzauctimanca). See -TZATZACCA.

TZACUA:MO

1. Reflex-pas., to be closed off, damned, or diverted (of a stream). 48:26, 49:14. See TZACUA:TLA.
2. Reflex-pas., to be captured (see NED: tzacua:tla 2). 57:49 (hualmotzauc).

TZACUA:TE

1. See TZAUCTIUH:TE.
2. To enclose or confine s.o. (MOL).
3. Indef., to corral people, to round up people. 52:34 (xitètzaquati).

TZACUA:TLA, to divert s.th. (a stream). 48:46,47. See TZACUA:MO 1.

TZACUALLI

1. Pyramid (NED). 54:43. Syn. TEOCALLI 1.
2. See CONC: Atzacualpan.

TZACUILIA:TE, to bring s.o. to a halt or to surround s.o. in battle (MOL gives these definitions for tzatzacuilia:te). 14:24, 19:40.

TZANATZA:TLA, see TLATZANATZA.

TZAPOTOPILLI, sapodilla staff. 42:34.

-TZATZACCA (from tzacua), var. or corruption -ZAZACCA (64:55). Pos., means of enclosing or covering, i.e., overdress (?—describing 17th-c. dance costumes, Pérez de Ribas, vol. 3, ch. 11, writes: "Las mantas o mantos son doblados de dos telas, la una transparente y que descubre las labores y flores hermosas del interior"). Note: The reduplicated syllable is here taken to indicate the plural. Cueyitl huipilli ytzatzacca = skirts [and] huipils [and?] their overdresses, 64:30, 65:30; cf. 64:55 (yçaçacca).

TZAUCPAN, var. TZACPAN. Sticky or gluey place (FC 2:125:12: tzacupã). 80:3.

TZAUCTIUH:TE, to punish, convict, or sentence s.o. (implies a death sentence) (FC 2:99:34: aço qujtzacutiaz = perhaps he would be punished, lit., perhaps one would punish him—see GN sec. 4.3: The impersonal "he"; see also FC 8:44:23, FC 9:39:14, FC 12:57:6–7). 33:33 (quitzauctia ynic mictiloc = he was punished with death, lit., one punished him such that he was killed).

TZIHUACCALLI, thorn house (see TEZ ch. 81: los sacerdotes de los templos hicieron una tumba muy alta que llamaban *Tlacochcalli* y otra que llamaban *tzihuac calli* adonde ha de estar y ponerse el cuerpo de el rey, todo de madera teñida y pintada). 3:19.

TZIHUACMITL, thorn arrow or thorn dart (arrow or dart made from plant material—see GKC 355). 79:12.

TZIHUACTLI
1. Spine, thorn (see NED).
2. Maguey wine, pulque (cf. NED: huitztli 4). 79:10, 80:23 (with pun on 1?).

TZIHUACXILOTL, edible fibers, or silk (like corn silk), of the tzihuactli (a spiny agavelike plant) (see FC 11:218:8–14, FC 10:174:7: used as food by the Chichimecs). Key word: spine silk. 1:49.

-TZIN, noun suffix.
1. Connotes worthlessness (NED: -tzin 9). 77:38.
2. Connotes youth (?). See CIHUATZINTLI, TLACOTZINTLI.

TZINAQUIA:TE, lit., to cause s.o. to fit into his rump, i.e., to bend s.o.'s back, to break s.o.'s back (MOL: derrengar a otro). 44:16 (huitzoctli ipan quimōtzitzinaquiaya = they bent them over a pole).

TZINCUAUHTETZOTZONA:TE (tzintli + cuahuitl/tetl + tzotzona:te), to beat s.o. on the rump as punishment, or, lit., to beat s.o. on the rump with sticks and stones (but the term might also be broken into tzintli + cuahuitl + tetzotzona:te, hence to drive a stake into s.o.'s anus—see MOLS: hincar = tetzotzona:nitla). 44:15,18.

-TZINECAN, see ITZINECAN.

TZINTLANHUIA:TE, to sound out or probe s.o. (see MOL). 52:21 (quitzintlanhuito).

TZITZIMITL, see CONC.

TZITZIMITL/COLELETLI, see CONC.

TZITZINAQUIA:TE, see TZINAQUIA:TE.

TZOLOA:MO-TLA, to grab s.th., to take s.th. for oneself (FC 2:116:31). 77:49.

TZOMPANTEUCTI, to be a skull rack lord. 62:42. See CONC: tzompanteuctli.

TZONE, see TZONTLI.

TZONILPIA:TLA
1. Tlatzonilpico = ? (FC 6:68:7, FC 10:190:3, cf. FC 7:5:10: contzonilpique).
2. Tlatzonilpitihuitz = ?, 80:6 (cf. RUIZ 109 or RUIZA 189 or RUIZAL 133: tzonilpitihuitz = ?).

TZONQUIZYAN = TLAMIYAN 2. 52:13 (ytzonquizyan yn xihuitl = at the end of the year).

TZONTEQUI, to decide, to make a decision (cf. TZONTEQUI:TLA and see GN sec. 4.3: The impersonal "he"). 44:47 (tzontec ynic oppa mictiloque =

one decided that they would be twice killed), 45:22 (otzontec ynic huallazque = one had decided that they were to come).

TZONTEQUI:TLA, to pronounce, decree, or decide s.th. (i.e., a sentence that is being handed down) (MOL: juzgar o sentenciar algo). 33:52 (quitzontecque), 43:16 (oquitzōtecque), 28:36 (tlatzontec), 30:34, 33:4,31,41, 43:7,8, 66:7. Cf. tetech tlatlamia, see TLATLAMIA. See TLATZONTECTLI, TZONTEQUI.

TZONTLI

1. Tzone = that which has hair, s.th. hairy (SIM).
2. Tzone/izte = one who has offspring, parent (FC 6:12:4, FC 10:5:5, FC 10:7:17).
3. Tzone (vocative?). Key word: sire. 58:21 (addresssing the ruler).
4. Tetzon = señor o gouernador (OLM 212: tetçon).

TZOTL, sweat (MOL), filth (MOLS: suziedad del cuerpo), resin or pitch (MOL: ocotzotl = pine resin). See TLILTZOTL.

TZOTZONA:TLA

1. To beat s.th. (MOL).
2. To labor s.th., to express s.th. laboriously (?, of a speaker) (FC 6:54:36: atle qujtzotzona = he expresses nothing laboriously—describing the good speaker). See TZOTZONILIA:TE-TLA.

TZOTZONILIA:TE-TLA

1. To strike s.o. with s.th. (?).
2. To impress s.th. upon s.o. (?, see TZOTZONA:TLA). 59:56 (quitzotzonilliaya yn itlatol = he impressed his words upon him).

TZOTZOPAZTLI, weaving-stick, weaver's reed, batten (MOL). Note: The turquoise weaving-stick was an attribute of the goddess Cihuacoatl (see FFCC ch. 6). 28:31 (Chalchiuhtzotzopaztli = jade weaving-stick).

V

VALIDO, Span. válido, i.e., valid. 12:54.

X

XACALLI, a thatch-roofed structure, a light or impermanent building (see FC 8:17:29, FC 10:172:10, FC 10:177:17, FC 10:188:35, IXT 1:358–59: xacal, cf. NED). Key word: pavilion or straw hut. 22:15, 33:39, 35:26 (xacalco). Cf. ZACACALLI.

*XACUALOA:TE, see XAXACUALOA:TE.

XAQUIN, ant (per 29:7). 29:7.

XAXACUALOA:TE, to rub, scrub, or wash s.o. (see MOL: xaxaqualoa:nino, xaxaqualoa:nitla). Xicatexaxaquallo = give him a scrubbing at the waterside [?], 38:34 (see note to the translation); cf. 38:41.

XAXALILPICHILIA:MO-TLA, to blow sand on one another (apparently refers to a kind of sporting contest). 17:24.

XAYO, Span., sayo, i.e., cassock or sagum (see NPL: sayo, OED: sagum). 68:34 (xayo xoxoctic = green cassock).

[1]XELIHUI (xélihui in the orthography of Carochi)

1. To be dispersed or routed (of citizenry driven out by battle) (NED).
2. To separate (of citizenry going separate ways after being driven out by battle) (?, the freq. xexelihui has this meaning at FC 12:117:27). Cf. XEXELOA:MO.
3. To be separated, ejected, or driven out (of citizenry). Hualxeliuhque, 13:7,14, 32:26.
4. To separate or part company (of citizenry setting out for new lands) (?). Hualxeliuhque, 18:51, 19:7.

[2]XELIHUI (NED: xēlihui), to be divided (MOL). 64:48. For freq. see XEXELIHUI.

XELOA:MO

1. To be routed or driven out (cf. [1]XELIHUI). 19:11 (moxelloque), 26:47 (idem).
2. To split off or separate (of citizenry departing for a new land) (cf. XEXELOA:MO). 26:47 (?).

XEXELIHUI, to be apportioned (see MOL: xexeloa:nitla = repartir). 60:55 (of land), 65:20 (of tribute).

XEXELOA:MO, to divide or separate (SIM), to disperse, to go separate ways. 18:31.

XICOTLI, bumblebee (see FC 11:93–94). 76:31.

XIHUITL MOLPIA, see TOXIUH MOLPILIA.

XIMA:MO, to be shorn (MOL), to get one's hair cut (as a mark of success in war). 61:45, 66:48–49. See NEXINTLI.

XIMA:TE-TLA, with indef. direct obj. (tla), to cuckold s.o., to commit adultery with s.o.'s woman (see FC 10:172:19: tetlaxinqui = one who cuckolds another; cf. MOL: tlaxima:nite = adulterar). 15:16 (quitlaxin = he cuckolded him), cf. 59:18.

XIMA:TLA, see TEXIMA.

XINIA:TLA, to destroy s.th. (cf. MOL: tlaxinia, xixinia:nitla). 42:13.

XIPPOHUALLI, var. XIUHPOHUALLI (2:15), year count (FC 10:191:19). 1:43, 2:15, 32:10 (refers to annals). Cf. XIUHTLAPOHUALIZTLI, XIUHTLAPOHUALLI.

XIPPOHUALONI, means by which a year is counted or reckoned, year counter, i.e., one of the four calendar signs (Reed, Flint, House, Rabbit) after which a given year can be named. 1:22.

*XIQUIPILTIC, see XIXIQUIPILTIC.

XITINI

1. To break up (of a nation, or of a band or group separating into smaller units). 3:38, 10:5, 12:41, 27:37,38, 31:22, 46:44, 51:40.
2. To be destroyed (of a city or a people) (see MOL). 8:38 gloss; 20:40 (of a people), 21:9, 28:47 (of a people), 48:18 (of houses), 49:23 (of a people).

XIUHHUAPALCALLI (turquoise house of beams), built by Topiltzin in Tollantzinco (4:23), in Tollan (4:34).

XIUHMOLPIA, see TOXIUH MOLPILIA.

XIUHPOHUALLI, see XIPPOHUALLI.

-XIUHTIA

1. To spend (a certain number of) years (AND 356). 11:19, 12:21, 13:36, 16:35, 83:47 (ompohualxiuhtique).
2. To have, live, or last (a certain number of) years. 4:5, 19:48, 64:17 (oyzqui xiuhtique), 78:26.

XIUHTLAPOHUALIZTLI, year count, the act or business of counting years. 1:25. See XIPPOHUALLI.

XIUHTLAPOHUALLI, year count, chronicle, annals. 43:12. Cf. XIPPOHUALLI, XIUHTLAPOHUALIZTLI.

XIUHTOCTLI

1. Young corn plant (FC 11:281:8–11).
2. Young corn plant that is predominantly red (FC 11:281:12–16).
3. Red corn, ear or kernels of red corn (cf. MOLS: maiz colorado = xiuhtoctlaulli). 77:24.
4. Corn (ear or kernels) (?, see FC 11:279:29: "iztac, xiúhtoctli," cf. MOLS: maiz que se hace en cincuenta dias = xiuhtoctepitl).

XIUHTONALLI, year sign (FC 8:14:15). 83:25.

XIUHXAYACATL, turquoise mask (of Quetzalcoatl, cf. FC 12:11:10: coaxaiacatl, xiuhtica tlachioalli). 6:3, 7:30.

XIXIQUIPILTIC, pouchy (all over). 5:49 (refers to Topiltzin's deformed face).

XIXITINI, to break (of stones subjected to intense heat). 82:31.

XOCHILHUITL, name of a feast held every 200 days (MAGL 200; see also FFCC bk. 1, ch. 14). Xochilhuitica = for Xochilhuitl, 21:40; xochilhuitica = on Xochilhuitl, 49:34. See NED: [1]-ca.

XOCHIMICTIA:MO, to sacrifice oneself. 33:49. Cf. MICTIA:MO, NOMATCAMICTIA:MO, XOCHIMIQUI.

XOCHIMIQUI, to be sacrificed (see NED). 82:32. See also XOCHIMICTIA:MO.

XOCHITLALPAN, lit., flower land, i.e., southland, the south. 1:3, 3:23.

XOCHIYAOYOTL, flower war (NED). 27:28 (see note to the translation), 27:55.

XOCOATOLCHIUHQUI, maker of XOCOATOLLI. 15:51. Cf. ACHIUHQUI.

XOCOATOLLI, a fermented atole (recipe given in HERN 1:290). See XOCOATOLCHIUHQUI.

XOCONOCHTLI, sour prickly pear (FC 11:124:16). 1:49.

XOCOTL HUETZI, tenth "month" of the year (DCAL, MAGL 197, FC 2), Aug. 28-Sep. 16 (DCAL, MAGL). 24:38.

XOLOTL (in CC the term is attested only as xolotze, i.e., xolotzin + e).

1. Fellow, boy (term used by a father addressing his son) (FC 6:105:8: xolotze, see NED).
2. Fellow, boy (term used in addressing a messenger) (cf. MOL: xolotl = servant, page, slave). 39:5,12 (xolotze = fellow!).
3. Fellow, boy, child (term used by a subordinate addressing the king, cf. PILTZINTLI 6, TELPOCHTLI 4). Xolotze, 37:14,22, 39:29.

*XOTI, to have green things, to have vegetation (*from* xotl = green thing, see GN 2.4). See XOXOTITIMANI.

XOTLA:MO, freq. XOXOTLA:MO, reflex-pas., to be marked off, to have its boundaries marked (of a piece of land) (cf. TLALXOTLA). 47:13,14, 54:35 (moxoxotlac yn tlalli), 55:7 (moxòxotlato quauhtlalli).

XOTLA:TLA, indef., to mark boundaries (see MOL: xotla:nitla = hazer rayas). 47:16,17.

XOXOCTIC

1. Green (MOL, FC 12:6:13 and HG). Xayo xoxoctic, see XAYO.
2. Xoxoctic quiltic = green, herb green (FC 11:19:10, cf. FC 10:169:15: in xoxouhquj in qujltic). 4:55 (see note to the translation).

XOXOTITIMANI, to have many green things over an area, to be covered with vegetation (see *XOTI). 54:38.

XOXOTLA:MO, see XOTLA:MO.

Y

YACANA:TLA, to guide s.th. (cf. MOL: yacana:nite). 53:32 (quiyacanato yn atl = he went and guided the water).

YACATTIUH, to go first, to take the lead (MOLS 75v: ir delante). 81:29.

YAHUALIHUI

1. To become round, to make a circle (NED).
2. To swell, to be enlarged (of a nation's territory) (see NED), to be extended (of a nation's boundaries). 21:12,29 (yahualiuhtica), 29:25 (yahualiuhticac quaxochtli).

YAHUALLI, see CHALCHIUHTEYAHUALCO.

YAHUALOCHTIA:TE-TE, with indef. direct obj., to cause people to surround s.o. 22:24.

YAHUALOCHTIA:TLA-TLA, with indef. indirect obj., to cause s.th. to go around in a circle. 76:29 (nauhpa xictlayahualochti = Cause it to go around four times!).

YANCUICAN, adv., new time, fresh time (NED).

1. Of an action that is new or occurring for the first time. 3:13,14, 9:9, 21,43,54, 15:44, 20:32, 24:37, 25:24, 45:35 (yancuican achtopa), 51:51, 53:33, 60:48, 63:9,42, 68:9,11. Syn. ACACHTO.
2. Same as 1, above, but often used parenthetically, especially of an initiative action. Note: The term could be rendered by the English phrase "to start with" or "for starters" or "at first" but has been left untranslated in most instances. 9:52, 20:33, 51:26, 52:5, 53:25, 54:31 (at first), 62:33 (at first).

YAOCHICHIHUA:MO, to be decked out for war. 22:39.

YAOQUIXTIA:TE

1. To cause s.o. to go off to war, to send s.o. into battle (?, cf. YAOQUIZA).
2. To go with s.o. to war, to follow s.o. into war (see GN sec. 2.3). 22: 19,33,35.

YAOQUIZA, to go off to war. 16:50, 44:10, 48:2 (yaoquiçaco). Cf. YAOQUIXTIA:TE.

YAOTIA, to make war, to be hostile, to be an enemy. 13:27,30, 16:45 ([ç]annen ti[y]aotizque = we'll have a sham battle), 20:12 (onyaotia), 34:38 (tepaneca yaotihuac = people made war against the Tepaneca), 49:54,55 (yaotito).

YAOTITLAN

1. Enemy territoy, war zone (FFCC 1:42:11, FC 4:47:13, FC 9:17:25, FC 9:18:14, FC 9:47:23).
2. In confrontation with enemies, in a time of enemy confrontation, challenged by enemies (?). 34:18 (auh yn iquac yn yaotitlan . . .), 40:1 (ypan inyn xihuitl yaotitlan . . .), 40:9 (auh yn iquac ynyn tenochtitlan yaotitlan . . .), 43:13 (tlatocatinemi yaotitlan), 43:14 (no yuh yaotitlã tlatocati), 48:11 (yn iquac ca yaotitlã yn motlàtocatlalli), 48:33 (màçohui yaotitlan motlatocatlallique).

YAOTLALLI, battleground (Clavijero bk. 7, ch. 25: El lugar donde ordinariamente se daba la primera batalla, era un pedazo de tierra que habían destinado a ese efecto en todas las provincias, que llamaban *yaotlalli*, tierra de guerra o campo de batalla). 54:37 (yaotlalpan).

YAOTLAPIYA, to be on watch, to stand guard (of a sentinel in wartime) (MOL: yaotlapia, cf. MOL: yaotlachia:ni). 59:15.

YAOYAHUALOA:TE or TLA, to surround s.o. or s.th. in battle (MOL), to siege s.o. or s.th. (i.e., to lay siege to an encampment or nation of people) (FC 8:57:19). 13:22, 42:8, 47:4.

YAOYOTL

1. Battle, war (MOL). 17:29,32,37,41, 19:27.
2. Protection (i.e., military guard). 49:35 (yaoyotl quitlanilito = they went to ask him for protection).

YAUH

1. As auxiliary verb (see AND 294n), to be going to, to be about to. 82:18.
2. In ye yazque = when they were ready to go (FC 12:73:26). 6:13.
3. See YAYAUH.
4. See TETLAN YAUH.
5. See YAUH/NEMI.
6. As matrix in -ti- compounds. To be accustomed (to doing s.th.) (?). 2:31,43 (conitotihui yn huehuetque = old people customarily say it [?]).

YAUH/NEMI, to go along, to live, i.e., to exist (on earth) (FC 6:125:7: in tivi in tinemj tlalticpac). 62:13 (oyaco onemico).

YAYAUH, to slip away, to go little by little (?, see MOL: yayatiuh, NED: yayahtiuh). 26:38 (yayaqueh).

[1]YE, the verb "to be"

1. To stay, to remain. 5:51.
2. There to be (without the directional prefix on-). 19:39 (catca chichimecatl = there was a Chichimec).
3. To be there (cf. 2, above). 19:5 (yehuantin achto yc catca = they were there first).
4. With pos. noun, to own or have. Note: Usually the verb has the prefix on- (MOL: onca, NED: [1]ye 7), but not in the following attestation. 42:7 (içacatzonyo catca = it had a thatched roof).
5. See IUH CA TEYOLLO.
6. See AIC YEZ AIC TLATHUIZ.

[2]YE, adverbial particle

1. Already (MOL). With past-tense verb, 2:25,49,50, 11:50, 13:23; with present-tense verb, 1:10, 4:5, 6:39, 7:33, 12:49, 15:28. See YE CUEL, YE NO YE, YE ONCAN
2. Ready. With present-tense verb, 9:35 (ye tihui yn tollan); with future-tense verb (FC 3:7:8), 6:13 (ye yazque = they are ready to go), 63:29 (idem).
3. Already in the sense of "ago." Yn mochiuh yn ye ciiij xihuitl = this happened 104 years ago, 50:54; ye axcan ompohualxihuitl omome = forty-two years ago from now, 122:6; ye huecauh, see HUECAUH 1.

[3]YE (CAR: yè), third-person pron. See YE NO YE.

-YE, see -E.

YECOLTIA:TE-TLA, see TLAYECOLTIA:TE.

YE CUEL

1. Soon (NED). 25:55.
2. ? 14:46.

YEEHUATL, pl. YEEHUANTIN, see GN sec. 1.3.

* YELIZTLI, period, age, era. 1:38 (inchichimecayeliz = their Chichimec period).

YE NO CEPPA, see CEPPA 1.

YE NO YE (ye no yè—FC 7:4:33, FC 7:45:10, FC 11:8:5, FC 11:8:8), the same (FC). 65:55 (ye no ye ypan = at the same time).

YE ONCAN or YE ONCANIN (30:40, 46:49)

1. Finally, at last (MOLS: finalmente = yeoncã). 30:40, 40:36, 44:47, 54:25,32, 56:30, 80:2. See NIMAN YE ONCAN.
2. There is yet time (to do such and such) (MOL: yeoncan).
3. There, right there (?). 11:48 (yn ye oncan colhuacan); 48:20 (yn ye oncan toltitlan), 78:15.

YEQUENE

1. Finally, at last, eventually. 6:26, 20:8, 26:6, 26:45 (huel yequene = indeed finally), 27:53, 61:19 (çenca yequene = at long last).
2. Finally, furthermore, moreover, what's more, also (MOL). 4:49, 13:49, 23:24, 26:8, 31:6 (oc yequene).

YEYECOA:MO, to practice (MOL); to test (how to do s.th.) (FC 11:77:15,18). 6:21 (onmoyeyecoque = they tried).

YEYECOTIUH:MO, to explore (lit., to go testing). 7:25.

YOCOYA:MO, to be created or brought into existence (of plants). 83:21.

YOHUALNEPANTLA

1. At midnight (MOL, FC 9:39:30: in ie uel ioalnepantla = exactly at midnight). 4:36 (oc huel yohualnepantla = exactly at midnight), 35:48.
2. In the midnight darkness. 36:13.

YOHUAN, night (NED). 63:31 (moztla yohuan = tomorrow night).

YOHUATIMANI, to lie in darkness, to be eclipsed, to have lost power (of a city that has fallen into decline) (NED). 27:33, 30:38.

YOHUAYAN, see OC YOHUAYAN.

YOLIUHTLAMACHTIA:TE, to give s.o. a guarantee, to make s.o. a promise (MOLS: certificar algo a otro). 9:34 (in this usage the promise seems more a threat).

YOLLALIA:MO

1. To be reassured (see MOLS: consolarse y animarse = acouetzi:n, yollalia:nino; and MOL: acouetzi:n = sossegarse). See YOLLALIA:TE 1.
2. To be cheered, to have one's spirits lifted (see above). See NEYOLLALILIZTLI.

YOLLALIA:TE

1. To reassure s.o. (see YOLLALIA:MO 1). 13:29 (quinyollalito).
2. To console s.o. (MOL). 17:11 (quinyollalito). See YOLLALIA:TLA.

YOLLALIA:TLA, indef., to provide consolation (see YOLLALIA:TE 2). 27:37 (tlayollaliaya).

YOLLOTL
1. See IUH CA TEYOLLO.
2. See PACHIHUI.
3. See TLAYOLLOTL CHIHUA:MO.

Z

ZACACALLI, straw-house (house of a Chichimec ruler) (CF bk. 10, ch. 29, fol. 121: çacacalli = casas de paja). Key word: straw-house. 4:19, 8:17 (also called -tlatocachan—at 8:19), 9:15 (her mound . . . her straw-house), 9:22 (also called tecpancalli), 11:38, 27:49, 28:23. See ZACACALTITLAN, ZACACALTITLAN AHUACAN. Cf. -TLATOCACHAN, XACALLI.

ZACACALTIA:TE, to provide s.o. with a straw house (in the sense of ZACACALLI). 26:3 (see note to the translation).

ZACACALTITLAN, at the straw house (see ZACACALLI). 42:11.

ZACACALTITLAN AHUACAN, at the straw-house town (?, cf. ZACACALLI, AHUACAN). 11:29.

ZACATAPAYOLLI, lit., hay rounded-entity; *freely*, bed of hay (as prepared for an altar) (FC 2:59:17 and HG: çacatapaiolli = lechos de heno). 25:44.

ZA CEN, only once (MOL: çacen, MOL: ça cen yequixoa intlalticpac). Cf. ZAN CEN.

ZA IUH MANI, to stand alone (of house) (cf. NED: za iuh nemi). 8:17.

ZAN CEN, cf. ZA CEN.
1. Together (MOL). 44:11 (see note to the translation).
2. Forever (NED: zan).

ZAN CUEL, already (cf. 43:23: ye cuel, and see also NED: *ye cuēl = already). 83:24.

ZA NEN, see ZANNEN.

ZAN IUH MACHO = whatever is known (?). 75:2.

ZAN IUH NENTI, gradually, little by little (FC 11:86:7, FC 11:249:24, MOL: çaniuhnenti . . . = poco a poco, o sin advertir . . .). 26:37.

ZANNEN, vars. ZA NEN (FC 6:36:7), ZAZO NEN (39:10), without cause, for no reason (cf. MOL: amo çannen = no sin razon, see also NED: zannēn 2), accidentally. 38:35 (ça nen), 39:10 (çaço nen).

ZANNIMAN
1. Absolutely (NED). 42:14.
2. Immediately (MOL, NED). 13:28, 32:39, 41:34, 58:19 (canniman). See ZANNIMAN HUEL ICUAC, ZANNIMAN HUEL NO ICUAC, ZANNIMAN ICUAC.

ZANNIMAN HUEL ICUAC, immediately, in no time at all. 41:34, 48:1. See also NIMAN ICUAC.

ZANNIMAN HUEL NO ICUAC, at that very same time. 29:15.

ZANNIMAN ICUAC or ZAN YE NIMAN ICUAC, as soon as. 13:37, 24:31.

ZAN NO

1. General intensifier (see NED: nō 3). 47:43, 60:45,46, 63:30.
2. Zan no ipan = at this very time, also at this time. 47:41, 60:1, and passim.
3. Zan no oncan = at this very place, also at this place. 61:5.

ZAN OC

1. As yet merely . . . , so far only . . . , still only . . . (FC 2:44:29, FC 2:124:8). 4:15,15,17, 17:37, 19:24,24, 24:18, 26:4, 32:2,2, 47:27, 52:13, 53:36.
2. Yet, still (FC 2:65:41, FC 2:91:8).
3. Merely, only (FC 2:124:16, FC 2:126:29).
4. Even only (FC 2:95:21).

ZAN YE NIMAN ICUAC, see ZANNIMAN ICUAC.

-ZAZACCA, see -TZATZACCA.

ZAZANILLI, tale, fable (FC 7:8:30, cf. FC 7:7:19), Aesop's fable (AM passim, and see AM 66: çaçanillatolli = Aesop's fable). 75:1 (tlamachilliztlàtolçaçanilli = wisdom tale), cf. López Avila 2: tlahmach-zaniltin = leyendas.

ZAZO NEN, see ZANNEN.

ZOLAMI, to go hunting for quail (ZOLIN + AMI). 19:15.

ZOLIN, quail (NED). See ZOLAMI.

ZOLINTOTOTL, quail bird, quail (see NED: zolin). 13:31.

ZOTL, piece of fabric (MOL: pierna de manta, o pieza de lienzo). See CENZOTL, TLATENZOTL.

Grammatical Notes

With special reference to the Codex Chimalpopoca, these notes on grammar (and paleography) attempt to elucidate points not fully covered in previous works and to offer textual examples that can be retrieved for future use. The contents are as follows:

1. Paleography
   - 1.1 The glottal stop
   - 1.2 The long vowel
   - 1.3 The case of *yeehuatl*
   - 1.4 The tilde
   - 1.5 Calligraphic ligatures
   - 1.6 *Yaya* for *ya*: a copyist's error?
2. Verbs
   - 2.1 Irregular verbs
   - 2.2 Nonactive verb with named agent
   - 2.3 Causative of accompaniment
   - 2.4 Denominative verbs in *-ti* or *-tia*
   - 2.5 Purposives
3. Nouns
   - 3.1 Place names
   - 3.2 Group names
   - 3.3 The singular group name
   - 3.4 Personal names
   - 3.5 Personal names in *-tzin*
   - 3.6 Dangling possessives
   - 3.7 *Canin, oncanin*, and *ipanin*
4. Pronouns: general and impersonal
   - 4.1 The general object *tla-*
   - 4.2 The impersonal "they"
   - 4.3 The impersonal "he"
   - 4.4 The authorial "we"

1. Paleography

1.1 The glottal stop. A few glottal stops are marked on nearly every folio of the Chimalpopoca, using the grave accent prescribed in Carochi's *Arte*. Hence *ècatepec* (12:23), *ỳcac* (20:28), *òtlazpan* (21:11), *tlàtoque* (48:40), etc.

The glottal stop written "h," as in *tlahçolyaotzin* (57:34), is extremely rare in this codex. Note that the stop may be written before the vowel, as in *haçito* (12:20), an orthographic convention of the sixteenth century—to be distinguished from the nonsignificant glottal stop, which occurs twice in line 37:6 (*honaçitlan honaçico*). On the question of nonsignificant initial stops, see GRAM sec. 2.4.

The glottal stop shown as a circumflex occurs only once in our manuscript, at 78:30 (*mixcoâ*). As noted in GRAM sec. 2.6, a glottal stop can be replaced by a dental stop (t), which may account for the unusual *mixcoat* at 1:11; one would have expected *mixcoâ*. Perhaps the same process, in reverse, explains the mysterious *yllo* (38:47), which ought to be *yllot*, or, better, *ilot*. In this case the copyist may have overlooked the circumflex in his source, which perhaps had *ilô*, in place of the standard *ilot*.

1.2 The long vowel. In some old manuscripts, such as the Cantares Mexicanos, long vowels are occasionally shown by doubling the character. So it would appear at 6:5–6, which has *quichi/6/ihuilli*, where the /6/ indicates the break between lines 5 and 6; thus the repeated vowel may be nothing more than a copyist's slip.

Aside from the dubious *quichiihuilli*, there are four long vowels in the Chimalpopoca, marked by a grave accent: xiuhtòtotl (6:6); màço yhui (48:33); xitètzaqua (52:34); nèçia (61:20). Since the Chimalpopoca scribe normally reserves the grave accent for the glottal stop, it may conjectured that in these cases the vowel plus stop is actually replacing the long vowel (as discussed in GRAM sec. 1.6).

1.3 The case of yeehuatl. Aside from the examples just given, the manuscript's only other configuration that could indicate a long vowel is the *ee* at 5:15 (*yeehuatl*) and at 44:23 (*yeehuantin*).

But Molina's *Vocabulario,* a source that seems never to indicate long vowels, has *yeeuatl* (Spanish-Nahuatl section, fol. 49, col. 2, line 1). And similar attestations (see NED:yehhuān, yehhuātl) can be garnered from Sahagún, another writer not known for giving long vowels—at least not as doubles. The word under consideration is usually spelled *yehuatl* (third person pronoun), with the variant *ehuatl* and the plural *yehuantin*. And, as we know from Carochi, the pronunciation is /yehwa:ƚ/, not /ye:wa:ƚ/, though if the principle of replacement is accepted, the form /ye:wa:ƚ/ is possible (see GRAM sec. 1.6).

In light of the attestations from Molina and Sahagún it might be preferable to regard the doubled vowel in *yeehuatl* as a case of reduplication. Although most sixteenth century speakers surely said /yehwa:ł/, perhaps /yehehwa:ł/ was an alternate or emphatic form, combining *yeh* with *ehuatl*. This would be *yeeuatl* in Molina's orthography, *yeehuatl* in the orthography of the Chimalpopoca.

1.4 The tilde. Aside from its appearance over the *n* in such Spanish borrowings as *años* and *españoles*, the tilde is used to indicate nasal vowels, as in *õ* (for *on*), or abbreviations, as in *poliuhq̃* (for *poliuhque*). In the transcription the mark has been standardized, even though in the codex it often seems to be flattened, slanted, or otherwise modified. In any case the copyist's hand is not clean enough to make distinctions serviceable. (For a brief treatment of the tilde and its variant forms, see GRAM sec. 4.1.)

1.5 Calligraphic ligatures. Occasionally the copyist connects an *o* to the next letter, and, sometimes, the connecting stroke does not quite reach, leaving the *o* with what might strike the eye as a prolonged acute accent attached to the top of the character. Examples may be seen at 65:9 (*teotitlan*) and 65:44 (*oxitlan*).

1.6 Yaya for ya: a copyist's error? For a manuscript written in haste, errors are surprisingly rare. One that deserves notice is the *yaya* written for *ya*, attested four times: quitenyotiayaya (7:56); quimaquiayaya (9:55); tlapiayaya (10:34); petlaticayaya (56:17). Lacking a more profound explanation, I have chosen to treat this as a mere recurring slip.

2. Verbs

2.1 Irregular verbs. The Codex Chimalpopoca brings to light an irregular part of the verb *itta* (to see) and suggests an irregular tense shift for the verb *nemi* (to be, to live).

As is well known, *itta* (nonactive *itto*) has the irregular combining form *itz*—whose nonactive counterpart, as we learn in line 62:5, is *itzto*. For more on *itzto*, with a supporting attestation from the Florentine Codex, see Glossary: itztoto.

The verb *nemi*, normally, has the preterite *nen* and the pluperfect *nenca*. The predictable *nen* may be seen at 44:35. But in at least a few cases *nenca* seems to have shifted into a preterite meaning, thus replacing *nen*. Note the usages in lines 8:1, 8:3, 8:53, 9:49, 30:19, and 40:19. Similarly, *tenca* (pluperfect of *temi*, to fill or to be inside) seems to replace the expected preterite *ten* in line 79:21. One is reminded of *mani* (to be, to lie), which has the preterite *manca*, not *man*.

2.2 Nonactive verb with named agent. According to Carochi, the agent cannot be named in a nonactive construction: "Los verbos passiuos no tienen persona, que haze, que en latin se pone en ablativo con *a.* vel *ab.* por que no se dize en esta lengua yo soy amado de Pedro, lo qual es menester dezir por actiuo, *nēchtlaçòtla in Pedro*. Los passiuos desta lengua solo tienen el nominatiuo paciente, *nitlaçòtlalo*, yo soy amado" (CAR 433, CAROC 33–33v; cf. AND 75: "An English passive sentence such as 'It was sent *by me*' must be rendered in the *active* voice in Nahuatl: 'I sent it.'").

And in general the rule holds. But there may be ways of getting around it:

(a) Named agent with *ic*: ynin çaçanillahtolli yc timachtilo yn quenin huel achto monequi ticnemilizque yn tlein ticchihuazque = we are taught *by this fable* how we must think before we act (AM, no. 1).

(b) Embedded agent: ocelloqualloque = they were eaten *by jaguars* (75:6).

(c) Free-floating agent: namoyello in tlalloque in tonacayotl = the foods are stolen *by the tlalocs* (77:23).

2.3 Causative of accompaniment. With certain causative verbs that express motion or travel, the subject may participate in the causative action. Thus *niccholoItia* may mean "I cause her to flee," as Molina succinctly puts it; but the usage given by Carochi (CAR 464) has the meaning "I cause *myself and* her to flee *together*," i.e., I run off with her. For examples in the Chimalpopoca, see Glossary: axitia:te, yaoquixtia:te.

2.4 Denominative verbs in -ti or -tia. Nouns adding the suffix *-ti*, or *-tia*, are changed into verbs that can mean either to be, to become, or to possess the thing denoted by the source noun (AND 354–56). But such verbs may also have the meaning "to reach, or attain" (the thing denoted by the source noun): *poctlanti*, "to reach the place of mists" (NED); *colhuacanti*, "to reach Colhuacan" (12:11).

Nouns of time, as well as nouns of place, may be transformed into verbs of this type. For examples see Glossary: -xiuhtia. For a causative see 16:8 (*nauhpohualtiloc*).

2.5 Purposives. The suffixes *-co* and *-to*, which express coming and going, respectively, are often used in locutions that cannot be translated simply as "coming in order to . . . " or "going in order to . . . "—as Olmos prescribes in his pioneering treatment (OLM 88–89). Idiomatic applications involving the "act of completion" and the "habitual state" have been discussed in GRAM sec. 5.10. But the large number of verbs carrying these suffixes in the Chimalpopoca, especially passive verbs, call for further clarification.

Essentially, all purposives describe an act of completion, of which four semantic varieties may be distinguished. For the verb *tlalia:mo*, "to be settled," these four may be given as (a) *motlalico*, (b) *motlalico*, (c) *motlalito*, and (d) *motlalito*. The difference between (a) and (b), or between (c) and (d), depends upon whether the speaker thinks of the completion in terms of space or time. The corresponding definitions may be stated as follows: (a) *motlalico*, they came to be settled, i.e., they came (through space) and were settled, they came (here) and were settled, they came in order to settle; (b) *motlalico*, they came to be settled, i.e., they came (through time) and were settled, they completed the settlement process, they became settled; (c) ***motlalito***, they went to be settled, i.e., they went (through space) and were settled, they went (there) and were settled, they went in order to settle; and (d) ***motlalito***, they got to be settled, i.e., they got to the point (through time) when they were (finally) settled, they completed the settlement process.

Notice that (b) and (d) are semantically the same, except that in (b) the speaker preserves the now fictitious feeling of inbound movement, carried over from (a); whereas (d) preserves an outbound feeling, carried over from (c). The nicety of the distinction can be appreciated by contrasting the English pair "it became difficult" and "it got to be difficult."

Indeed, in translation these small differences are sometimes overnice, necessitating the simple rendering "they settled."

Turning now to the Chimalpopoca, we may note a few examples from each category:

(a) motlallico (18:11), onmotlallico (19:11)

(b) onmotlallico (8:48), onmochihuaco (8:49), mochihuaco (30:1), tlaltechtlalico (47:7), tlatlauhtilolco (47:8), motlatocatlallico (59:40)

(c) ontlaliloto (48:44), quicuito (77:4)

(d) motquetzato (20:2), pialloto (54:8), 60:51 (anoto), tlalxotlalloto (61:13), 63:34 (chialloto), mictilloto (63:35)

Categories (b) and (d) correspond to the "act of completion" described in GRAM sec. 5.10. The "habitual state," of which there appear to be no examples in the Chimalpopoca, would be a special case under category (b).

Less remarkable are the numerous active verbs, especially *aci* (to arrive), carrying the *-co* and *-to* suffixes to suggest motion toward and away from the speaker's real or imagined location. Notice, for example, in lines 11:23–12:51, how the southbound migration of the Mexica is charted from place to place, using *aci* with *-co* (for locations north of Cuauhtitlan) and *-to* (for locations south of Cuauhtitlan).

3. Nouns

3.1 Place names. In the translation, place names of the Wilkes Barre type have been written solid, Wilkesbarre, to distinguish them from the Pittsburgh Pennsylvania type. Thus Citlaliniteopan, not Citlalin Iteopan; but Tenochtitlan Mexico (53:26, 63:39, 65:21), Tlacopan Tepanohuayan, Tetzcoco Acolhuacan.

Classical Nahuatl also has binomials of the type used in designating modern airports, as Chicago O'Hare or London Heathrow. These seem to be interchangeable with the Pittsburgh Pennsylvania type. That is, there is no apparent difference between Mexico Tenochtitlan (22:15, 56:44, 61:46) and Tenochtitlan Mexico. Other examples of the Chicago O'Hare type include Cuitlahuac Atenchicalcan, Cuitlahuac Tizic, Tepanohuayan Azcapotzalco (CHIM 93).

Place names may be changed into verbs (see sec. 2.4, above) or affixed to terminal "prepositions," as in *citlaltepecpa* (to Citlaltepec, 49:15), *cuextlampa* (from Cuextlan, 9:32), *huexocaltitlan* (next to Huexocalco, 48:16), and *tzictlacopavic* (in the direction of Tzictla, 26:29).

In line 55:22 the place name Tenochtitlan evidently stands for the king: "this lady was telling Tenochtitlan everything." So Shakespeare could refer to Scandinavian kings as "Norway" or "the Dane" (for Nahuatl usages comparable to "the Dane" see sec. 3.3., below).

3.2 Group names. Derived from place names of the Pittsburgh Pennsylvania type (see above) are binomials that denote national groups. Thus the Tetzcoca may be called the Tetzcoca Acolhuaque (54:11).

And in accordance with the Chicago O'Hare model, the Tenochca may be styled Mexica Tenochca (42:25); and their fellow Mexica, the Tlatilolca, are the Mexica Tlatilolca (44:23).

3.3 The singular group name. The singular as plural has been discussed elsewhere (GRAM sec. 10.4). But it is worth emphasizing that a singular group name, such as Mexicatl, often stands for the Mexica as a whole, as in book 12 of the Florentine Codex, chapters 11, 26, 32, and 41. Similar usages in the Chimalpopoca may be seen at 47:24 (Tepanecatl), 49:7 (Tetzcocatl), 61:6 (Coatzincatl), and 62:27 (Comaltecatl).

In some cases the singular group name may stand for the town where the group lives: "As for the *Tetzcocatl*, as well as Coatlichan, he [Tezozomoctli, ruler of Azcapotzalco] . . . took both towns to serve as vassals for himself" (32:47).

Or, it may stand for the king (cf. sec. 3.1, above). Thus Tezozomoctli, ruler of Tizic, can taunt his rival: "Let him put on his regalia, for I, the Tizicatl, adorn myself" (50:8). And the rival can say, "Ah, the Tizicatl has gone off to join the battle in Chalco. When he comes back, I will have conquered his women and children" (49:56). Often it is debatable whether the singular group name denotes the king or his nation. Examples may be studied in context at 24:18 (Tepanecatl), 42:40 (Tepanecatl), 43:19 (Tepanecatl), 48:13 (Tenochcatl), 49:55 (Atenchicalcatl), 50:17 (Tizicatl), 55:50 (Tlatilolcatl), 66:50 (Mexicatl).

3.4 Personal names. Just as with place names, personal names in the translation have been written solid, even if composed of two words. Thus Citlalinicue, not Citlalin Icue. Titles, however, are usually kept separate, as in Atzin Teuctli and Cuauhtlotli Teuctli. And, as elsewhere in both the transcription and the translation, spacing is preserved to prevent a hard *c* from striking the eye as a soft *c*, as in the case of Totec Iyauhteuh.

3.5 Personal names in -tzin. In this manuscript, names of rulers usually appear with the honorific suffix *-tzin*. Occasionally the suffix is omitted with no disrespect intended.

Names of supernaturals do not carry the suffix. Nor do the names of certain mortals, especially those who are not related to ruling families. For instance, Nezahualcoyotzin's faithful servant, Coyohua, mentioned thirty-four times in the manuscript, is never accorded the *-tzin* (though he is always Coyohua*tzin* in Alva Ixtlilxochitl's *Relaciones* and *Historia chichimeca*).

In some cases the omission of the honorific with a ruler's name does imply disrespect. Observe how the *-tzin* is deliberately applied or withheld, to show respect or contempt, in the story of Tezozomoctli's conflict with Nezahualcoyotl, told on sides 37–39 of the codex. Notice also that Moteuczomatzin becomes Moteuczoma when the author relates the story of the king's blasphemy against the god of Christianity (sides 61–62).

3.6 Dangling possessives. "Dangling" objects (that is, specific objects with no specific referent, as in the English colloquialism "Beat it!") are mentioned briefly in GRAM sec. 5.6. Extending the notion, it may be useful to recognize dangling possessives prefixed to certain relational nouns: *ipan* = at the time, at this time, at that time (lit., its time, or, more strictly, its place); *iquezquiyoc* = some time later (lit., its few-thing location); *itzinecan* = at the beginning (lit., its place that has the origin, see GRAM sec. 7.13). Attestations may be located in the Glossary.

3.7 Canin, oncanin, and ipanin. In place of the familiar *can*, *oncan*, and *ipan*, variants with *-in* attached may be substituted. For examples in context, see Glossary and NED. (And for *izquicanin* see Glossary: izquican).

In the Annals of Cuauhtitlan the recurring word *ipan*, followed immediately by *inin*, presents a constant, if minor, irritant, since the reading could be either *ipan inin* or *ipanin in*. The scribe offers a clue in that he normally substitutes *y* for *i* if the character falls at the beginning of a word. Thus *çan no ypã ynin xihuitl* (in the same year, or in that same year) may be read at 61:44. But *ypanin yn xihuitl* is seen more often, and the *çan no ypa*/13/*nin yn xihuitl* at 61:13 (where /13/ represents the line break), seems clearly to show that the scribe, if not the author, is thinking of *ipanin*. Nevertheless, in the transcription the phrase has been printed to favor *ipan* over *ipanin*, except in those few cases where only *ipanin* would be idiomatically correct. (Note that the reader finding *ypan inyn* in the transcription is free to reconstruct it as *ypanin yn* and that in either case the translation is the same.)

4. Pronouns: general and impersonal

4.1 The general object -tla. Transitive verbs, if they do not take specific objects (you, her, etc.), may take either or both of two indefinite objects: *te-*, which refers to human beings; or *tla-*, which usually refers to nonhuman entities. It should be kept in mind that *tla-* is a general object, referring to anything whatsoever, including humans. Here are a few examples in which humans are meant: *tlayollaliaya* = it provided consolation; lit., it consoled people (27:37); *tlatlali* = he established settlements; lit., he settled people (51:11); *antlaanazque* = you must fetch people (52:32); *quintlayohualcuillique* = during the night they liberated them; lit., during the night they took them from people (54:17); *tlatollini* = it caused torment; lit., it tormented people (60:4); *tictlanōchilia* = you pimp for her; lit., you call people for her (CAR 466).

4.2 The impersonal "they." The author of the Annals of Cuauhtitlan is exceptionally fond of the third person plural used without reference to a specific "they." Although the impersonal "they" is common in colloquial English, the Nahuatl usages must often be translated as passives in order to avoid confusion.

For example, the *amo quimati* (they don't know) at 28:30 has been rendered "it isn't known," and the *quimictique yn chimalpopocatzin* (they assassinated Chimalpopocatzin) at 33:30 becomes "Chimalpopocatzin was assassinated." Further examples may be seen at 38:11 (Coyohua was fetched), 39:43 (he has been killed), 40:22 (the market was planted with magueys), and 46:19 (they're banished; lit., they banish them).

4.3 The impersonal "he." Note these unusual constructions: *otzontec ynic huallazque* = one had decided that they were to come; lit., he (or she or it) had decided that they were to come (45:22); *aço qujtzacutiaz* = perhaps one would punish him; lit., perhaps he (or she or it) would punish him (FC 2:99:34). For more information, see Glossary: tzontequi, tzauctiuh:te.

4.4 The authorial "we." The author of the Annals of Cuauhtitlan almost always uses the passive voice in referring to his own work: "it was mentioned above" or "it will be explained below." But in line 68:30 he slips into the authorial "we": *yehuatl yn oticteneuhque* (he whom we have mentioned).

Source Abbreviations

Sources cited in abbreviated form may be accompanied by a page number, as in CAR 500, indicating Carochi, *Arte de la lengua mexicana* (1892 ed.), p. 500. If the work in question has only one volume, a second number indicates the line. Thus CAR 500:23 shows that the citation is to be found at line 23. But HERN 1:205 means Hernández, *Historia natural de Nueva España*, vol. 1, p. 205; and FC 8:23:2 is Sahagún, *Florentine Codex* (Anderson and Dibble ed., 1st ed.), bk. 8, p. 23, line 2. Wholly numerical citations refer to the *Codex Chimalpopoca* itself; hence 32:21 is side 32, line 21, of the codex. For complete bibliographic data on all sources, see References.

AC	Annals of Cuauhtitlan (present edition)
AJB	*Anales de Juan Bautista*
AM	Kutscher, Brotherston, and Vollmer, eds., *Aesop in Mexico*
AND	Andrews, *Introduction to Classical Nahuatl*
AUB	Dibble, *Historia de la nación mexicana . . . Códice de 1576 (Códice Aubin)*
CAR	Carochi, *Arte de la lengua mexicana* (1892 ed.)
CARO	Carochi, *Arte de la lengua mexicana* (1645 ed.)
CAROC	Carochi, *Arte de la lengua mexicana* (1983 ed.)
CC	Codex Chimalpopoca (present edition)
CF	Sahagún, *Códice florentino* (1979 ed.)
CHIM	Chimalpain, *Relaciones* (Rendón ed.)
CM	Cantares mexicanos
CMSA	Bierhorst, *Cantares Mexicanos: Songs of the Aztecs*
COMED	Comedias en mexicano
CONC	Concordance to Proper Nouns and Titles in Bierhorst, *History and Mythology of the Aztecs*
DCAL	"El calendario antigua," in Durán, *Historia de las Indias*, vol. 1
DHIST	Durán, *Historia de las Indias*, vol. 2
FC	Sahagún, *Florentine Codex* (Anderson and Dibble ed.), 1st ed.
FFCC	Sahagún, *Florentine Codex* (Anderson and Dibble ed.), 2d ed.
GKC	Lehmann, *Die Geschichte der Königreiche von Colhuacan und Mexico*
GN	Grammatical Notes in this volume
GRAM	Grammatical Notes in Bierhorst, *A Nahuatl-English Dictionary*
HDA	Huehuetlatolli: documento A

HERN	Hernández, *Historia natural de Nueva España*
HG	Sahagún, *Historia general de las cosas de Nueva España* (Garibay ed.)
HMPP	"Historia de los mexicanos por sus pinturas"
HTCH	Kirchoff et al., *Historia Tolteca Chichimeca*
IXT	Alva Ixtlilxochitl, *Obras históricas* (O'Gorman ed.)
LASSO	Lasso de la Vega, *Huei tlamahuiçoltica* (1649 ed.), as reproduced in Velázquez, *Huei tlamahuiçoltica*
MAGL	Nuttall, *The Book of the Life of the Ancient Mexicans* [Codex Magliabechiano]
MEX	Tezozomoc, *Crónica mexicáyotl*
MOL	The Nahuatl-Spanish section of Molina's *Vocabulario*
MOLS	The Spanish-Nahuatl section of Molina's *Vocabulario*
NED	Bierhorst, *A Nahuatl-English Dictionary*
NPL	*Nuevo Pequeño Larousse*
OED	*Oxford English Dictionary*
OLM	Olmos, *Arte para aprender la lengua mexicana* (Siméon ed.)
PAR	Paredes, *Compendio del Arte de la lengua mexicana del P. Horacio Carochi*
RITOS	"Libro de los ritos y ceremonias," in Durán, *Historia de las Indias*, vol. 1
RJC	R. Joe Campbell, *A Morphological Dictionary of Classical Nahuatl*
RUIZ	Ruiz de Alarcón, "Tratado de las supersticiones" (Paso y Troncoso ed. of 1953)
RUIZA	Coe and Whitaker, *Aztec Sorcerers . . . : The Treatise on Superstitions by Hernando Ruiz de Alarcón*
RUIZAL	Ruiz de Alarcón, *Treatise on the Heathen Superstitions* (Andrews and Hassig ed.)
SANT	Santamaría, *Diccionario de mejicanismos*
SIM	Siméon, *Dictionnaire de la langue nahuatl ou mexicaine*
SPC	Sahagún, *Psalmodia christiana*
TEZ	Tezozomoc, *Crónica mexicana*
UAH	Mengin, "Unos annales históricos de la nación mexicana"
ZCHIM	Zimmermann, *Die Relationen Chimalpahin's*

References

Alva Ixtlilxochitl, Fernando de. *Obras históricas*, ed. Edmundo O'Gorman. 2 vols. Mexico: Universidad Nacional Autónoma de México, 1975–77.

Anales de Juan Bautista. MS Colección Gómez de Orozco, 14. Archivo Histórico del I.N.A.H., Museo Nacional de Antropología, Mexico. [Handwritten copy by Vicente de Paul Andrade of the original MS in the Biblioteca Boturini, Basilica de Guadalupe, Mexico.]

Andrews, J. Richard. *Introduction to Classical Nahuatl*. Austin: University of Texas Press, 1975.

Ballesteros Gaibrois, Manuel. *Códices Matritenses de la Historia general de las cosas de la Nueva España de Fr. Bernardino de Sahagún*. Colección Chimalistac de Libros y Documentos acerca de la Nueva España, vols. 19, 20. 2 vols. Madrid: Porrúa Turanzas, 1964.

Bierhorst, John. *Cantares Mexicanos: Songs of the Aztecs*. Stanford, Calif.: Stanford University Press, 1985.

———. *History and Mythology of the Aztecs: The Codex Chimalpopoca*. Tucson: University of Arizona Press, 1992.

———. *The Mythology of Mexico and Central America*. New York: William Morrow, 1990.

———. *A Nahuatl-English Dictionary and Concordance to the Cantares Mexicanos, with an Analytic Transcription and Grammatical Notes*. Stanford, Calif.: Stanford University Press, 1985.

Boban, Eugène. *Documents pour servir à l'histoire du Mexique: Catalogue raisonné de la collection de M.E. Eugène Goupil*. . . . 2 vols., with atlas. Paris: Ernest Leroux, 1891.

Boone, Elizabeth Hill. *The Codex Magliabechiano and the Lost Prototype of the Magliabechiano Group*. Berkeley and Los Angeles: University of California Press, 1983.

Boturini Benaduci, Lorenzo. *Idea de una nueva historia general de la América Septentrional*. Mexico: Porrúa, 1974.

Campbell, R. Joe. *A Morphological Dictionary of Classical Nahuatl: A Morpheme Index to the 'Vocabulario en lengua mexicana y castellana' of Fray Alonso de Molina*. Madison, Wisc.: Hispanic Seminary of Medieval Studies, 1985.

Cantares mexicanos. In MS 1628 bis, Biblioteca Nacional, Mexico, fols. 1–85.

Carochi, Horacio. *Arte de la lengua mexicana*. Mexico: Juan Ruyz, 1645 (original) ed.; Museo Nacional, 1892 ed.; Universidad Nacional Autónoma de México, 1983 ed. (facsimile of the original).

Castillo F., Víctor M. "Unidades nahuas de medida," *Estudios de Cultura Náhuatl*, vol. 10 (1972), pp. 195–223.

Chimalpain Cuauhtlehuanitzin, Francisco de San Antón Muñón. *Relaciones originales de Chalco Amaquemecan*, ed. S. Rendón. Mexico: Fondo de Cultura Económica, 1965.

Clavijero, Francisco Javier. *Historia antigua de México*, ed. Mariano Cuevas. 2d ed., rev. 4 vols. Mexico: Porrúa, 1958.

Codex Aubin. See Dibble, *Historia de la nación mexicana.*

Codex Mendoza: Aztec Manuscript, with commentaries by Kurt Ross. N.p.: Miller Graphics, 1978(?).

Códice Ramírez, *see* "Relación del origen de los indios que habitan esta Nueva España según sus historias."

"Códice Telleriano-Remensis." In Antonio Oritz Mena, Agustín Yáñez, and José Corona Nuñez, eds., *Antigüedades de México (basadas en la recopilación de Lord Kingsborough)*, vol. 1. Mexico: Secretaría de Hacienda y Crédito Público, 1964.

"Códice Vaticanus 3738." In Antonio Ortiz Mena, Agustín Yáñez, and José Corona Nuñez, eds., *Antigüedades de México (basadas en la recopilación de Lord Kingsborough)*, vol. 3. Mexico: Secretaría de Hacienda y Crédito Público, 1964.

Coe, Michael D., and Gordon Whittaker. *Aztec Sorcerers in Seventeenth Century Mexico: The Treatise on Superstitions by Hernando Ruiz de Alarcón.* Albany: Institute for Mesoamerican Studies, State University of New York, 1982.

Comedias en mexicano [Nahuatl adaptations of three Spanish comedies]. Mexican MS 462, Bancroft Library, University of California, Berkeley.

Cortés, Hernán. *Cartas de relación de la conquista de México.* Madrid: Espasa-Calpe, 1970.

Díaz del Castillo, Bernal. *Historia verdadera de la conquista de la Nueva España.* 11th ed. Mexico: Porrúa, 1976.

Dibble, Charles E. *Historia de la nación mexicana: Reproducción a todo color del Códice de 1576 (Códice Aubin)*. Madrid: José Porrúa Turanzas, 1963.

Durán, Diego de. *Historia de las Indias de Nueva España e islas de la tierra firme*, ed. Angel M. Garibay K. Vol 1: *Libro de los ritos y ceremonias* . . . and *El calendario antiguo.* Vol. 2: *Historia.* Mexico: Porrúa, 1967.

García Granados, Rafael. *Diccionario biográfico de historia antigua de Méjico.* 3 vols. Mexico: Instituto de Historia, 1952–53.

García Icazbalceta, Joaquin. *Don fray Juan de Zumárraga.* 4 vols. Mexico: Porrúa, 1947.

Garibay K. Angel M. *Veinte himnos sacros de los nahuas.* Mexico: Universidad Nacional Autónoma de México, 1958.

Gibson, Charles. *Tlaxcala in the Sixteenth Century.* Stanford, Calif.: Stanford University Press, 1967. Originally published in 1952.

Hernández, Francisco. *Historia natural de Nueva España*, tr. from the Latin by José Rojo Navarro. 2 vols. (Hernández, *Obras completas*, parts 2 and 3). Vol. 1: *Historia de las plantas*. Vol. 2: *Historia de las plantas* (cont.), *Historia de los animales*, and *Historia de los minerales*. Mexico: Universidad Nacional Autónoma de México, 1959.

"Historia de los mexicanos por sus pinturas." In Joaquín García Icazbalceta, ed., *Nueva Colección de documentos para la historia de México*, vol. 3, pp. 209–40. Mexico: Salvador Chavez Hayhoe, 1941. See also Garibay, *Teogonía e historia de los mexicanos*.

"Histoyre du Mechique: manuscrit français inédit du XVIe siècle," ed. Edouard de Jonghe, *Journal de la Société des Américanistes de Paris*, n.s., vol. 2 (1905), pp. 1–41. See also Garibay, *Teogonía e historia de los mexicanos*.

Horcasitas, Fernando, and Sarah O. de Ford. *Los cuentos en náhuatl de Doña Luz Jiménez*. Mexico: Universidad Nacional Autónoma de México, 1979.

Huehuetlatolli: documento A. Mexican MS 458, Bancroft Library, University of California, Berkeley. (Published in Karttunen and Lockhart, *The Art of Nahuatl Speech*. See below.)

Ixtlilxochitl, Fernando de Alva. *See* Alva Ixtlilxochitl.

Karttunen, Frances. *An Analytical Dictionary of Nahuatl*. Austin: University of Texas Press, 1983.

——— and James Lockhart. *The Art of Nahuatl Speech: The Bancroft Dialogues*. Nahuatl Studies Series, no. 2. Los Angeles: UCLA Latin American Center Publications, 1987.

Kirchhoff, Paul, Lina Odena Güemes, and Luis Reyes García, eds. *Historia Tolteca-Chichimeca*. Mexico: INAH, 1976.

Kutscher, Gerdt, Gordon Brotherston, and Günter Vollmer, eds. *Aesop in Mexico: Die Fabeln des Aesop in aztekischer Sprache / A 16th Century Aztec Version of Aesop's Fables*. Berlin: Gebr. Mann, 1987.

[Law, Howard.] *Sahagún's Florentine Codex Concordance (Computerized Version)*. Microfilm Collection of Manuscripts on American Indian Cultural Anthropology, series 13, nos. 80–91. 12 vols. University of Chicago Library, 1970–72.

Lehmann, Walter. *Die Geschichte der Königreiche von Colhuacan und Mexico* [i.e., *Codex Chimalpopoca*]. Quellenwerke zur alten Geschichte Amerikas, vol. 1. Stuttgart: Kohlhammer, 1938; 2d ed. (with preface, errata list, and expanded index by Gerdt Kutscher), 1974.

León y Gama, Antonio de. Copy of the Codex Chimalpopoca. FM 312. Département des Manuscrits, Bibliothèque Nationale, Paris.

López Avila, Carlos. *Tlacotenco: Tlahmachzaniltin ihuan tecuicame / Cuentos y canciones de mi pueblo*. Amerindia: Revue d'Ethnolinguistigue Amérindienne, numéro spécial 5. Paris, 1984.

Mendieta, Gerónimo de. *Historia eclesiástica indiana*. Mexico: Porrúa, 1971.

Mengin, Ernst. "Unos annales históricos de la nación mexicana: Die Manuscrits mexicains nr. 22 und 22 bis der Bibliothèque Nationale de Paris" [the "Anales de Tlatelolco"], *Baessler-Archiv*, vol. 22, nos. 2–3 (1939). Berlin.

Molina, Alonso de. *Vocabulario en lengua castellana y mexicana y mexicana y castellana*. Mexico: Porrúa, 1970. Facsimile of the 1880 ed.

Motolinía [Fray Toribio de Benavente]. "Historia de los indios de la Nueva España." In *Colección de documentos para la historia de México*, ed. Joaquín García Icazbalceta, vol. 1, pp. 1–249. Mexico: Porrúa, 1971. Reprint of the 1858 ed.

———. *Memoriales o libro de las cosas de las Nueva España y de los naturales de ella*, ed. Edmundo O'Gorman. Mexico: Universidad Nacional Autónoma de México, 1971.

Nuevo pequeño Larousse ilustrado: Diccionario enciclopédico. 13th printing. Paris: Librería Larousse, 1962.

Nuttall, Zelia. *The Book of the Life of the Ancient Mexicans* (the *Codex Magliabechiano*). Berkeley: University of California Press, 1983. Reprint of the 1903 ed.

Olmos, Andrés de. *Arte de la lengua mexicana y vocabulario*, ed. René Acuña. Mexico: Universidad Nacional Autónoma de México, 1985.

———. *Arte para aprender la lengua mexicana*, ed. Rémi Siméon. Guadalajara: Edmundo Aviña Levy, 1972. Reprint of the 1875 ed.

Paredes, Américo. *Folktales of Mexico*. Chicago: University of Chicago Press, 1970.

Paredes, Ignacio de. *Compendio del Arte de la lengua mexicana del P. Horacio Carochi*. Mexico: Imprenta de la Bibliotheca Mexicana, 1759.

Pérez de Ribas, Andrés. *Historia de los triunfos de nuestra santa fe entre gentes las más bárbaras* . . . 3 vols. Mexico: Editorial Layac, 1944. Originally published in 1645.

Piho, Virve. "Tlacatecutli, tlacochtecutli, tlacatéccatl y tlacochcálcatl," *Estudios de Cultura Náhuatl*, vol. 10 (1972), pp. 315–28.

Pomar, Juan Bautista. "Relación de Tezcoco." In *Nueva colección de documentos para la historia de México*, ed. Joaquín García Icazbalceta, vol. 3. pp. 1–64. Mexico: Salvador Chavez Hayhoe, 1941.

Ponce [de León], Pedro. "Breve relación de los dioses y ritos de la gentilidad." In *Tratado de las idolatrías, supersticiones* . . . , ed. Francisco del Paso y Troncoso, vol. 1, pp. 369–80. 2d ed. Mexico: Ediciones Fuente Cultural (Librería Navarro), 1953. See also Garibay, *Teogonía e historia de los mexicanos*.

"Relación del origen de los indios que habitan esta Nueva España según sus historias" [the Códice Ramírez]. In Hernando Alvarado Tezozomoc, *Crónica mexicana*, ed. Manuel Orozco y Berra. Mexico: Porrúa, 1975. Reprint of the 1878 ed.

Ruiz de Alarcón, Hernando. "Tratado de las supersticiones y costumbres gentílicas que oy viven entre los indios naturales desta Nueva España." In *Tratado de las idolatrías, supersticiones* . . . , ed. Francisco del Paso y Troncoso, vol. 2, pp. 17–180. 2d. ed. Mexico: Ediciones Fuente Cultural (Librería Navarro), 1953.

———. *Treatise on the Heathen Superstitions* . . . , tr. and ed. J. Richard Andrews and Ross Hassig. Norman: University of Oklahoma Press, 1984.

Sahagún, Bernardino de. *Códice florentino*. 3 vols. Mexico: Secretaría de Gobernación, 1979.

———. *Florentine Codex: General History of the Things of New Spain*, ed. Arthur J. O. Anderson and Charles E. Dibble. Parts 1–13 (introductory volume and books 1–12). 1st ed., 1950–82. Books 1–3 and 12, 2d. ed., rev., 1970–81. Santa Fe, N.M.: School of American Research and University of Utah Press.

———. *Historia general de las cosas de Nueva España*, ed. Angel M. Garibay K. 4 vols. 2d ed. Mexico: Porrúa, 1969.

———. *Psalmodia christiana, y sermonario de los sanctos del año, en lengua mexicana*. Mexico: Pedro Ocharte, 1583.

Santamaría, Francisco J. *Diccionario de mejicanismos*. 3d. ed. Mexico: Porrúa, 1978.

Seler, Eduard. "Ueber die Worte Anauac und Nauatl." In his *Gesammelte Abhandlungen zur amerikanischen Sprach- und Alterthumskunde*, vol. 2. Berlin, 1904.

Serna, Jacinto de la. "Manual de ministros de indios." In *Tratado de las idolatrías, supersticiones* . . . , ed. Francisco del Paso y Troncoso, vol. 1, pp. 39–368. 2d ed. Mexico: Ediciones Fuente Cultural (Librería Navarro), 1953.

Siméon, Rémi. *Dictionnaire de la langue nahuatl ou mexicaine*. Graz, Austria: Akademische Druck- & Verlagsanstalt, 1963. Reprint of the 1885 ed.

Sullivan, Thelma D. "The Arms and Insignia of the Mexica," *Estudios de Cultura Náhuatl*, vol. 10 (1972), pp. 155–93.

———. "Códice Chimalpopoca: Anales de Cuauhtitlan" [transcription and English translation of the first seven sides of the Annals of Cuauhtitlan]. Typescript. Dumbarton Oaks. Washington, D.C.

Taggart, James M. *Nahuat Myth and Social Structure*. Austin: University of Texas Press, 1983.

Tezozomoc, Fernando Alvarado. *Crónica mexicana*, ed. Manuel Orozco y Berra. Mexico: Porrúa, 1975. Reprint of the 1878 ed.

———. *Crónica mexicáyotl*, ed. Adrián León. Mexico: Universidad Nacional Autónoma de México, 1949.

Torquemada, Juan de. *Monarquía indiana*. 3 vols. Mexico: Porrúa, 1975. Facsimile of the 1723 ed. of Torquemada's *Monarchía indiana*.

Tschohl, Peter. "Das Ende der Leyenda de los Soles und die Ubermittlungsprobleme des Códice Chimalpopoca," *Baessler-Archiv*, n.s., vol. 37, no. 1, pp. 201–79. Berlin: Dietrich Reimer, 1989.

Velázquez, Primo Feliciano, ed. *Códice Chimalpopoca: Anales de Cuauhtitlan y Leyenda de los soles*. Mexico: Universidad Nacional Autónoma de México, 1945; 2d ed., 1975.

———. *Huei tlamahuiçoltica [omonexiti in ilhuicac tlatocacihuapilli Santa Maria totlaçonantzin Guadalupe in nican huei altepenahuac Mexico itocayocan Tepeyacac]: Libro en lengua mexicana que el Br. Luis Lasso de la Vega hizo imprimir en México el año de 1649*. Mexico: Carreño & hijo, 1926. Includes facsimile of the 1649 ed.

Ziehm, Elsa. "Grammatik und Vokabular der Nahua-Sprache von San Pedro Jícora in Durango." Typescript. To be published by Gebr. Mann, Berlin.

———, ed. *Nahua-Texte aus San Pedro Jícora in Durango*. 3 vols. Quellenwerke zur alten Geschichte Amerikas, vols. 9–11. Berlin: Gebr. Mann, 1968–76.

Zimmermann, Günter. *Die Relationen Chimalpahin's zur Geschichte México's*. 2 parts (Universität Hamburg, Abhandlungen aus dem Gebiet der Auslandskunde, vols. 68–69; series B, vols. 38–39). Part 1: *Die Zeit bis zur Conquista 1521*. Part 2: *Das Jahrhundert nach der Conquista (1522–1615)*. Hamburg: Cram, De Gruyter & Co., 1965.

Zorita, Alonso de. *Breve y sumaria relación de los señores de la Nueva España*. Mexico: Universidad Nacional Autónoma de México, 1963.

www.ingramcontent.com/pod-product-compliance
Lightning Source LLC
Chambersburg PA
CBHW061618100726
47898CB00002B/712

* 9 7 8 0 8 1 6 5 0 2 4 5 5 *